第七版前言

本书第六版编写至今已三年多，仍受到了授课教师和学生的欢迎。经过六版的实践，本书的结构框架和知识难度非常适合财经类专业学生的入门级学习。但我们也意识到，计算机互联网技术飞快发展，随着大数据时代的来临，社会经济活动中可观测和收集的数据信息越来越多，这些同时也拓宽了计量学科的理论研究和应用研究。同时经过三年多的教学实践，使用本书的教师和同学针对本书的不足，提出了很好的意见和建议。在此情况下，我们对第六版进行了修订，以期该书能成为跟上时代和学科发展的初级计量教程。

本书第七版主要在以下几方面对第六版进行了修订：

1. 跟踪计量经济学研究的最新成果和国内外优秀教科书的最新版本，对第六版中表达不够准确和不够清晰之处进行了修改。

2. 对教材中第三章、第四章、第五章的误设定、第六章、第七章的实例进行了更新或替换，使之更贴近经济生活，具有实际和实践操作意义。

3. 对第四章非线性部分的内容进行了整合，并增加了两个案例，使章节结构更明了，内容更连贯。

4. 对第五章多重共线性部分增加了后果的实例描述，以有助于学生理解；对随机解释变量部分加强了内生性问题的描述及解决。

本书第七版仍以 4 学分 72 学时的课程为基准设计教学内容。选用本书的教师可根据学时限制在教学安排中选用全部内容或部分内容。建议的两种主要方案是：（1）4 学分 72 学时的课程可选择讲授全部内容，用 60 学时左右完成课堂教学，10 学时左右进行上机学习；（2）3 学分 54 学时的课程可选择讲授第一章和第三至八章中不含星号的部分，并省略部分证明的讲授，这大概用 46

学时，8 学时用于上机学习。第二章内容供学生用于复习统计学知识，一般无须课堂讲授。

上机教材可选用我们在中国人民大学出版社网站上提供的“EViews 上机指导书”，它是学习计量经济分析软件的快速入门工具，是我们在多年的教学过程中积累的经验。根据我们的教学实践，使用该上机指导书，学生通过 8～10 学时的上机学习，就可掌握本书介绍的计量经济学方法的计算机实现手段，从而大大提高他们应用计量经济学解决实际问题的能力。

我们将在中国人民大学出版社的网站上为使用本书的教师提供教学课件、各章习题的参考答案以及 EViews 上机指导书和使用的全部数据文件。

在本版的编写过程中，得到了中国人民大学出版社的支持，使用本书的教师和同学提出了很多宝贵的修改意见，谨此致谢，特别感谢我的同事孟洁、邓露和程宇丹，她们不仅提出了修改建议，还提供了本版增添和更新的部分实例和内容。

限于作者水平，虽经再次修订，书中仍难免有不足和错误之处，恳请读者批评指正。

周凌瑶

2021 年 9 月于中央财经大学

第一版前言

计量经济学是将经济理论、数学和统计推断等工具应用于经济现象定量分析的经济学分支，产生于20世纪30年代，在随后数十年中得到了迅速发展，现已成为经济学的一个重要组成部分。在西方发达国家，计量经济学早已成为经济类学科的必修课，近年来也开始被列为我国经济类学科的核心课程。这表明，为财经类专业学生编写适用的计量经济学教材已成为当务之急。

本书是在笔者为中央财经大学本科生讲授“计量经济学”所使用的讲稿的基础上修订而成的。从20世纪80年代末期开设“计量经济学”课程开始，至今已有十多年。在此期间，随着本学科的不断发展，使用的讲稿经过多次修改，目标是：(1) 使教学内容跟上计量经济学的最新发展，能够反映本领域科研和教学的最新成果；(2) 尽量使教学内容适合财经类专业的学生学习计量经济学，使学生能更好地理解和领会计量经济学理论与方法的本质，并能学以致用。经过多年的教学实践，可以说，在这两个方面都取得了令人满意的进展。

全书共分八章：第一章，绪论；第二章，计量经济分析的统计学基础；第三章，双变量线性回归模型；第四章，多元线性回归模型；第五章，模型的建立与估计中的问题及对策；第六章，动态经济模型：自回归模型和分布滞后模型；第七章，时间序列分析；第八章，联立方程模型。

第一章是全书的概论。在介绍什么是计量经济学及其产生和发展的过程之后，用一个简单的例子展示了利用计量经济学方法解决问题的步骤，并讨论了计量经济学的应用领域和使用的软件工具。

第二章是对计量经济学所用到的统计学概念和方法的复习。这些概念和方法对理解本书后面的内容是至关重要的。笔者在教学中发现学生学习的主要困难往往不是来自计量经济学本身，而是因为不熟悉或忘记了所用到的大量统计学概念和方法。尽管财经类专业的学生都学过概率论和数理统计，但要求学生回过头将统计学课程全部复习一遍也是不现实的，即便学生这样做了，也往往事倍功半，不得要领。所以有必要安排这一章，目的是使有一定统计学基础的学生能通过本章的阅读尽快将已经淡忘的知识捡回来，而不必将统计学课程全部复习一遍。

第三、四两章是对回归分析方法的介绍。第三章详尽介绍了双变量线性回归模型的概念和最小二乘估计方法，以及用估计好的模型进行假设检验和预测的方法。第四章将双变量线性回归模型的结果推广到多元线性回归模型，理论推导借助矩阵代数这一强有力的工具。西方国家早期的计量经济学本科教学中曾有尽量避开高等数学工具的倾向，这与其经济类专业的学生的数学基础薄弱有关，这种倾向在最近已有所改变。笔者的教学实践表明，我国经济类专业的学生的高等数学和线性代数知识足以应付回归分析中的绝大部分推导和证明，因此在这两章中给出了比较完整的理论推导和证明。当然，授课时不一定全部讲授，可留给有兴趣的学生课后参考。

第五章讨论回归分析实践中经常碰到的问题和解决的途径。这些问题包括误设定、多重共线性、异方差性和自相关。传统的方法是将它们分散在若干章节中讲授，本书将它们集中在一起的好处是能加强学生对实践中可能碰到的问题的系统性认识，深入理解各类问题的联系和区别。

第六章介绍两类常用的动态经济模型：自回归模型和分布滞后模型。这一章的内容安排基本遵循传统方法，着重讨论了这两类模型的估计和应用。

第七章介绍时间序列分析。时间序列分析是近年来计量经济学研究取得高速发展的一个领域，以至西方很多大学的经济系有了为研究生开设时间序列计量经济学课程的要求。为了跟上这个潮流，有必要在计量经济学的本科教学中增加对这方面内容的介绍。显然，要全面介绍时间序列计量经济学的内容，一章的篇幅是远远不够的。因此，本章着重介绍时间序列分析中用到的一些基本概念，包括非平稳性、单位根、协整等，以及相应的检验方法，使学生对这一领域的研究有一个初步的了解，为进一步的学习和研究打下基础。

第八章的内容也基本遵循传统安排，在介绍联立方程模型的概念和术语之后，讨论与联立方程模型有关的数学问题——识别问题，然后着重介绍联立方程模型的估计方法：单方程方法和系统方法，以及联立方程模型中最重要的一类模型——宏观计量经济模型。

每章教学内容之后都附有小结，小结是本章教学中主要内容的概括性总结。每章最后都附有习题。

计量经济学属实证经济学范畴，是一个应用性很强的学科。因此，强调理论与实际经济工作相结合，注重培养学生解决实际问题的能力，是本书的编写原则之一。实现这一点的一项重要措施是教学过程中安排计量经济分析软件的上机学习，使学生在学完本课程后，不仅能掌握计量经济学的理论和方法，而且能掌握应用计量经济学解决实际问题的工具。我们曾先后使用过 SORITEC、Micro-TSP 和 SAS 作为上机学习的软件，目前采用 SAS，主要是考虑它是一个功能很强大的大型综合软件包，学生学会使用该软件后，将来需要时能比较容易地学习和使用它的其他功能模块。当然，就计量经济分析功能而言，另外两个软件以及其他一些计量经济分析软件（见本书第一章）也很好。选用本书作为教材的教师可根据具体情况选择最适合本校学生的计量经济教学软件。

在本书编写过程中，得到了我的研究生原松琪、惠佳颖、聂旭琰、周凌瑶、刘世峰、路强和陈灵广的大力帮助，他们完成了全书初稿的录入工作，原松琪还为本书提供了两个实例，谨此致谢。

限于作者水平，书中难免有不足之处，衷心希望使用本书的教师、学生和读者提出宝贵意见和建议。

潘省初

2002 年 7 月

目 录

第一章 绪　论

第一节　什么是计量经济学

计量经济学（econometrics），又译为经济计量学。该词首次使用是在1910年，但赋予该词我们现在所理解的含义（即作为一个经济学学科）的，是挪威经济学家弗里希（R. Frisch）。从字面上说，该词的含义是经济测量（economic measurement），但实际上，其含义要广泛得多。下面引用几个比较权威的定义加以说明。

（1）计量经济学是一个迅速发展的经济学分支，其目标是给出经济关系的经验内容（《新帕尔格雷夫经济学大词典》，1990）。

（2）计量经济学可定义为实际经济现象的定量分析，这种分析的根据是由适当推断方法联系在一起的理论和观测的即时发展。计量经济学运用数理统计知识分析经济数据，对构建于数理经济学基础上的数学模型提供经验支持，并得出数量结果（P. A. 萨缪尔森等，1954）。

（3）计量经济学是将经济理论、数学和统计推断等工具应用于经济现象分析的社会科学（A. S. 戈德伯格，1964）。

综合以上定义，可以看出，计量经济学是一个有关经济关系的经验估计的经济学分支。计量经济学依据经济理论，使用数学和统计推断等工具，用观测数据对经济和商务活动进行实证研究，测度和检验经济变量间的经验关系，从而给出经济理论的经验内容，在经济理论的抽象世界和人类活动的具体世界之间搭建桥梁。

经济理论、数学和统计学知识是在计量经济学这一领域进行研究的必要前提，这三者中的每一个对于真正理解现代经济生活中的数量关系都是必要的，但不充分，只有结合在一起才行。因此，一个优秀的计量经济学家必须是合格的数学家和统计学家，还应该是一个经过系统经济学训练的经济学家。

计量经济学的三个要素是经济理论、经济数据和统计方法。对于解释经济现象来说，“没有计量的理论”和“没有理论的计量”都是不够的，正如计量经济学的创始人之一弗里希所强调的那样，它们的结合是计量经济学的发展能够取得成功的关键。

从根上说，计量经济学是对经验规律的认识以及将这些规律推广为经济学“定律”的系统性努力，这些“定律”被用来进行预测，即关于什么可能发生或者什么将会发生的预测。因此，广义地说，计量经济学可以称为经济预测的科学。

计量经济学虽然以科学原理为基础，但仍保留了一定的艺术成分，主要体现在试图找出一组合适的假设，这些假设既严格又现实，使得我们能够使用可获得的数据得到最理想的结果，而现实中这种严格的假设条件往往难以满足。“艺术”成分的存在使得计量经济学有别于传统科学，是使人们对它提供准确预测的能力产生怀疑的主要原因。

计量经济学产生于20世纪30年代，1930年12月，弗里希、丁伯根（J. Tinbergen）和费雪（I. Fisher）等经济学家在美国克利夫兰成立计量经济学会。1933年起，该学会定期出版《计量经济学》杂志。弗里希在该杂志的发刊词中明确提出计量经济学的范围和方法，指出计量经济学是经济理论、数学和统计学的综合，但它又完全不同于这三个学科中的任何一个。

计量经济学的产生是与当时的时代背景密切相关的。20世纪20年代末期，资本主义世界发生了严重的经济危机，原有的经济理论失灵，产生了所谓的“凯恩斯革命”。在这种背景下，各国政府出于对经济的干预政策的需要，企业管理层为了摆脱或减少经济危机的打击，在经济繁荣时期获取更多利润，要求采用计量经济理论和方法进行经济预测，加强市场研究，探讨经济政策的效果，因而计量经济学应运而生。同时，随着科学技术的发展，各门学科相互渗透，数学、系统论、信息论、控制论等相继进入经济研究领域，使经济科学进一步数量化，有助于计量经济学的发展。高速电子计算机的出现和发展为计量经济技术的广泛应用铺平了道路。

20世纪30年代，计量经济研究主要是以生产者、消费者、家庭或厂商的经济行为为考察对象，描述需求变化和收入变化的关系，侧重于个别商品供给与需求的计量，基本上属于个量分析或微观分析。20世纪40年代起，为适应政府干预经济活动和经济发展的要求，计量经济研究的范围扩大到整个经济体系，其特征是处理总量数据，如消费、储蓄、投资、国民收入和就业等宏观经济总量的计量分析，亦即总量分析或宏观分析。20世纪50年代起，在计量经济学的理论和方法得到迅速发展的同时，宏观计量经济模型在计量经济学的应用中开始占据重要地位。20世纪50年代末至60年代初是宏观计量经济模型蓬勃发展的时期，很多至今还在英、美等西方国家运行的模型正是那个时期开发的。目前，各国的宏观计量经济模型经过数十年的发展日臻完善，正在经济预测和政策分析中发挥越来越大的作用。

20世纪80年代后期至21世纪初，计量经济学的研究取得了很多新进展，如单位根检验、协整、面板数据模型、受限因变量模型、自回归条件异方差模型、广义矩估计等。与此同时，这些计量经济技术被日益广泛地应用于经济学的各个领域，成为很多经济学领域中实证工作的标准实践。

由于认识上的原因，我国对计量经济学的广泛研究和应用起步较晚，始于 20 世纪 70 年代后期，经过这些年的发展，已经取得了长足的进步。很多政府部门和学术机构建立了计量经济模型以进行经济预测和政策分析，我们已大大缩小了在此领域与先进国家的差距。可以预见，计量经济学在促进我国国民经济的发展中将发挥越来越大的作用。

第二节　计量经济学方法

一、计量经济学方法的内容

任何计量经济研究都包含两个基本要素：理论和事实。计量经济学的主要功能就是将这两个要素结合在一起。计量经济研究既使用理论，也使用事实，将二者结合起来，用统计技术估计经济关系，如图 1-1 所示。

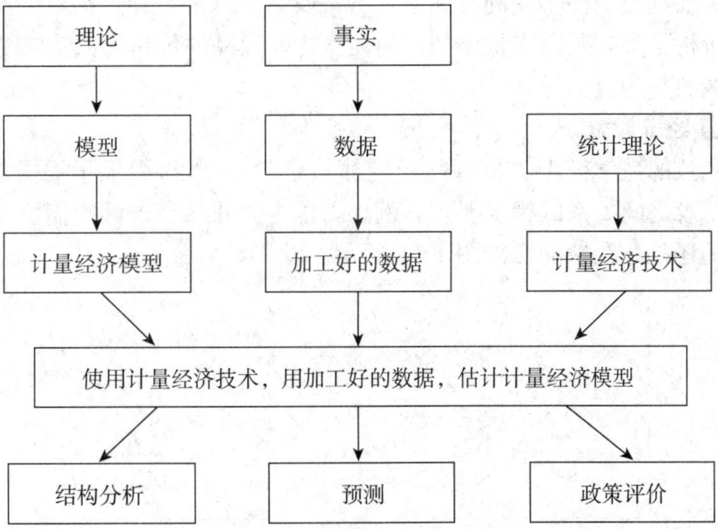

图 1-1　计量经济学的研究方法

理论是任何计量经济研究的基本要素，但理论必须以一种可用的形式给出。对于计量经济学来说，最可用的形式就是**模型**（model），具体地说，就是计量经济模型。模型概括了与所研究的系统相关的理论，是理论用于实证研究的最方便的方式。任何计量经济研究的一个必不可少的部分是模型的设定，也就是构筑一个能够恰当表示所研究现象的计量经济模型。

计量经济研究的另一个基本要素是**事实**（fact），指的是现实世界中与所研究的现象相联系的事件，这些事件导致了代表相关事实的一组数据。一般来说，数据必须利用各种方式进行加工以适用于计量经济研究。这种加工包括各式各样的调整，如季节调整、插值、不同数据源的合并以及使用其他信息来修正数据等，结果是一组加工好的数据。

计量经济研究方法的下一步也是核心的一步，是两个基本要素的结合，即用加工好的数据估计计量经济模型。这一步需要使用一批计量经济技术。计量经济技术是经典统计学方法特别是统计推断技术的扩展。这种扩展是必要的，因为在估计计量经济模型时会遇到一些特殊问题。

上述过程的结果是一个估计好的计量经济模型。所谓估计模型就是依据有关数据估计模型的参数。估计好的模型可用于计量经济学的三个主要目的：结构分析、预测和政策评价。

二、计量经济分析的步骤

具体地说，计量经济分析按照以下步骤进行：（1）陈述理论（或假说）；（2）建立计量经济模型；（3）收集数据；（4）估计参数；（5）假设检验；（6）预测和政策分析。

我们通过一个例子来说明上述步骤。假设某空调生产商请一个计量经济学家为他研究价格上涨对空调需求量的影响，该计量经济学家按上述步骤进行研究。

1. 陈述理论（或假说）

首先要做的是查找一下有关价格变动与需求量之间关系的经济理论。众所周知的需求定律告诉我们，在其他条件不变的情况下，若某商品的价格上升，则对该商品的需求量减少；反之，若价格下降，则需求量增加。简而言之，商品的价格与其需求量之间呈反向关系，即需求曲线斜率为负。

2. 建立计量经济模型

（1）需求函数的数学模型。尽管需求定律假定价格 P 与需求量 Q 之间呈反向关系，但并没有给出二者之间关系的精确形式。例如，该定律并没有告诉我们价格与需求量之间的关系是线性的还是非线性的，如图 1－2 所示。

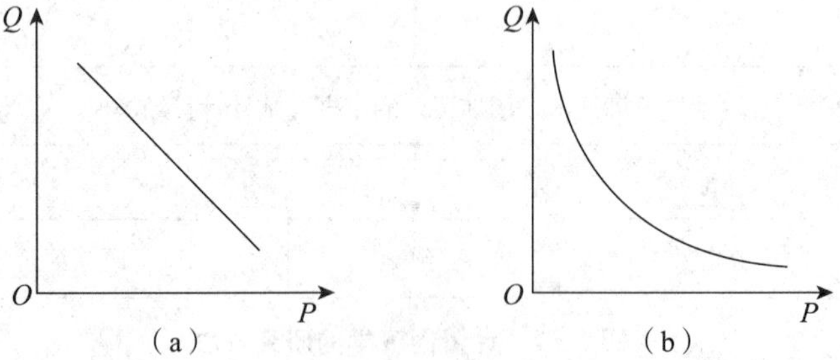

图 1－2

事实上，斜率为负的曲线有成千上万，在它们中选择正确的函数形式是计量经济学家的任务。

最简单的函数形式是线性函数，如果 Q 和 P 之间的关系是线性的，如图 1－2（a）所示，则数学上需求函数可表示为

$$Q=\alpha+\beta P \tag{1.1}$$

α 和 β 称为该函数的**参数**，它们是未知常数。α 亦称为**截距**，它给出 P 为 0 时 Q 的值。β 亦称为**斜率**，它计量的是 P 的单位变动所引起的 Q 的变动。

如果需求定律成立，我们可以期望$\beta<0$而$\alpha>0$（为什么?）。第一个不等式可直接由需求定律得到。需求定律对α没有说法，但我们可以很容易对其进行解释：如果空调不要钱，谁不来一台?

式（1.1）是反映Q和P之间关系的数学模型，在这样一个模型中，等号左边的变量称为**因变量**（dependent variable）或**被解释变量**（explained variable），等号右边的变量称为**自变量**（independent variable）或**解释变量**（explanatory variable）。在我们的例子中，Q是因变量，P是自变量，意味着我们用价格的变动来解释需求量的变动。

（2）计量经济模型。式（1.1）假定价格P与需求量Q之间是一种精确的或确定的关系，也就是说，对于一个给定的价格，有唯一的需求量。在现实的经济变量之间，极少存在这种关系，更常见的是不精确的关系。为了说明这一点，我们根据表1-1中Q和P的数据画出一个散点图（见图1-3）。

表1-1

P	Q
0	78
1	70
2	69
3	63
4	60
5	58

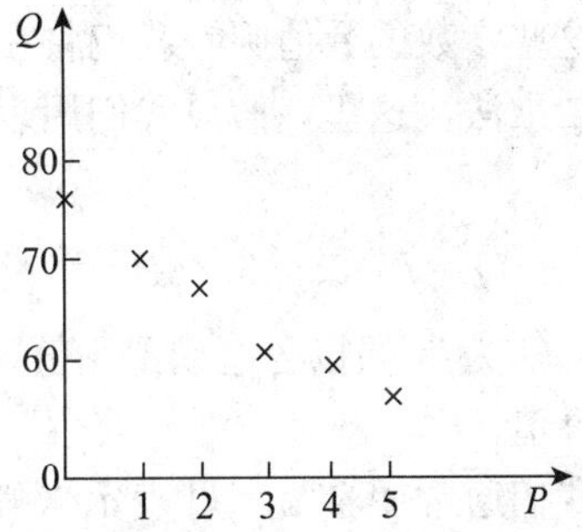

图1-3 散点图

图1-3显示的是一种近似线性而非严格线性的关系。为什么不是所有6个点都位于数学模型（1.1）所规定的直线上呢? 这是因为我们在导出需求曲线时假定所有影响Q的其他变量保持不变，而实际上它们通常要变，这种变动会对Q产生一些影响，结果是观测到的Q和P的关系可能不精确。

我们用一个“一揽子”变量u代表所有影响Q的其他变量的影响，u称为**扰动项**或**误差项**。扰动项u可以理解为这样一个变量：它反映的是除了价格以外的其他所有帮助决定需求量的因素。这些因素包括相对而言不重要因而未引入模型的变量（如消费者的偏好、他们的收入、替代品的价格等），还包括纯粹的随机因素。

引入扰动项u后，将需求函数写为

$$Q=\alpha+\beta P+u \tag{1.2}$$

这就是一个**计量经济模型**，这种类型的计量经济模型也叫作**线性回归模型**。在这样一个模型中，扰动项u代表所有影响Q但未被显式地引入模型的因素以及纯粹的随机因素。

经济学家与计量经济学家的主要区别是后者关心扰动项。没有扰动项的关系称为**精确的**或**确定的**关系，而有扰动项的关系称为**随机的**关系。当我们用一个随机关系式来预测被解释变量的精确值时，结果往往有误差，扰动项被用来估量这些“误差”的大小。

3. 收集数据

在估计所设定的计量经济模型的参数之前，我们必须首先得到适当的数据。在经验分析中常用的数据有两种：**时间序列**（time series）数据和**横截面**（cross-section）数据。

时间序列数据是按时间周期（即按固定的时间间隔）收集的数据，如年度或季度的国民生产总值、就业、货币供给、财政赤字或某人一生中每年的收入等都是时间序列数据的例子。

横截面数据是在同一时点收集的不同个体（如个人、公司、国家等）的数据，如人口普查数据、世界各国 2011 年国民生产总值、全班学生计量经济学成绩等都是横截面数据的例子。计量经济分析所需要的数据既可来自各种官方统计资料，又可通过调查获得。

兼有时间序列和横截面成分的数据称为**混合数据**（pooled data）。**面板数据**（panel data）是混合数据的一种特殊类型，指对相同的一批横截面单元（如家庭或厂家）在时间轴上进行跟踪调查的数据，如我国统计部门定期进行的城乡居民收入和消费调查数据。

4. 估计参数

有了如表 1-1 所示的 Q 和 P 的数据，如何估计模型的参数 α 和 β？也就是说，如何求出这些参数的数值呢？我们将在后面的课程中详细讨论估计方法，其基础是大家熟悉的最小二乘法。这里，假设我们用表 1-1 中 Q 和 P 的数据估计式（1.2）的参数 α 和 β 后得到

$$\hat{Q}=76.05-3.88P \tag{1.3}$$

式中，$\hat{Q}$ 为 Q 的拟合值或预测值；76.05 和 -3.88 分别为参数 α 和 β 的数值，称为 α 和 β 的**估计值**。

我们通常用希腊字母表示未知参数的真值。假设 β 是一个我们想知道的参数值，当然，它的真值一般是得不到的，但可以对它进行估计。应用统计技术，我们可以得到 β 的合理估计值。在任何实际应用中，β 的估计值就是一个数字，如 β 被估计为 -3.88。

我们来看一下估计出的需求函数的图形（见图 1-4）。

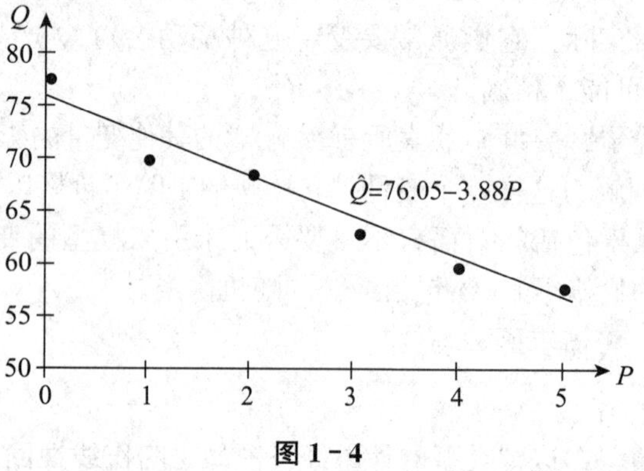

图 1-4

一般来说，经济理论所关注的焦点并不是估计值，而是**估计量**。估计量是将数据转换成估计值的公式。之所以更关注后者，是因为从一特定样本计算的估计值好不好取决于估计方法（估计量）好不好。可以证明，存在着一些好的估计量，它们优于其他估计量。好的估计量通常产生好的估计值，即“相当接近”参数真值的估计值，而与所选的具体样本无关。β 的估计量通常表示为 $\hat{\beta}$ 和 β^*。

5. 假设检验

估计好需求函数后，我们可能想知道估计的模型是否有经济意义，即得到的结果是否符合所依据的经济理论。例如，P 的系数是否为预期的负数？式（1.3）表明确实如此。有些假设就不那么容易验证，比如说，若要检验的假设是 $\beta=-4.0$，能不能说 -3.88 的观测值实际上与假设值相同？也就是说我们的数据是否支持 $\beta=-4.0$ 的假设？要检验这样一个假设，就需要使用统计学的工具。

6. 预测和政策分析

现在回到估计好的需求函数式（1.3），假设生产商想知道价格变为 4.50（单位：千元）时需求量是多少，换句话说，生产商想预测 $P=4.50$ 时的 Q 值（单位：万台）。由式（1.3）可得到

$$\hat{Q}=76.05-3.88P=76.05-3.88\times4.50=58.59$$

也就是说，若价格为 4 500 元，则需求量的预测值接近 59 万台。厂家可据此决定是否调价。

由于计量经济模型包含扰动项，因此用上述估计好的模型所做的预测总会存在误差，与此同时，由于 76.05 和 -3.88 仅仅是真实的 α 和 β 的估计值，从而这将是我们的预测中存在的另一个误差源。

7. 小结：计量经济分析的步骤

步 骤	例 子
（1）陈述理论（或假说）	需求定律
（2）建立计量经济模型	$Q=\alpha+\beta P+u$
（3）收集数据	表 1－1
（4）估计参数	$\hat{Q}=76.05-3.88P$
（5）假设检验	是否 $\beta<0$
（6）预测和政策分析	若 $P=4.50$，Q 为多少

*第三节　计量经济模型及其应用

一、单方程模型和联立方程模型

计量经济模型可分为两类：单方程模型和联立方程模型。单方程模型用于描述一个因变量和若干个解释变量之间的结构关系，如式（1.2）所示。联立方程模型则是由多个方程组成的方程组，一般用于描述整个经济系统或子系统。如最简单的宏观经济模型：

$$C_t=\alpha_0+\alpha_1Y_t+u_{1t}$$
$$I_t=\beta_0+\beta_1Y_t+\beta_2Y_{t-1}+u_{2t}$$
$$Y_t=C_t+I_t+G_t$$

式中，C_t 为消费；Y_t 为 GDP；I_t 为投资；G_t 为政府支出。

第一个方程是消费函数，第二个方程是投资方程，这类关系式描述的是消费者、投资者等的行为，因而称为**行为方程**。需求函数式（1.2）也是一个行为方程，描述的是消费者的行为。第三个方程是 GDP **恒等式**，恒等式亦称为定义式，是人为定义的一种变量间

的恒等关系。

在我们的简单宏观经济模型中，C，I 和 Y 是**内生变量**，G 是**外生变量**。内生变量是其值在模型内部确定的变量。外生变量是其值在模型之外确定的变量，模型使用它们，但模型不决定它们的值。在设定模型时，通常将以下两类变量设定为外生变量：

（1）政策变量，如货币供给、税率、利率、政府支出等。

（2）短期内很大程度上是在经济系统之外确定或变化规律稳定的变量，如人口、劳动力供给、国外利率、世界贸易水平、国际原油价格等。

二、计量经济模型的应用

图 1-1 还显示了计量经济学的三个主要目的：结构分析、预测和政策评价，或者称它们为计量经济学的三项应用。它们代表的是计量经济学的“终端”产品，正如理论和事实代表的是它的“原材料”一样。因此，我们可将图 1-1 看成一个流程图。该图显示了计量经济研究的不同部件是如何组装起来并最终投入使用的。由于计量经济学的应用是通过计量经济模型实现的，因此，计量经济学的三项应用也就是计量经济模型应用的三个方面。

1. 结构分析

结构分析是将估计好的计量经济模型用于经济关系的数量研究，即当一个或几个变量发生变化时会对其他变量以至整个经济系统产生什么影响。结构分析所采用的主要方法有弹性分析和乘数分析等。结构分析代表的是计量经济学的科学目的，即利用模型和数据检验与验证经济关系来理解现实世界的经济关系。结构分析的一个结果可能是对理论的“反馈”影响。例如，对菲利普斯曲线（即通货膨胀率和失业率之间的关系）的数量研究已经导致了失业理论的各种发展。

2. 预测

预测是用估计好的计量经济模型去预测一些变量在实际观测的样本之外的数量值。预测往往是决策和行动的基础，市场预测和宏观经济预测都是如此。

应用宏观计量经济模型是经济预测的主要手段之一。西方发达国家通常会针对主要宏观经济模型定期发布预测报告，预测结果往往得到了政府、企业和公众的重视。

3. 政策评价

计量经济模型的另一大应用是政策评价，也叫作政策分析或政策模拟。政策评价是用估计好的计量经济模型在不同政策方案之间进行选择，通常的做法是先用模型作一个基准运行，也就是在现行政策不变的情况下得出经济系统的运行结果，然后作一些政策假设，如利率提高一个百分点，再运行模型，比较前后两次运行的结果（如 GDP、通货膨胀率等宏观经济变量值的变化），从而模拟出某项政策或政策组合的效果。

第四节　统计和计量经济分析软件

计量经济分析离不开相应软件的使用，目前可供选择的统计和计量经济分析软件有很多，大致可分为以下几种类型。

1. 侧重于时间序列和计量经济分析的软件

这类软件中最著名的当数 EViews，其前身是 20 世纪 70 年代开发的 TSP（time series processor）。TSP 最初装在大中型机上，后来发展了几种 PC 机版本，包括 PC-TSP，ESP 和 Micro TSP，其中最流行的是 Micro TSP，其特点是简单易学。目前得到广泛应用的是其 Windows 版，即 EViews。

其他擅长进行时间序列分析的软件还有 RATS，DATA-FIT，PC-GIVE，SORITEC，SHAZAM 和 GAUSS 等。

2. 侧重于统计分析的软件

很多统计软件最初是为非经济学科（如统计学、其他自然科学和社会科学学科）设计的，主要用于统计分析。这些软件经过扩展，包括了基本的计量经济分析功能，但总的来看，它们的统计分析功能要强于计量经济分析功能。这类软件有 MINITAB，P-STAT，SPSS，STATA，STATGRAPHICS，STATPRO，SYSTAT 等。

3. 包括强大的统计和计量经济分析功能的大型综合软件包

其代表是 SAS，它是集数据管理、数据分析和信息处理为一体的大型应用软件系统。SAS 是一种集成软件，由十几个模块组成，用户可以根据应用的类型调用不同模块或模块组合进行工作。SAS 的统计分析和计量经济分析功能都很强。这部分功能是由 SAS/BASE，SAS/STAT，SAS/ETS 和 SAS/GRAPH 等模块实现的。

小 结

本章首先讨论了什么是计量经济学以及计量经济学产生和发展的过程，然后用一个简单的例子展示了利用计量经济学方法解决问题的步骤：陈述理论（或假说）；建立计量经济模型；收集数据；估计参数；假设检验；预测和政策分析。

任何计量经济研究都包含两个基本要素：理论和事实。计量经济学的主要功能就是将这两个要素结合在一起。计量经济学的应用是通过计量经济模型实现的。计量经济模型可分为两类：单方程模型和联立方程模型。它们可用于计量经济学的三个主要目的：结构分析、预测和政策评价。

计量经济分析离不开相应软件的使用，本章介绍了目前可供使用的众多计量经济分析软件。

习 题

1. 试列出计量经济分析的主要步骤。
2. 计量经济模型中为何要包括扰动项?
3. 什么是时间序列数据和横截面数据? 试举例说明二者的区别。
4. 估计量和估计值有何区别?

第二章

计量经济分析的统计学基础

本章对计量经济学所用到的统计学概念和方法作一概括性的回顾，这些概念和方法对理解本书后面的内容至关重要。当然，由于篇幅的限制，本章的内容并没有覆盖统计学（或概率论与数理统计）的全部理论和方法，讨论也难以做到十分详尽。它仅仅是一种复习性的介绍，目的是使有一定统计学基础的学生能通过本章的学习尽快将已经淡忘的知识捡回来，而不必回过头去将统计学课程全部复习一遍。

第一节　概率和概率分布

一、描述性统计量

假设你手头有一个数据集，它包含若干个变量的数据。为了概括这些数据的特征，引入统计量的概念。这些统计量被用来测度单个变量的典型值和该变量的观测值之间的变差，或者两个变量之间的相关程度。统计量是根据一个给定的数据集中变量的值计算的一个测度。下面是几个最常用的统计量。

1. 均值

测量一个变量典型取值的统计量称为**集中趋势测度**，最常用的集中趋势测度是**均值**(mean)。变量 X 的均值为

$$\overline{X}=\frac{1}{n}\sum_{i=1}^{n}X_i$$

2. 方差和标准差

测量一个变量所有数据值的离散程度的统计量称为**离散测度**，最常用的离散测度是**方差**（variance）及其正平方根，称为**标准差**（standard deviation），它们的定义为

$$\text{方差：}S^2=\frac{\sum_{i=1}^{n}(X_i-\bar{X})^2}{n-1}$$

$$\text{标准差：}S=\sqrt{S^2}$$

3. 协方差和相关系数

我们在计量经济学中要研究的是一些变量如何与其他变量相联系，最简单的是两个变量的情况，研究的起点是包含这两个变量 X 和 Y 各自 n 个观测值的数据集，即有 n 对数据 (X_1, Y_1)，(X_2, Y_2)，…，(X_n, Y_n)。

X 和 Y 的观测值共变(一起变动) 程度的一个测度是**协方差**(covariance)，定义为

$$S_{xy}=\frac{1}{n-1}\sum_{i=1}^{n}(X_i-\bar{X})(Y_i-\bar{Y})$$

更常用的是**相关系数**(correlation coefficient)，其定义为

$$r=\frac{S_{xy}}{S_xS_y}$$

式中，S_{xy} 为 X 和 Y 的协方差；S_x 和 S_y 分别为 X 和 Y 的标准差。

二、概率的概念

抛掷一枚硬币时，在观测到正面或反面的结果之前是无法确知实际结果的。但抛掷之前你可以依据硬币的物理特征为可能出现的结果指定一个概率。如一枚完好的硬币，出现正面和反面的概率各为 0.50。

下面介绍一些与概率相关的概念。

1. 随机试验和事件

随机试验是导致至少两种可能结果的过程，并且在此过程中将出现何种结果是不确定的。一个随机试验的所有可能结果的集合称为**样本空间**或**总体**，样本空间的每个成员称为一个**样本点**。**事件**是样本空间的子集。如果两个事件中一个事件的发生排除了另一个事件的发生，则称它们是互不相容事件或**互斥事件**。如果若干个事件包罗了一个试验的所有可能的结果，则这些事件称为**完备事件**。

2. 总体和样本

给定的一组观测值通常被视为从某个更大的总体中抽取的一个**样本**。总体可以是有限的，也可以是无限的。有限总体可能很大，如全国 13 亿人口；也可能很小，如一个班学生的综合测评成绩。为了计算的方便，大总体有时可假定为无限总体。

样本是总体的一部分。之所以需要抽取样本，是因为在有些情况下，当分析某个变量的特征时，涉及的总体容量太大，甚至是无限总体，以至不可能对整个总体进行检查，或者这样做耗费太大，从而只能使用观测样本。

通常假定样本能够反映要研究的总体特征，因此可以依据样本来推断总体。由于在某

种程度上样本是总体的代表，因此这种推断有一定的合理性。例如，为研究所有北京人的平均收入，很显然需要全体北京人（总体）的数据。可是，要收集每个人的收入数据是一件很困难的事。在实践中，我们可以抽取一个由 5 000 人组成的随机样本，然后计算这 5 000 人的平均收入，将其作为北京人的真实平均收入的估计值。

3. 事件的概率

在一个事件发生前该事件的相对确定性的测度是这个事件的**概率**。概率通常用指派给结果 A 的一个数 $P(A)$ 来表示。$P(A)$ 是一个实验的多次重复试验中事件 A 将会发生的次数占总试验次数的比例，有时我们用相对频率的概念来确定 $P(A)$。在一个实验的 n 个等可能性的结果中，如果有 m 个有利于事件 A 的发生，则 $\frac{m}{n}$ 是 A 的**相对频率**。对于大的 n 值，这一相对频率将提供 A 的概率（$P(A)$）的一个很好的近似值。

4. 概率的性质

(1) $0 \leqslant P(A) \leqslant 1$ 对所有 A 成立。

$P(A)=0$ 表明事件 A 不会发生；

$P(A)=1$ 表明事件 A 必定发生。

一般情况下，概率值在 0～1 之间。

(2) 若 A，B，C，…是完备事件集，则

$$P(A+B+C+\cdots)=1$$

其中 $A+B+C$ 的含义是 A 或 B 或 C，等等。

(3) 若 A，B，C，…是互不相容事件，则

$$P(A+B+C+\cdots)=P(A)+P(B)+P(C)+\cdots$$

三、随机变量和概率分布

1. 随机变量

可以在一个特定数集中按一定概率取值的变量称为**随机变量**。只能取某些离散值的变量称为离散随机变量，如掷骰子所得点数（1，2，3，4，5，6）。可以取一个有限（或无限）区间所有值的变量称为连续随机变量，如零件的直径。随机变量通常用大写字母 X，Y，Z 等表示，它们所取的值用小写字母 x，y，z 等表示。

2. 随机变量的概率分布和概率密度函数

一个随机变量取给定值或属于一给定值集的概率所确定的函数称为该随机变量的**概率分布**。概率分布反映的是随机变量所有可能取值的概率的分配方式。一旦与所有可能结果相联系的概率被确定，则概率分布即被完全确定。

(1) 离散随机变量的概率分布。设 X 为取相异值 x_1，x_2，…，x_n，…的离散随机变量，则函数

$$f(x)=\begin{cases} P(X=x_i), & i=1,2,\cdots,n,\cdots \\ 0, & X\neq x_i \end{cases}$$

称为 X 的概率分布或**概率质量函数**（probability mass function，PMF），其中 $P(X=x_i)$ 为离散随机变量 X 取 x_i 值的概率。

（2）连续随机变量的概率密度函数。设 X 为连续随机变量，且满足下列条件：

$$f(x)\geqslant 0$$

$$\int_{-\infty}^{+\infty} f(x)\mathrm{d}x=1$$

$$\int_{a}^{b} f(x)\mathrm{d}x=P(a<x\leqslant b)$$

则 $f(x)$称为 X 的**概率密度函数**（probability density function，PDF），其中 $P(a<x\leqslant b)$ 表示 X 位于区间$(a,b]$的概率。

连续随机变量与离散随机变量不同，X 取任何指定值的概率被认为是零，只有取某一范围（或区间）的值的概率值才有意义。

四、概率分布的特征

虽然概率分布指明了一个随机变量所取的值以及与这些值相联系的概率，但我们往往并不关注整个概率分布，我们感兴趣的可能是该概率分布的某些概括性特征。最常用的两个概括性测度是**期望值**和**方差**。

1. 期望值

离散随机变量 X 的期望值用$E(X)$表示，定义为

$$E(X)=\sum_{x} x f(x)$$

式中，$f(x)$为 X 的概率分布函数。

由上述定义不难看出，随机变量的期望值是其所有可能的值的加权平均，权数是这些值的概率，离散随机变量的期望值也叫作它的**均值**。

连续随机变量的期望值定义为

$$E(X)=\int_{-\infty}^{+\infty} x f(x)\mathrm{d}x$$

它与离散随机变量的期望值的唯一区别是用积分号代替求和号。

2. 期望的性质

（1）若 b 为常数，则 $E(b)=b$；

（2）设 X_1，X_2，…，X_n 为随机变量，a_1，a_2，…，a_n 和 b 为常数，则

$$E(a_1X_1+a_2X_2+\cdots+a_nX_n+b)$$
$$=a_1E(X_1)+a_2E(X_2)+\cdots+a_nE(X_n)+b$$

（3）若 X 和 Y 为独立随机变量，则

$$E(XY)=E(X)E(Y)$$

3. 方差

设 X 为一随机变量，且 $E(X)=\mu$，则 X 的**方差**定义为

$$\mathrm{Var}(X)=\sigma^2=E[(X-\mu)^2]$$

σ^2 的正平方根 σ 称为 X 的**标准差**。方差和标准差描述的是随机变量诸值的分散程度，

通常用来度量随机变量诸值对其均值的离中趋势。方差可用下式计算：

$$\mathrm{Var}(X)=\sum_x (X-\mu)^2 f(x), \quad X\text{ 为离散随机变量}$$

$$\mathrm{Var}(X)=\int_{-\infty}^{+\infty}(X-\mu)^2 f(x)\mathrm{d}x, \quad X\text{ 为连续随机变量}$$

4. 方差的性质

(1) $\mathrm{Var}(X)=E[(X-\mu)^2]=E(X^2)-\mu^2$；

(2) 常数的方差为 0；

(3) 若 a 和 b 为常数，则

$$\mathrm{Var}(aX+b)=a^2\mathrm{Var}(X)$$

(4) 若 X 和 Y 为独立随机变量，则

$$\mathrm{Var}(X+Y)=\mathrm{Var}(X)+\mathrm{Var}(Y)$$

5. 协方差

若 X 和 Y 为两随机变量，均值分别为 μ_x 和 μ_y，则两变量的**协方差**定义为

$$\mathrm{Cov}(X,Y)=E[(X-\mu_x)(Y-\mu_y)]$$

若 X 和 Y 为独立随机变量，则 $\mathrm{Cov}(X,Y)=0$。

6. 相关系数

两随机变量 X 和 Y 的总体**相关系数** ρ 定义为

$$\rho=\frac{\mathrm{Cov}(X,Y)}{\sqrt{\mathrm{Var}(X)\cdot\mathrm{Var}(Y)}}=\frac{\mathrm{Cov}(X,Y)}{\sigma_x\cdot\sigma_y}$$

相关系数是度量两变量之间线性关系强度的测度，其值在 -1 和 $+1$ 之间，即 $-1\leqslant\rho\leqslant 1$。

7. 相关变量的方差

设 X 和 Y 是两个随机变量，则

$$\mathrm{Var}(X+Y)=\mathrm{Var}(X)+\mathrm{Var}(Y)+2\mathrm{Cov}(X,Y)$$

$$\mathrm{Var}(X-Y)=\mathrm{Var}(X)+\mathrm{Var}(Y)-2\mathrm{Cov}(X,Y)$$

8. 样本均值、方差、协方差和相关系数

与上述总体特征（参数）相对应的是样本统计量，如样本均值、样本方差、样本协方差和样本相关系数。它们均可由样本数据（样本观测值）计算得出，计算方法在本节第一部分中已做介绍，这里不再重复。

五、几个重要的理论概率分布

下面复习几个在回归分析中非常重要的理论概率分布，它们是正态分布、χ^2 分布、t 分布和 F 分布。

1. 正态分布

所有的理论分布中最著名的一种分布是正态分布，其钟形图是稍具统计知识的人都很熟悉的。如果一个连续随机变量的概率密度函数具有以下形式：

$$f(x)=\frac{1}{\sigma\sqrt{2\pi}}e^{-\frac{(x-\mu)2}{2\sigma 2}},\quad -\infty<x<+\infty$$

则我们说该随机变量服从正态分布。式中，μ 和 σ^2 称为该分布的参数，分别是该分布的均值和方差。若 X 服从均值为 μ、方差为 σ^2 的正态分布，则可用符号表示为

$$X\sim N(\mu,\sigma^2)$$

正态分布有以下性质：

(1) 关于其均值的对称性，如图 2-1 所示。

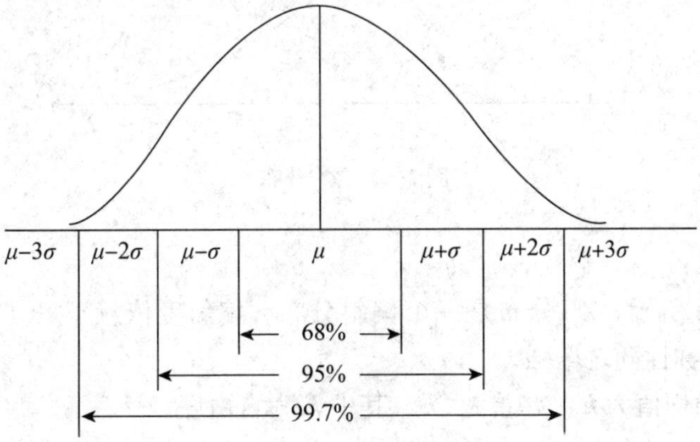

图 2-1　正态分布

(2) 正态曲线下大约 68%的面积位于 $\mu\pm\sigma$ 之间，大约 95%的面积位于 $\mu\pm 2\sigma$ 之间，大约 99.7%的面积位于 $\mu\pm 3\sigma$ 之间，如图 2-1 所示。

(3) 正态分布完全被它的两个参数 μ 和 σ^2 所描述，也就是说，一旦这两个参数被给定，就可以用正态分布的 PDF 求出 X 位于某一区间之内的概率。事实上，我们不用实际去算，因为这些概率值可以从专门编制的正态分布表中查到。任何统计学或计量经济学教科书后面都附有正态分布表以及我们下面要介绍的 t 分布表、F 分布表。

为了查正态分布表，我们需要将给定的正态变量 X 转换成标准正态变量 Z，即令

$$Z=\frac{X-\mu}{\sigma}$$

我们有

$$Z\sim N(0,1)$$

这表明 Z 服从均值为 0、方差为 1 的正态分布。

(4) 正态分布变量的线性函数亦服从正态分布。

2. χ^2 分布

若 Z_1，Z_2，…，Z_k 为独立的标准正态变量，则它们的平方和

$$Z=\sum_{i=1}^{k}Z_i^2$$

服从 k 个自由度的 χ^2 分布，其中自由度(df)的含义是 $\sum Z_i^2$ 中独立变量的数目。χ^2 变量用

$\chi^2(k)$ 或 χ_k^2 表示，其中 k 为自由度。χ^2 分布的图形如图 2－2 所示。

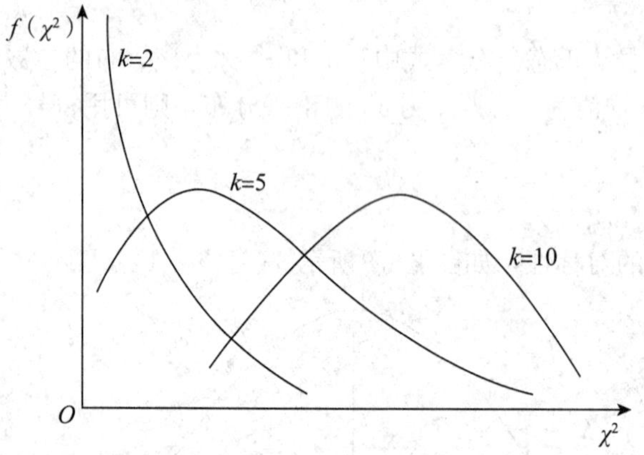

图 2－2　χ^2 分布

χ^2 分布的性质：

（1）如图 2－2 所示，χ^2 分布是一个偏斜分布。偏斜度依赖于 df 值的大小，随着 df 增大，该分布的对称性随之增强。

（2）χ^2 分布的均值为 k，方差为 $2k$，其中 k 为自由度。

（3）若 Z_1 和 Z_2 是自由度分别为 k_1 和 k_2 的 χ^2 变量，则它们的和 Z_1+Z_2 为 $\mathrm{df}=k_1+k_2$ 的 χ^2 变量。

3. t 分布

若 Z_1 是一个标准正态变量，Z_2 是自由度为 k 的 χ^2 变量，则

$$t=\frac{Z_1}{\sqrt{\dfrac{Z_2}{k}}}=\frac{Z_1\sqrt{k}}{\sqrt{Z_2}}$$

服从自由度为 k 的 t 分布，t 分布亦称为学生 t 分布，用 $t(k)$ 或 t_k 表示。t 分布或许是计量经济学家日常工作中使用频率最高的分布。

t 分布的性质：

（1）t 分布与正态分布一样，是对称的，但比正态分布要平一些，如图 2－3 所示。当 df 值充分大时，t 分布近似于正态分布。当 df 值趋向无穷大时，t 分布就是标准正态分布。

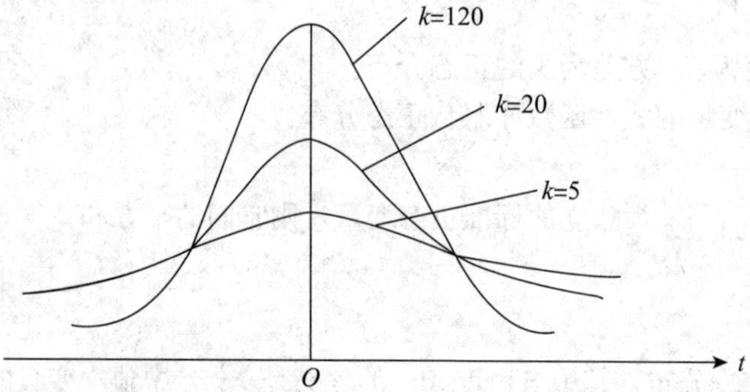

图 2－3　t 分布

(2) t 分布的均值为 0，方差为$\frac{k}{k-2}$。

4. *F* 分布

若 Z_1 和 Z_2 是独立分布的自由度分别为 k_1 和 k_2 的 χ^2 变量，则

$$F=\frac{Z_1/k_1}{Z_2/k_2}$$

服从自由度为 k_1 和 k_2 的 F 分布，用 $F(k_1, k_2)$或 F_{k_1,k_2} 表示，k_1 称为分子自由度，k_2 称为分母自由度。

F 分布的性质：

(1) 与 χ^2 分布一样，F 分布也是向右偏斜的，如图 2－4 所示。当 k_1 和 k_2 增大时，F 分布趋向于正态分布。

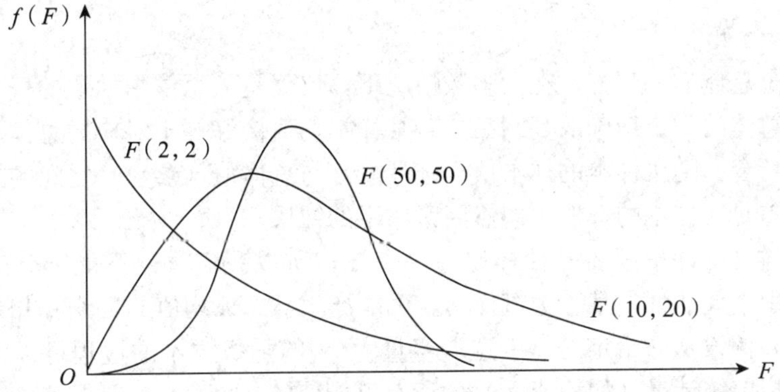

图 2－4　*F* 分布

(2) F 分布变量的均值为$\frac{k_2}{k_2-2}(k_2>2)$，其方差为

$$\frac{2k_2^2(k_1+k_2-2)}{k_1(k_2-2)^2(k_2-4)}, \quad k_2>4$$

第二节　统计推断

一、统计推断的一般问题

我们在上一节介绍了总体和样本的概念，并指出在很多情况下，用总体的全部信息来分析一个变量的特征要么不可行，要么耗资太大，因而只能使用从总体中抽取的样本，用样本得到有关整个总体的结论。

从总体中抽取样本的过程称为**抽样**。在统计学中，随机抽样具有特别重要的意义。如果一个样本是以这样一种方式抽取的——它与容量同样为 N 的其他任一样本被选取的概率相同，则该样本称为**随机样本**。抽取随机样本的基本理由是，与其他任何选取方式相比，这种样本更可能反映取样总体的特征。

设有某随机变量观测值的一个样本，我们就可以计算均值 $\overline{X}$ 和标准差等统计量的值。问题是，在不了解总体分布的情况下，能否运用通过抽样得到的样本信息来推断有关总体的情况（如总体均值和总体方差）？这就是所谓的统计推断问题。具体说来，我们希望在以下两个方面运用样本信息：（1）检验关于总体参数的假设；（2）作出这些参数的可能值的推断。这两方面的应用是统计推断一般问题的两个分支，即**假设检验**和**参数估计**。

需要指出的是，随机样本是统计推断的基础。也就是说，进行假设检验和参数估计所使用的样本必须是随机样本。因此，下文中提到的样本均指随机样本。一方面，统计推断的基本问题是，判断手中的样本是否可能取自具有确定参数的某类总体，即从样本信息来检验关于总体的假设，这是假设检验问题。另一方面，给定样本，总体诸参数的可能值是什么？也就是如何从样本值估计总体参数，这是参数估计问题。统计推断的这两个分支是紧密相关的。

二、抽样分布

由于样本是总体的一部分，在大多数情况下，仅仅是从总体中抽取的极小部分，因而不能指望它是总体的一个精确的复制品。若某样本均值恰好等于对应的总体均值，那么这也纯粹是一种巧合。随机样本的样本值（统计量）与总体值（参数）之间的差异称为抽样误差。抽样误差是在样本的选取中偶然因素作用的结果。

由于所有样本统计量都要受抽样误差的支配，所以我们永远不能十分确信得出的结果，因为单是由于偶然性，某一随机样本就可能产生与总体均值的真值 μ 相差甚远的样本均值 $\overline{X}$。然而，假设从一给定总体中选取容量为 N 的随机样本的过程可以无限次重复进行，则将产生指定统计量（如均值 $\overline{X}$）的所有可能值的一个分布，即其概率分布。这个概率分布叫作**抽样分布**（sampling distribution）。抽样分布是与样本统计量联系在一起的概率分布。在统计推断的应用中，必须首先导出有关统计量的抽样分布，这些抽样分布是进行假设检验和参数估计的基础。例如，知道了样本均值的抽样分布，就可以计算样本均值 $\overline{X}$ 与指定的总体均值 μ（理论值或假设值）之差的概率，从而根据概率值的大小判断该样本是否可能来自均值为 μ 的总体。

例 2.1　某厂生产一种直径为 100 mm 的轴。检验工从每批成品中随机抽取一个 16 根轴的样本进行检验，设该样本的均值为110 mm，方差为 100，试问生产线是否出了问题？

这是一个假设检验问题。要检验的是，根据样本均值，总体均值为100 mm的假设是否正确。这需要首先确定该样本均值的抽样分布（如正态分布或 t 分布），然后根据抽样分布来计算 $\overline{X}-\mu=110-100=10$ 出现的概率，如果概率值非常小（如 0.01），就应怀疑原来有关总体均值为 100 的假设，也就是应设法找出生产中出现的问题。

三、均值的抽样分布

设 $X \sim N(\mu, \sigma^2)$，即 X 服从均值为 μ、方差为 σ^2 的正态分布。从 X 的总体中抽取一个有 N 个观测值的随机样本，并计算该样本的均值 $\overline{X}$。若重复该抽样实验，就会产生一系列 $\overline{X}$。由于偶然性，这些均值一般各不相同，且与总体均值 μ 不同，也就是将产生抽样误差。但我们可以预期，只要该实验重复的次数充分多，这一系列均值 $\overline{X}$ 的均值就会趋向于μ，并且诸$\overline{X}$的变异性要比诸X的变异性小，且N越大，变异性越小。

记可由重复抽样产生的诸$\overline{X}$的无限总体的均值和标准差分别为$\mu_{\bar{x}}$和$\sigma_{\bar{x}}$，记诸X的原总体的均值和标准差分别为μ和σ，我们有

$$\overline{X}=\frac{\sum X}{N}=\frac{X_1+X_2+\cdots+X_N}{N}=\frac{X_1}{N}+\frac{X_2}{N}+\cdots+\frac{X_N}{N}$$

式中，X_1，X_2，…，X_N为X的逐次样本观测值。因为这些观测值是随机地从同一正态总体中取出的，所以每一个都将服从均值为μ、标准差为σ的同一正态分布，并且它们都是相互独立的随机变量。因此，$\overline{X}$是N个独立正态变量的线性组合。由均值和方差的性质，有

$$\mu_{\bar{x}}=E\left(\frac{X_1}{N}+\frac{X_2}{N}+\cdots+\frac{X_N}{N}\right)=\frac{\mu}{N}+\frac{\mu}{N}+\cdots+\frac{\mu}{N}=\mu$$

$$\sigma_{\bar{x}}^2=\mathrm{Var}\left(\frac{X_1}{N}+\frac{X_2}{N}+\cdots+\frac{X_N}{N}\right)=\frac{\sigma^2}{N^2}+\frac{\sigma^2}{N^2}+\cdots+\frac{\sigma^2}{N^2}=\frac{\sigma^2}{N^2}\cdot N=\frac{\sigma^2}{N}$$

$$\sigma_{\bar{x}}=\frac{\sigma}{\sqrt{N}}$$

由此得到下面的定理。

定理　若$X\sim N(\mu,\sigma^2)$，则对于容量为N的样本的均值$\overline{X}$，在重复抽样的情况下，有

$$\overline{X}\sim N\left(\mu,\frac{\sigma^2}{N}\right)$$

也就是说，样本均值$\overline{X}$的抽样分布是均值为μ、方差为$\frac{\sigma^2}{N}$的正态分布。

统计量的**标准差**（standard deviation）通常称为该统计量的**标准误差**（standard error），如$\sigma_{\bar{x}}$就是均值的标准误差。由于$\sigma_{\bar{x}}=\frac{\sigma}{\sqrt{N}}$，故样本容量越大，均值的标准误差越小，即样本均值的变异性越小，这从直观上是不难理解的。

中心极限定理　若$\overline{X}$为从一均值为μ、标准差为σ的非正态总体中取出的N个独立观测值的随机样本的均值，则只要N充分大，$\overline{X}$的抽样分布就近似于均值为μ、标准差为$\sigma_{\bar{x}}=\frac{\sigma}{\sqrt{N}}$的正态分布。

中心极限定理将前面有关正态总体均值的抽样分布的定理推广到非正态分布的一般情形。实际上，对于$N=30$，就可以得到相当满意的近似。但一般来说，原总体对正态分布的偏离越大，样本也应当越大。

第三节　参数估计

从上一节的讨论中，我们知道统计推断包括两方面内容：其一是假设检验；其二是参数估计。参数估计要解决的问题是由样本值来估计总体参数。例如，我们可能希望知道北

京市某日西瓜的平均零售价格，对所有西瓜销售点进行全面统计即便行得通，费用也太高。可行的方法是随机选取若干个销售点进行调查，得到有关西瓜价格的一个样本，然后计算样本的平均价格，作为全市西瓜平均零售价格总体参数的估计值。这种利用样本数据来估计未知的总体参数的方法称为参数估计。估计问题可分为两类：**点估计**和**区间估计**。

一、点估计

1. 估计量和估计值

设 X 为一随机变量，其概率密度函数为 $f(x,\theta)$，其中 θ 为该分布的参数（为了简化讨论，假定仅有一个未知参数，但不难推广到若干个参数的一般情形）。假定已知概率密度函数的形式，即知道理论 PDF，例如是 t 分布或正态分布，但不知道 θ 的值。为估计 θ 的值，从这一已知分布中抽取一个容量为 n 的随机样本，然后导出样本值的一个函数（公式）：

$$\hat{\theta}=g(x_1, x_2, \cdots, x_n)$$

使得我们可以用该公式提供 θ 的真值的估计值。$\hat{\theta}$ 称为总体参数 θ 的**估计量**（estimator），该估计量所取的一个具体值（即将具体的样本值代入上述公式所得到的一个值）称为 θ 的一个**估计值**（estimate）。显然，$\hat{\theta}$ 是一个随机变量，因为它是样本数据的函数。

尽管我们常常不加区别地用同一符号 $\hat{\theta}$ 表示 θ 的估计量和估计值，但必须注意二者的区别。估计量 $\hat{\theta}$ 是告诉我们如何估计 θ 真值的一种规则或一个公式，而估计值则是用此公式计算出的一个数值。

例如，若令

$$\hat{\theta}=\frac{1}{n}(X_1+X_2+\cdots+X_n)=\overline{X}$$

式中，$\overline{X}$ 为样本均值，则 $\overline{X}$ 就是总体均值 μ 的一个估计量。如果根据具体观测值，用上述公式算出 $\overline{X}=50$，则 50 就是 μ 的一个估计值。

我们这样得到的估计量称为**点估计量**，因为它仅提供 θ 的单个（点）估计值。

2. 点估计量的统计性质

由上面的讨论可知，估计量是基础，因为它是计算估计值的公式。估计量和估计值相比，估计量更重要，这是因为好的估计量通常会产生比较接近总体参数真值的估计值，而与具体的样本无关。那么，“好”估计量应该具备一些什么性质呢？估计量的统计性质可分成两类：小样本性质和大样本性质（渐近性质）。

（1）小样本性质。

● 无偏性。如果估计量 $\hat{\theta}$ 的期望值等于 θ 的真值，即

$$E(\hat{\theta})=\theta$$

则 $\hat{\theta}$ 为 θ 的无偏估计量；反之，则估计量是有偏估计量，如图 2-5 中所示的估计量 θ^*。

从图 2-5 中可以看出，我们不能保证无偏估计量产生的每一个估计值都优于有偏估计量产生的估计值，但无偏性仍是一个很有用的性质，因为从无偏分布中抽取的一个估计值与从那些不以总体真值为中心的分布中抽取的估计值相比更可能靠近总体真值。这也是人们很看重无偏估计量的原因。

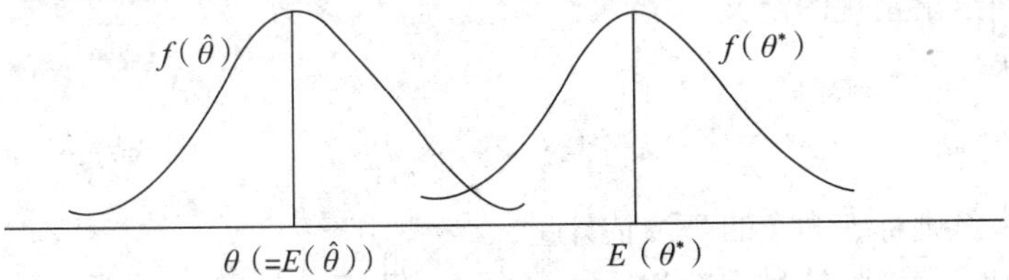

图 2-5　无偏估计量和有偏估计量

● 有效性。正如我们喜欢估计量的无偏性（即 $\hat{\theta}$ 的分布以总体真值 θ 为中心）一样，我们也喜欢该分布尽量地窄（或精确），这实际上是要求 $\hat{\theta}$ 分布的方差尽量小。对于方差很小的 $\hat{\theta}$ 分布，估计值靠近抽样分布均值的可能性大，从而靠近总体真值的可能性大，如图 2-6 所示。下面给出有效性的定义。

如果 $\hat{\theta}_1$ 和 $\hat{\theta}_2$ 是 θ 的两个无偏估计量，且 $\hat{\theta}_1$ 的方差小于等于 $\hat{\theta}_2$ 的方差，那么 $\hat{\theta}_1$ 为有效估计量，或者说 $\hat{\theta}_1$ 比 $\hat{\theta}_2$ 更有效。

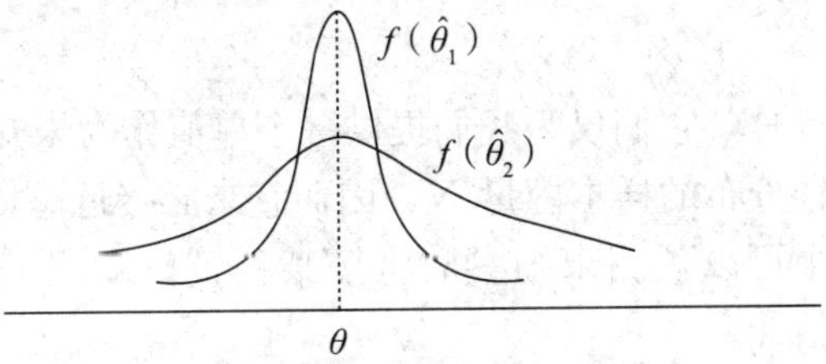

图 2-6　有效性

显然，在一个参数的各种估计量之间进行选择时，我们总是希望选那种既无偏又有效的估计量。若在 θ 的所有无偏估计量中，我们能够找到一个具有最小方差的估计量，则称之为 θ 的最佳估计量。

● 最佳线性无偏性。如果估计量 $\hat{\theta}$ 是诸样本观测值的一个线性函数，则 $\hat{\theta}$ 称为 θ 的线性估计量。

如果 $\hat{\theta}$ 是线性的、无偏的，并且它在 θ 的所有线性无偏估计量中具有最小方差，则称 $\hat{\theta}$ 为 θ 的**最佳线性无偏估计量**（the best linear unbiased estimator，BLUE）。

（2）大样本性质。往往有这样的情形：在小样本的情况下，一个估计量不满足某些小样本性质，但随着样本容量无限增大，该估计量就具有一些令人满意的统计性质，这些性质称为大样本性质或**渐近性质**。渐近性质与小样本性质相比固然重要性要差一些，但在无法得到最佳线性无偏估计量的情况下，能够得到一个具有好的渐近性质的估计量也是一个可以接受的结果。

● 渐近无偏性。若对于估计量 $\hat{\theta}$，有

$$\lim_{N\to\infty} E(\hat{\theta}) = \theta$$

则 $\hat{\theta}$ 称为 θ 的**渐近无偏估计量**，其中 N 为样本容量。也就是说，当样本容量趋向于∞时，若参数 θ 的一个估计量 $\hat{\theta}$ 的期望值趋向于 θ 的真值，则 $\hat{\theta}$ 称为 θ 的渐近无偏估计量。

● 一致性。如果当样本容量趋向无穷时，估计量 $\hat{\theta}$ 趋向于 θ 的真值，则 $\hat{\theta}$ 称为 θ 的一

致估计量。下面给出正规的定义。

定义 如果

$$\lim_{n\to\infty} P\{ |\hat{\theta}-\theta| < \delta \} = 1, \quad \delta > 0$$

式中，P 为概率，则称 $\hat{\theta}$ 为 θ 的一致估计量。

上式通常用概率极限符号表示为

$$\operatorname*{plim}_{n\to\infty} \hat{\theta} = \theta$$

一个估计量是一致估计量的充分条件是

$$\lim_{n\to\infty} E(\hat{\theta}) = \theta$$

且

$$\lim_{n\to\infty} \mathrm{Var}(\hat{\theta}) = 0$$

二、区间估计

点估计量的主要缺点是，它们仅为我们提供一个单值作为未知总体参数的估计值。由于这个估计值依赖于抽样分布的样本容量 N，因而它未必接近总体真值。因此，在某些实际估计问题中，建立一个可以预测未知参数将按某种置信度位于其中的区间似乎更有意义，这种方法称为区间估计。

1. 置信区间和置信限

为了说明区间估计的基本概念，我们再次考虑从一均值为 μ、标准差为 σ 的正态总体中抽取容量为 N 的样本。由上一节的定理可知，该样本的均值 $\overline{X}$ 将服从均值为 μ、标准差为 $\sigma_x = \dfrac{\sigma}{\sqrt{N}}$ 的正态分布，即

$$\overline{X} \sim N\left(\mu, \frac{\sigma}{\sqrt{N}}\right)$$

或

$$Z = \frac{\overline{X}-\mu}{\dfrac{\sigma}{\sqrt{N}}} \sim N(0, 1)$$

由正态分布的性质可知，在重复抽样的情况下，95%的样本均值将落在区域 $\mu \pm 1.96\sigma_x$ 之内，也就是

$$\mu - 1.96\sigma_x \leqslant \overline{X} \leqslant \mu + 1.96\sigma_x$$

由此式很容易得到

$$\overline{X} - 1.96\sigma_x \leqslant \mu \leqslant \overline{X} + 1.96\sigma_x$$

由此可见，若我们说"μ 位于 $\overline{X} \pm 1.96\sigma_x$ 之中"，则对的概率是 95%。区间 $\overline{X} \pm 1.96\sigma_x$ 称

为 μ 的 95%的**置信区间**，此区间的上、下限称为 μ 的 95%的**置信限**。

更一般地，我们可将与总体均值的区间估计值相关联的概率记为

$$P(\overline{X}-Z_{\frac{\alpha}{2}}\sigma_{\bar{x}}\leqslant\mu\leqslant\overline{X}+Z_{\frac{\alpha}{2}}\sigma_{\bar{x}})=1-\alpha$$

其中概率 $1-\alpha$ 称为估计 μ 时的**置信水平**。若选择置信水平为 95%，则 $Z_{\frac{\alpha}{2}}=1.96$；若选择置信水平为 99%，则 $Z_{\frac{\alpha}{2}}=2.58$，$\mu$ 的 99%的置信限为 $\overline{X}\pm2.58\sigma_{\bar{x}}$。

2. 均值的置信限

由上可知，均值的 95%的置信限为 $\overline{X}\pm1.96\sigma_{\bar{x}}$。如果 $\sigma_{\bar{x}}$ 为已知，则可立即算出该置信限的具体数值，但在实际应用中，我们一般不知道 $\sigma_{\bar{x}}$，因为 $\sigma_{\bar{x}}=\frac{\sigma}{\sqrt{n}}$，而总体标准差 σ 一般是未知的，只能用样本标准差 $S_{\bar{x}}$ 代替它。在这种情况下，有

$$t=\frac{\overline{X}-\mu}{S_{\bar{x}}}\sim t(N-1)$$

与正态分布的情况类似，我们有

$$P(\overline{X}-t_{\frac{\alpha}{2}}S_{\bar{x}}\leqslant\mu\leqslant\overline{X}+t_{\frac{\alpha}{2}}S_{\bar{x}})=1-\alpha$$

若取 $\alpha=0.05$，则有

$$P(\overline{X}-t_{0.025}S_{\bar{x}}\leqslant\mu\leqslant\overline{X}+t_{0.025}S_{\bar{x}})=1-0.05=0.95$$

即 μ 的 95%的置信限为$(\overline{X}\pm t_{0.025}S_{\bar{x}})$。其中 $t_{0.025}$ 表示截断自由度为 $N-1$ 的 t 分布两端各 2.5%面积的 t 临界值，可查 t 值表得到。

例 2.2 16 个北京男高中生的一个随机样本给出的平均身高为 174 cm，标准差为 5 cm，试求北京男高中生平均身高的 95%的置信限。

解 $S_{\bar{x}}=\frac{S}{\sqrt{N}}=\frac{5}{4}=1.25$

根据 $\alpha=0.05$，$N-1=15$ 个自由度查表得 $t_{0.025}=2.131$，故 95%的置信限为

$$\overline{X}\pm t_{0.025}S_{\bar{x}}=174\pm2.131\times1.25\approx174\pm2.66$$

即根据样本，我们有 95%的把握说北京男高中生的平均身高在 171.3 cm～176.7 cm。

第四节 假设检验

在讨论了参数估计之后，本节讨论统计推断的另一分支——假设检验。

假设检验方法有两种：显著性检验法和置信区间法。**显著性检验**是经典的假设检验方法，具有简洁清晰的特点。本书涉及假设检验的地方均指显著性检验。

一、假设检验的逻辑

假设检验的所有方法都基于这样一个事实：总体参数的任何具体估计值都来自诸估计

值的一个分布（或者说是来自估计量的抽样分布），这个估计值仅仅是许许多多可能的估计值中的一个。因此，由这个估计值得出的结论必须将整个分布考虑在内。

设有一个取自某个均值为 μ 的总体的样本，计算出的样本均值为 $\overline{X}$（如 $\overline{X}=110$），我们要检验的假设是，此均值来自均值为 μ（如 $\mu=100$）的总体。这个假设意味着 $\overline{X}$ 和 μ 之间的差异应该仅仅是由偶然因素造成的。根据 $\overline{X}$ 的抽样分布，我们可以求出上述假设成立的情况下，即被抽样的总体的均值为 μ 的情况下，随机抽取一个样本，得到样本均值为 $\overline{X}$ 的概率是多少。如果此概率值很小，则表明从均值为 $\mu=100$ 的总体中不大可能取到均值为 $\overline{X}=110$ 的随机样本。在这种情况下，我们说 $\overline{X}$ 显著地不同于 μ，因而拒绝关于此 $\overline{X}$ 是来自一均值为 μ 的总体的假设。或者换个说法，我们的样本数据不能支持总体均值为 μ 的假设，因为如果 $\mu=100$ 的假设成立，则随机地抽取到均值为 $\overline{X}=110$ 的样本的可能性非常小，是小概率事件。现在既然这种小概率事件发生了，我们当然有理由怀疑总体均值为 $\mu=100$ 这一假设的正确性。

由上面的说明不难看出，假设检验可以说就是检验是否出现了小概率事件，如果出现小概率事件，则拒绝原来关于总体参数的假设；如果检验表明得到的样本值并不属于小概率事件，即若我们的假设成立，得到该样本值的概率不算小，则不能拒绝原来的假设，或者说，我们接受该假设。

问题是，上面提到的概率究竟应该小到什么程度才算小？一般说来，这取决于我们愿意承担的拒绝一个正确的假设和接受一个错误的假设这两方面的风险，我们将在后面讨论这个问题。在实践中，一般习惯于取 5%作为拒绝假设的临界水平，称为 5%的显著性水平。

二、假设检验的步骤和方法

下面通过一个例子来介绍假设检验的具体步骤。回到本章第二节的例 2.1，即轴的直径问题。某厂批量生产一种直径为 100 mm 的轴，随机抽取一个 16 根轴的样本，计算出平均直径（样本均值）为 110 mm，方差为 100，要检验的是生产线是否出了问题。换句话说，要检验总体均值是不是 100 mm。

1. 建立关于总体的原假设和备择假设

假设检验的第一步是建立要检验的假设。

正式的假设检验涉及在两个相互矛盾的假设之间进行选择，一个是**原假设**（null hypothesis）；另一个是**备择假设**（alternative hypothesis）。原假设通常用 H_0 表示，备择假设用 H_a 或 H_1 表示。下面是关于该轴总体均值的原假设和备择假设：

原假设　　H_0：$\mu=100$

备择假设　H_1：$\mu\neq100$

以上述形式给出的这种类型的检验称为**双侧检验**。若备择假设的形式变为 $\mu>100$ 或 $\mu<100$，则称为**单侧检验**。

2. 计算检验统计量

假设检验的逻辑是检验由样本数据提供的结果是否为小概率事件。那么如何对此进行判断呢？在假设检验中，我们的做法是构造一个检验统计量，这个检验统计量及其抽样分布是进行假设检验的基础。我们用样本估计值计算出在原假设成立的情况下该检验统计量的值，然后根据它的抽样分布（如正态分布、t 分布、F 分布等）就可以得到该检验统计量的值出现的概率，即用于检验的样本估计值出现的概率，从而可根据概率值的大小进行判断。

在轴直径检验的例子中，涉及的是总体均值的检验问题。由前面有关区间估计的介绍我们知道，从正态总体中抽取一样本，其样本均值 $\overline{X}$ 将服从均值为 μ、标准差为 $\sigma_{\bar{x}}=\frac{\sigma}{\sqrt{N}}$ 的正态分布，即

$$Z=\frac{\overline{X}-\mu}{\sigma_{\bar{x}}}=\frac{\overline{X}-\mu}{\frac{\sigma}{\sqrt{N}}}\sim N(0,1)$$

式中，μ 和 σ 分别为总体均值和标准差。如果 σ 为已知（如 $\sigma=8$），Z 就是一个理想的检验统计量，其抽样分布为标准正态分布。在原假设 H_0 成立的情况下，$\mu=100$，该检验统计量的值可以计算为

$$Z=\frac{\overline{X}-\mu}{\frac{\sigma}{\sqrt{N}}}=\frac{110-100}{\frac{8}{\sqrt{16}}}=5$$

问题在于，一般情况下总体标准差是未知的，因而只能由样本数据得到它的估计值：

$$\hat{\sigma}=S=\sqrt{\frac{\sum(X-\overline{X})^2}{N-1}}$$

用 $\hat{\sigma}_{\bar{x}}=S_{\bar{x}}=\frac{\hat{\sigma}}{\sqrt{N}}=\frac{S}{\sqrt{N}}$ 作为 $\sigma_{\bar{x}}$ 的样本估计值，重新构造检验统计量：

$$t=\frac{\overline{X}-\mu}{\hat{\sigma}_{\bar{x}}}=\frac{\overline{X}-\mu}{S_{\bar{x}}}$$

注意这个 t 统计量与 Z 统计量的区别。由于分母用样本估计值代替，它已不再服从标准正态分布，可以证明，它服从自由度为 $N-1$ 的 t 分布，即

$$t=\frac{\overline{X}-\mu}{\hat{\sigma}_{\bar{x}}}=\frac{\overline{X}-\mu}{S_{\bar{x}}}\sim t(N-1)$$

在例子中，样本均值 $\overline{X}=110$，样本标准差 $S=\sqrt{100}=10$，$S_{\bar{x}}=\frac{S}{\sqrt{N}}=\frac{10}{\sqrt{16}}=2.5$，在原假设成立的情况下，$\mu=100$，因此

$$t=\frac{\overline{X}-\mu}{S_{\bar{x}}}=\frac{110-100}{2.5}=4$$

至此，在轴直径的例子中，构造一个 t 统计量作为检验总体均值的检验统计量，其抽样分布是自由度为 $N-1$ 的 t 分布，这种采用 t 统计量作为检验统计量的假设检验是计量经济分析中最常见的一类检验，我们也把它叫作 **t 检验**。

我们很容易将例子中关于均值的 t 检验推广至检验任何总体参数 β 的一般情形。设样本估计值为 $\hat{\beta}$，样本估计值的标准误差为 $\mathrm{Se}(\hat{\beta})$（其中 Se 为英文 standard error 的首字母

缩写），则采用的检验统计量为

$$t=\frac{\hat{\beta}-\beta}{\mathrm{Se}(\hat{\beta})}$$

需注意的是，只有在样本估计量 $\hat{\beta}$ 服从正态分布的情况下，用它构造的 t 统计量才服从 t 分布。

3. 检验原假设，得出关于原假设是否合理的结论

计算出检验统计量在原假设成立情况下的值，下一步就是根据是否出现小概率事件的原则进行判别。在进行判别之前，需要确定一个标准，什么情况下拒绝原假设，什么情况下接受原假设。在本节开头我们曾提到的 5%的临界水平，或称为 5%的**显著性水平**，就是一个这样的标准。其含义是：如果上一步计算的 t 统计量的值出现的概率小于 5%，则拒绝原假设，否则接受原假设。显著性水平用 α 表示。给定显著性水平 $\alpha=5\%$以后，可以通过附录中的 t 值表查出临界的 t 值 t_c，然后将上一步计算出的 t 值与临界的 t 值相比较，若$|t|>t_c$，则拒绝原假设 H_0，如图 2-7 所示。

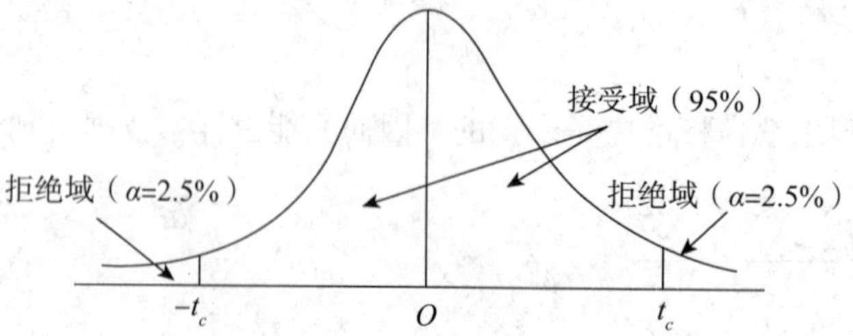

图 2-7　接受域和拒绝域

在图 2-7 中，两端各占总面积的 2.5%，它们组成双侧检验的**拒绝域**。如果上一步计算出的 t 值位于拒绝域中，则拒绝原假设；与位于$-t_c$ 与 t_c 之间的 t 值相对应的区域是该检验的**接受域**，该区域面积占总面积的 95%。如果 t 值位于接受域中，则接受原假设。

在例子中，从 t 值表中可查出，对于 $\alpha=0.05$ 和自由度为 $16-1=15$ 的 t 临界值 $t_c=2.13$，我们有

$$|t|=4>t_c=2.13$$

因此，拒绝原假设 H_0，样本数据不支持总体均值为 100 的假设，可能是生产线出了问题。

三、统计假设的单侧检验

上面的例子是一个双侧检验。一般而言，如果用 θ 表示待检验的总体参数，则 θ 的双侧检验是一个关于假设

$$H_0:\theta=\theta_0$$
$$H_1:\theta\neq\theta_0$$

的检验。而 θ 的单侧检验是关于假设

$$H_0:\theta=\theta_0 \qquad \text{或} \qquad H_0:\theta=\theta_0$$
$$H_1:\theta>\theta_0 \qquad\qquad H_1:\theta<\theta_0$$

的检验。

那么，什么情况下应采用双侧检验，什么情况下应采用单侧检验呢?

若关于其参数 θ 的原假设是错误的，而又不存在特别的理由使我们能作出该参数的真值大于或小于假定值 θ_0 的判断，或若当原假设 H_0 被拒绝时，不管按备择假设 H_1 该参数是比假定值 θ_0 大还是小，我们所要采取的行动都相同，则我们应采用双侧检验；反之，则应采用单侧检验。一般说来，双侧检验通常用于检验样本估计值 θ 是否显著不同于参数假定值 θ_0，而单侧检验则用于检验 θ 是否显著大于或小于 θ_0。

单侧检验与双侧检验的区别是，在单侧检验中，仅需要决定统计量的一个临界值，而不是两个临界值。也就是说，现在占总面积 5%的拒绝域集中在一侧，而不是两侧各占 2.5%，如图 2-8 所示。

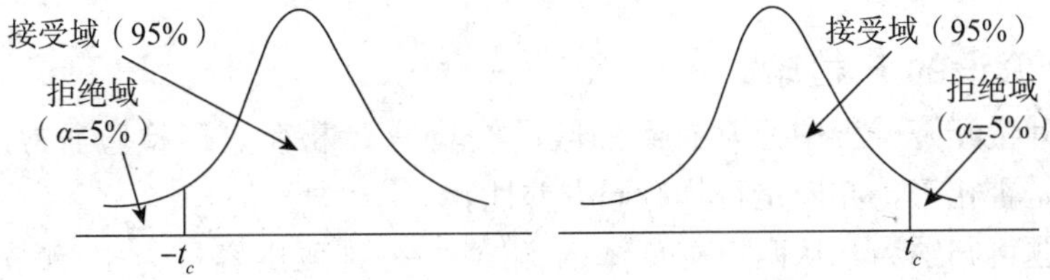

图 2-8　单侧检验

在我们的例子中，如果采用单侧检验：

H_0：$\mu=100$

H_1：$\mu>100$

则根据 $\alpha=0.05$，df=15 查 t 值表，得临界值为 $t_c=1.75$，由于 $t=4>t_c=1.75$，结论仍是拒绝原假设 H_0，而接受备择假设 $\mu>100$。

四、两种类型的错误

在轴直径的例子中，我们拒绝了原假设 H_0：$\mu=100$，因为样本均值 $\overline{X}=110$ 看上去与原假设不一致。这是否意味着检验工取出的样本一定不是来自均值为 100 的正态总体呢? 遗憾的是，当我们这样说时，并没有百分之百的把握。事实上，我们只有 95%的把握，因为显著性水平选取的是 $\alpha=0.05$，因而并不能排除总体均值确实是 100（生产线未出问题），纯粹是由于偶然因素而取到一个均值为 110 的样本这种可能。如果情况果真如此，则拒绝原假设，就是拒绝了正确的原假设，这类错误称为**第Ⅰ类错误**。与此类似，若原假设是错误的，但被接受了，则这种错误称为**第Ⅱ类错误**。在设计统计检验时，重要的是要确定这两类错误产生的概率，如表 2-1 所示。

表 2-1

	H_0 正确	H_0 错误
接受 H_0	正确决策($1-\alpha$)	第Ⅱ类错误(β)
拒绝 H_0	第Ⅰ类错误(α)	正确决策($1-\beta$)

从表 2-1 中可看出，犯第Ⅰ类错误的概率是 α，α 即显著性水平；犯第Ⅱ类错误的概率为 β，$(1-\beta)$ 则给出了正确地拒绝错误的原假设的概率，$(1-\beta)$ 称为**统计检验的功效**。

我们当然想尽可能地减小这两类错误。但遗憾的是，对于任一给定的容量为 N 的样本，同时使两类错误都达到最小是不可能的。事实上，当 α 减小时 β 会上升。解决这一问题的经典方法是假定在实践中第Ⅰ类错误比第Ⅱ类错误更严重，因此，先将犯第Ⅰ类错误的概率 α 固定在一个很低的水平上，如 5%或 1%，然后再考虑如何尽量减小犯第Ⅱ类错误的概率。这个求解过程很复杂，有兴趣的读者可以参阅有关参考书。在实际应用中，假设检验的标准方法仅给出 α 值，而很少考虑 β 值。当然，在一些实际问题中，显著性水平 α 的选择需要考虑与 β 值进行权衡。如对事关人类生命安全的疫苗的检验，就要求将 β 值即接受错误的原假设的概率降至很低的水平，尽管这样做势必增大犯第Ⅰ类错误的可能性。

五、统计假设的 *F* 检验

另一类在计量经济分析中经常碰到的假设检验是 F 检验。F 检验通常用于检验两正态总体的方差是否相等，亦即是否具有同方差性。

我们的问题可归纳为，从两正态总体 X 和 Y 中分别取出容量为 n_1 和 n_2 的样本，样本方差分别为 S_1^2 和 S_2^2，要检验的是其总体方差 σ_1^2 与 σ_2^2 是否相等。

采用的检验统计量为

$$F=\frac{S_1^2}{S_2^2}=\frac{\sum\frac{(X-\bar{X})^2}{n_1-1}}{\sum\frac{(Y-\bar{Y})^2}{n_2-1}}$$

可以证明，F 服从自由度为 n_1-1 和 n_2-1 的 F 分布，即

$$F=\frac{S_1^2}{S_2^2}\sim F(n_1-1,\ n_2-1)$$

式中，n_1-1 为分子自由度，n_2-1 为分母自由度。

例 2.3 设从某年高考外语考试成绩中抽取男女考生各 60 人的一个样本，男女考生外语高考分的样本方差分别为 110 和 80，试检验该年全体男女考生高考外语考试成绩是否同方差。

解 设男女考生总体方差分别为 σ_1^2，σ_2^2，则要检验的假设为

H_0：$\sigma_1^2=\sigma_2^2$

H_1：$\sigma_1^2\neq\sigma_2^2$

我们有

$$F=\frac{S_1^2}{S_2^2}=\frac{110}{80}=1.375$$

根据自由度 (59，59) 查 F 值表，5%的显著性水平下的 F 临界值 $F_c=1.53$，如图 2-9 所示。

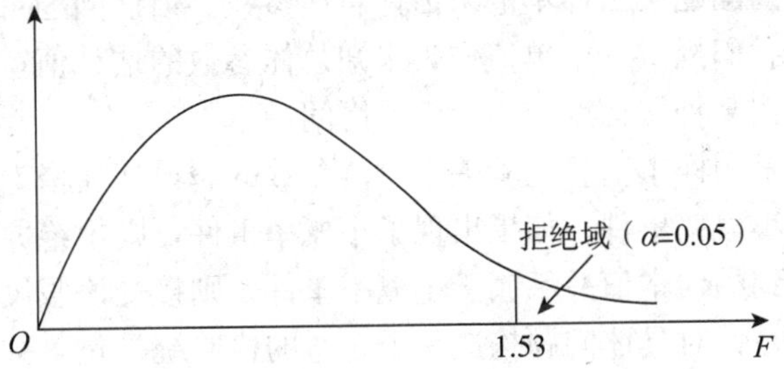

图 2-9

因为 $F=1.375<F_c=1.53$，故接受原假设 H_0，该年男女考生高考英语考试成绩同方差。

从例 2.3 中注意到，F 值表只给出右侧临界值，临界值截断右侧 5%的面积。F 值表的这种构造方式要求我们在计算 F 值时，要将样本方差值较大的一个放在分子上，从而使得 F 值总是大于 1。

小　结

本章对计量经济学所要用到的统计学概念和方法进行了概括性讨论，主要包括以下内容。

一、概率和概率分布

在一个事件发生前该事件的相对确定性的测度是这个事件的概率。可以在一个特定数集中按一定概率取值的变量称为随机变量。只能取某些离散值的变量称为离散随机变量，可以取一个有限（或无限）区间所有值的变量称为连续随机变量。一个随机变量取给定值或属于一给定值集的概率所确定的函数称为该随机变量的概率分布。概率分布反映的是随机变量所有可能取值的概率的分配方式。一旦与所有可能结果相联系的概率被确定，概率分布就完全被确定。

本章复习了几个在回归分析中非常重要的理论概率分布：正态分布、χ^2 分布、t 分布和 F 分布。

概率分布最常用的两个概括性测度是期望值和方差。期望值描述的是随机变量的典型取值；方差描述的是随机变量诸值的分散程度。描述两个随机变量相关程度的测度是协方差和相关系数。

二、统计推断

统计推断技术是计量经济学的主要支柱之一。统计推断所做的是通过随机抽样得到的样本信息来推断有关总体的情况。统计推断包括两方面内容：一是假设检验；二是参数估计。

参数估计要解决的问题是由样本值来估计总体参数。估计问题可分为两类：点估计和区间估计。点估计为我们提供一个单值作为未知总体参数的估计值；区间估计则建立一个可以预测未知参数将按某种置信度位于其中的区间。

假设检验的任务是用样本信息检验关于总体参数的假设。通俗地说，假设检验的逻辑就是检验是否出现了小概率事件。如果出现了小概率事件，则拒绝原来关于总体参数的假设；如果检验表明得到的样本值并不属于小概率事件，则接受该假设。

假设检验的关键是针对具体问题构造一个合适的检验统计量，并确定其抽样分布。假设检验的具体步骤是：

（1）建立关于总体的原假设和备择假设；

（2）计算检验统计量；

（3）检验原假设，得出关于原假设是否合理的结论。

习　题

1. 解释下列名词：

随机变量	概率密度函数	抽样分布
样本均值	样本方差	协方差
相关系数	标准差	标准误差
显著性水平	置信区间	无偏性
有效性	一致估计量	接受域
拒绝域	第Ⅰ类错误	

2. 请用例 2.2 中的数据求北京男高中生平均身高的 99%的置信区间。

3. 假设 25 个雇员的随机样本的平均周薪为 130 元，试问此样本是否取自一个均值为 120 元、标准差为 10 元的正态总体？

4. 某月对零售商店的调查结果表明，市郊食品店的月平均销售额为 2 500 元，在下一个月份中，从这种食品店中取出一个容量为 16 的样本，其月平均销售额为2 600元，销售额的标准差为 480 元。试问能否得出结论：从上次调查以来，月平均销售额已经发生了变化？

第三章

双变量线性回归模型

本章介绍双变量线性回归模型的概念和最小二乘估计方法，以及用估计好的模型进行假设检验和预测的方法。

第一节　双变量线性回归模型的估计

一、双变量线性回归模型的概念

1. 双变量线性回归模型

我们在上一章给出的需求函数的例子

$$Q=\alpha+\beta P+u \tag{3.1}$$

是一个双变量线性回归模型，模型中只有两个变量，一个因变量 Q 和一个解释变量 P。由解释变量的变动来解释因变量的变动，或者说用因变量对解释变量进行线性回归，因而称为双变量线性回归模型，亦称简单线性回归模型。由于只有一个解释变量，故模型也称为一元线性回归模型。我们再看一个例子。

$$C=\alpha+\beta D+u \tag{3.2}$$

这是凯恩斯消费函数。式中，C 为消费支出；D 为个人可支配收入；u 为扰动项（或误差项），是一个具有明确概率性质的随机变量，它代表未包括在方程右端解释变量中的所有其他影响消费的因素。

在此模型中，方程左端的消费支出 C 为因变量（或被解释变量），方程右端的个人可支配收入 D 为解释变量（或自变量）。α 和 β 是未知参数，由于双变量线性回归模型的图形是一条直线，因而 α 和 β 习惯上又分别称为截距和斜率。这里斜率 β 的含义是解释变量增加一个单位所引起的因变量的变动。例如在式（3.2）中，β 的含义是个人可支配收入增加一个单位所引起的消费的增加量，经济学中称之为边际消费倾向(MPC)。截距 α 的含义是解释变量为零时 α 的值。截距 α 有时有经济含义，但大多数情况下没有经济含义，因此，在计量经济分析中，通常不太关注 α 的取值。

在教学中，习惯上采用 Y 表示因变量，X 表示解释变量，双变量线性回归模型的一般形式为

$$Y=\alpha+\beta X+u \tag{3.3}$$

在实践中，此模型被应用于因变量和解释变量的一组具体观测值 Y_t 和 X_t（$t=1$，2，…，n），因而模型表示为

$$Y_t=\alpha+\beta X_t+u_t,\quad t=1,2,\cdots,n \tag{3.4}$$

它表明，对于 n 个时期 $t=1$，2，…，n，该模型成立。更一般的形式为

$$Y_i=\alpha+\beta X_i+u_i,\quad i=1,2,\cdots,n \tag{3.5}$$

即模型对 X 和 Y 的 n 对观测值成立。

式（3.4）一般用于观测值为时间序列的情形，在横截面数据的情形中，通常采用式（3.5）。

2. 为何要在模型中包括扰动项 u

上一章已初步介绍了为什么要在模型中包括扰动项 u，下面进一步说明。

（1）真正的关系是 $Y=f(X_1, X_2, X_3, \cdots, X_\infty)$，但 X_2，X_3，…，X_∞ 相对不重要，用 u 代表。

（2）两变量之间的关系可能不是严格线性的，u 反映了与直线的偏差。

（3）经济行为是随机的，能够用

$$Y=\alpha+\beta X$$

解释“典型”的行为，而用 u 来表示个体偏差。

（4）总会出现测量误差，使得不可能存在任何精确的关系。设

$$Y^*=\alpha+\beta X^*$$

式中，Y^*，X^* 分别为消费和收入的真实值。实际测量的消费和收入的值分别为 Y 和 X，则模型应为

$$Y=\alpha+\beta X+u$$

不论是上述哪种原因，都使得我们在模型中必须加入扰动项 u。

3. 模型的确定部分和随机部分

由 $Y_t=\alpha+\beta X_t+u_t$ 及 u_t 为随机变量，可知 Y_t 亦为随机变量。它们构成模型的随机部分。

我们通常假定解释变量 X 为非随机量，由于（$\alpha+\beta X_t$）不包含随机变量，因而称为模型的确定部分。

二、普通最小二乘法(OLS 法)

由第一章可知，在设定双变量模型之后，下一步就是估计未知参数 α 和 β 的值。估

计模型参数最常用的方法是**普通最小二乘**（ordinary least squares，OLS）法，这是由德国数学家高斯首先提出的。下面结合双变量线性回归模型，介绍最小二乘法的假设前提和原理。

1. 双变量线性回归模型的统计假设

设模型

$$Y_t=\alpha+\beta X_t+u_t$$

式中，α 和 β 为待估计的总体参数；t 为观测值的序号；u_t 为扰动项。有关的统计假设是：

(1) $E(u_t)=0$，$t=1, 2, \cdots, n$

即各期扰动项的均值（期望值）均为零。均值为零的假设反映了这样一个事实：扰动项被假定为对因变量的那些不能被列为模型主要部分的微小影响。没有理由相信这样一些影响会以一种系统的方式使因变量增加或减小，因此扰动项均值为零的假设是合理的。

(2) $E(u_iu_j)=0$，$i\neq j$

即各期扰动项互不相关。也就是假定它们之间无自相关或无序列相关。实际上该假设等同于

$$\mathrm{Cov}(u_i,u_j)=0,\quad i\neq j$$

这是因为

$$\begin{aligned}\mathrm{Cov}(u_i,u_j)&=E\{[u_i-E(u_i)][u_j-E(u_j)]\}\\&=E(u_iu_j)\quad \text{——由假设（1）}\end{aligned}$$

(3) $E(u_t^2)=\sigma^2$，$t=1, 2, \cdots, n$

即各期扰动项的方差是一常数，也就是假定各扰动项具有同方差性。这是因为

$$\mathrm{Var}(u_t)=E\{[u_t-E(u_t)]^2\}=E(u_t^2)\quad \text{——由假设（1）}$$

(4) X_t 为非随机量，即 X_t 的取值是确定的。

(5) $u_t\sim N(0, \sigma^2)$，$t=1, 2, \cdots, n$

即扰动项服从正态分布。

满足条件（1）～（4）的线性回归模型称为**经典线性回归模型**（CLR 模型）。为什么要有这些条件？如果不满足，会出现什么情况？这些内容将在第五章讨论。

2. 最小二乘原理

我们的任务是，在给定 X 和 Y 的观测值(X_1, Y_1)，(X_2, Y_2)，…，(X_n, Y_n)的情况下，求出 $Y_t=\alpha+\beta X_t+u_t$ 中 α 和 β 的估计值 $\hat{\alpha}$ 和 $\hat{\beta}$，使得拟合的直线为“最佳”的。直观上看，即在 X 和 Y 的散点图上穿过样本（观测）点画出一条“最佳”直线，如图 3-1 所示。

设拟合的直线方程为

$$\hat{Y}_t=\hat{\alpha}+\hat{\beta}X_t,\quad t=1, 2, \cdots, n$$

式中，$\hat{\alpha}$ 和 $\hat{\beta}$ 为参数（系数）估计值；$\hat{Y}$ 为因变量的拟合值（或预测值）。任何点$(X_t, \hat{Y}_t)$均落在此估计直线上，而观测点(X_t, Y_t)则并不一定落在该直线上，如图 3-2 所示。因

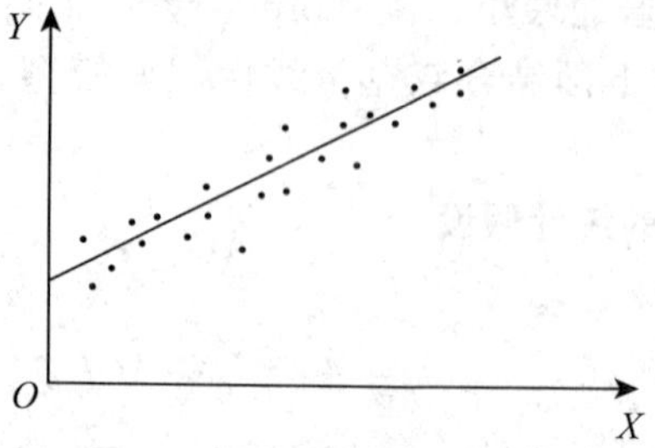

图 3-1

此，每个点都存在一个误差：

$$e_t = Y_t - \hat{Y}_t, \ t=1, 2, \cdots, n$$

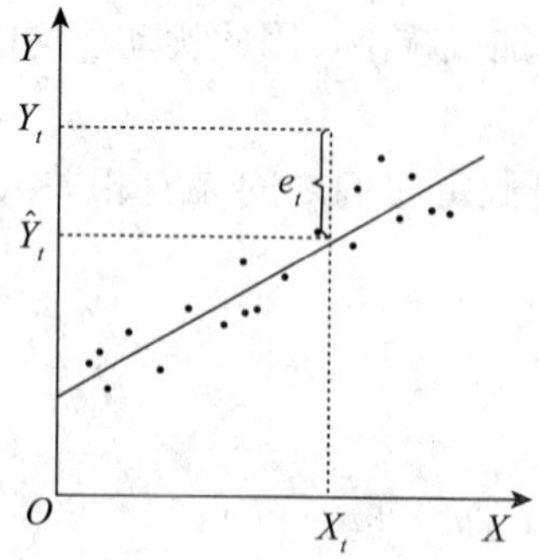

图 3-2

它代表观测点对于估计直线的误差，称为**残差**（residuals）。

将拟合方程代入，得

$$e_t = Y_t - \hat{\alpha} - \hat{\beta} X_t, \ t=1, 2, \cdots, n \tag{3.6}$$

请注意残差与扰动项的区别。扰动项为

$$u_t = Y_t - \alpha - \beta X_t, \ t=1, 2, \cdots, n \tag{3.7}$$

由于 α 和 β 的真实值是未知的，所以不能观测到扰动项的数值，而我们得到的一对估计值 $\hat{\alpha}$ 和 $\hat{\beta}$ 与 α 和 β 的真实值不大可能相等，因而 u_t 和 e_t 也不大可能正好相等。

我们的目标是使拟合的直线在某种意义上是“最佳”的。直观地看，就是要求估计直线尽可能地靠近各观测点，这意味着应使各残差总体而言尽可能地小。要做到这一点，就必须用某种方法将每个点拟合的残差加在一起，使其达到最小。人们容易想到取各残差的总和，但对于穿过各散点的任何一条直线来说，一些观测点在该直线的上方，另一些观测点在该直线的下方，从而 e_t 值有正有负，会互相抵消。因此，$\sum e_t$ 显然不是一个理想的测度。理想的测度是残差平方和，即

$$\sum e_t^2 = \sum (Y_t - \hat{Y}_t)^2$$

最小二乘法就是选择一条直线，使其残差平方和达到最小值的方法，即选择 $\hat{\alpha}$ 和 $\hat{\beta}$，

使得

$$\sum e_t^2=\sum(Y_t-\hat{Y}_t)^2=\sum(Y_t-\hat{\alpha}-\hat{\beta}X_t)^2$$

达到最小值。

运用微积分知识，我们知道，要使上式达到最小值，其必要条件为

$$\begin{cases}\dfrac{\partial\left(\sum e_t^2\right)}{\partial\hat{\alpha}}=\sum 2(-1)(Y_t-\hat{\alpha}-\hat{\beta}X_t)=0 & (3.8)\\ \dfrac{\partial\left(\sum e_t^2\right)}{\partial\hat{\beta}}=\sum 2(-X_t)(Y_t-\hat{\alpha}-\hat{\beta}X_t)=0 & (3.9)\end{cases}$$

整理，得

$$\begin{cases}\sum Y_t=\hat{\alpha}\cdot n+\hat{\beta}\sum X_t & (3.10)\\ \sum X_tY_t=\hat{\alpha}\sum X_t+\hat{\beta}\sum X_t^2 & (3.11)\end{cases}$$

这两个公式称为**正规方程**。

解这两个方程，即可得出 $\hat{\alpha}$ 和 $\hat{\beta}$ 的值。具体步骤如下：

式(3.10) 两端乘以 $\sum X_t$，式(3.11) 两端乘以 n，得

$$\sum X_t\sum Y_t=\hat{\alpha}\cdot n\sum X_t+\hat{\beta}\left(\sum X_t\right)^2 \tag{3.12}$$

$$n\sum X_tY_t=\hat{\alpha}\cdot n\sum X_t+\hat{\beta}\cdot n\sum X_t^2 \tag{3.13}$$

式(3.13) 减去式(3.12)，得

$$n\sum X_tY_t-\sum X_t\sum Y_t=\hat{\beta}\cdot\left[n\sum X_t^2-\left(\sum X_t\right)^2\right]$$

$$\hat{\beta}=\frac{n\sum X_tY_t-\sum X_t\sum Y_t}{n\sum X_t^2-\left(\sum X_t\right)^2}$$

整理，得

$$\hat{\beta}=\frac{\sum(X_t-\bar{X})(Y_t-\bar{Y})}{\sum(X_t-\bar{X})^2}=\frac{\sum x_ty_t}{\sum x_t^2} \tag{3.14}$$

式中，$\bar{X}$ 和 $\bar{Y}$ 分别为 X 和 Y 的样本均值，x_t 和 y_t 为离差，其计算公式为

$$\bar{X}=\frac{\sum X_t}{n},\quad \bar{Y}=\frac{\sum Y_t}{n}$$

$$x_t=X_t-\bar{X},\quad y_t=Y_t-\bar{Y}$$

我们也可以省略下标，写成

$$\hat{\beta}=\frac{\sum(X-\bar{X})(Y-\bar{Y})}{\sum(X-\bar{X})^2}=\frac{\sum xy}{\sum x^2}$$

式(3.10) 两边除以 n，有

$$\frac{\sum Y_t}{n}=\hat{\alpha}+\hat{\beta}\,\frac{\sum X_t}{n}$$

即 $\overline{Y}=\hat{\alpha}+\hat{\beta}\overline{X}$

$$\hat{\alpha}=\overline{Y}-\hat{\beta}\overline{X} \tag{3.15}$$

式（3.14）和式（3.15）给出了 OLS法计算$\hat{\beta}$和$\hat{\alpha}$的公式，下面通过一个例子来看一看具体的计算方法。

例 3.1 设 Y 和 X 的 5 期观测值如表 3－1 所示，试计算 $\hat{\beta}$ 和 $\hat{\alpha}$ 的值。

表 3－1

序号	1	2	3	4	5
Y_t	14	18	23	25	30
X_t	10	20	30	40	50

解 我们采用列表法计算，见表 3－2。

表 3－2

序号	Y_t	X_t	$y_t=Y_t-\overline{Y}$	$x_t=X_t-\overline{X}$	$x_t y_t$	x_t^2
1	14	10	−8	−20	160	400
2	18	20	−4	−10	40	100
3	23	30	1	0	0	0
4	25	40	3	10	30	100
5	30	50	8	20	160	400
$n=5$	$\sum Y_t=110$	$\sum X_t=150$	$\sum y_t=0$	$\sum x_t=0$	$\sum x_t y_t=390$	$\sum x_t^2=1\,000$

$$\overline{X}=\frac{\sum X_t}{n}=\frac{150}{5}=30, \quad \overline{Y}=\frac{\sum Y_t}{n}=\frac{110}{5}=22$$

$$\hat{\beta}=\frac{390}{1\,000}=0.39, \quad \hat{\alpha}=22-0.39\times 30=10.3$$

估计方程为

$$\hat{Y}_t=10.3+0.39X_t$$

3. 估计量和估计值

式（3.14）和式（3.15）可用于任意一组观测值数据，以求出截距和斜率的估计值，这两个公式定义了最小二乘估计量 $\hat{\alpha}$ 和$\hat{\beta}$。从具体的一组观测值用公式计算出的数值是这两个估计量的一对估计值。

一般而言，好的估计量所产生的估计值将相当接近参数的真实值，即好的估计值。

第二节 最小二乘估计量的性质

我们依据残差平方和最小的标准得到的最小二乘估计量究竟是不是一个好的估计量呢？要回答这个问题，首先需要了解一个好的估计量应该具备什么性质。读者可能已从对第二章统计学基础的复习中看到了这方面的内容（pp. 20－22），包括小样本性质（无偏性、有效性、最佳线性无偏性）和大样本性质（一致性），这里不再重复，本节将重点讨论最小二乘估计量的小样本性质。

一、$\hat{\beta}$ 和 $\hat{\alpha}$ 的均值

$$\hat{\beta}=\frac{\sum x_t y_t}{\sum x_t^2}=\frac{\sum x_t(Y_t-\bar{Y})}{\sum x_t^2}=\frac{\sum x_t Y_t}{\sum x_t^2}-\frac{\bar{Y}\sum x_t}{\sum x_t^2}$$

$$\because \quad \sum x_t=\sum(X_t-\bar{X})=\sum X_t-\sum \bar{X}=n\bar{X}-n\bar{X}=0$$

$$\therefore \quad \hat{\beta}=\frac{\sum x_t Y_t}{\sum x_t^2}=\frac{\sum x_t(\alpha+\beta X_t+u_t)}{\sum x_t^2}$$

$$=\frac{1}{\sum x_t^2}(\alpha\sum x_t+\beta\sum x_t X_t+\sum x_t u_t)$$

$$=\frac{1}{\sum x_t^2}(\beta\sum x_t X_t+\sum x_t u_t)$$

$$=\frac{1}{\sum x_t^2}(\beta\sum x_t^2+\beta\bar{X}\sum x_t+\sum x_t u_t)$$

$$=\frac{1}{\sum x_t^2}(\beta\sum x_t^2+\sum x_t u_t)$$

即

$$\hat{\beta}=\beta+\frac{\sum x_t u_t}{\sum x_t^2} \tag{3.16}$$

两边取期望，有

$$E(\hat{\beta})=\beta+\frac{\sum x_t E(u_t)}{\sum x_t^2} \qquad \text{—— 由假设(4)}$$

$$=\beta \qquad \text{—— 由假设(1)}$$

这表明，$\hat{\beta}$ 是 β 的无偏估计量。

在证明无偏性的过程中，我们仅用到（1）和（4）两个假设条件。

由 $\hat{\alpha}=\bar{Y}-\hat{\beta}\bar{X}$，我们有

$$E(\hat{\alpha})=E(\bar{Y}-\hat{\beta}\bar{X})$$

$$=E(\alpha+\beta\bar{X}+\bar{u}-\hat{\beta}\bar{X})$$

$$=\alpha+\beta\bar{X}+E(\bar{u})-\bar{X}E(\hat{\beta})$$

$$=\alpha+\beta\bar{X}-\bar{X}\beta$$

$$=\alpha$$

即 $\hat{\alpha}$ 是 α 的无偏估计量。

二、$\hat{\beta}$ 和 $\hat{\alpha}$ 的方差

$$\operatorname{Var}(\hat{\beta})=E\{[\hat{\beta}-E(\hat{\beta})]^2\} \qquad \text{—— 根据定义}$$

$$=E(\hat{\beta}-\beta)^2 \qquad \text{—— 由无偏性 } E(\hat{\beta})=\beta$$

由式(3.16)，$\hat{\beta}=\beta+\dfrac{\sum x_t u_t}{\sum x_t^2}$，我们有

$$\hat{\beta}-\beta=\frac{\sum x_t u_t}{\sum x_t^2}$$

$$\begin{aligned}(\hat{\beta}-\beta)^2&=\left(\frac{\sum x_t u_t}{\sum x_t^2}\right)^2\\&=\frac{1}{(\sum x_t^2)^2}(x_1u_1+x_2u_2+\cdots+x_nu_n)^2\\&=\frac{1}{(\sum x_t^2)^2}\Big(\sum x_i^2u_i^2+\sum_{i\neq j}x_ix_ju_iu_j\Big)\end{aligned}$$

两边取期望值，得

$$E(\hat{\beta}-\beta)^2=\frac{1}{(\sum x_t^2)^2}\Big[\sum x_i^2E(u_i^2)+\sum_{i\neq j}x_ix_jE(u_iu_j)\Big]$$

由于 $E(u_t^2)=\sigma^2,\ t=1,2,\cdots,n$ —— 由假设(3)

$E(u_iu_j)=0,\ i\neq j$ —— 由假设(2)

所以 $$E(\hat{\beta}-\beta)^2=\frac{1}{(\sum x_t^2)^2}\Big(\sum x_i^2\sigma^2+0\Big)=\frac{\sigma^2}{\sum x_t^2}$$

即 $$\operatorname{Var}(\hat{\beta})=\frac{\sigma^2}{\sum x_t^2} \tag{3.17}$$

与此类似，可得出

$$\operatorname{Var}(\hat{\alpha})=\frac{\sigma^2\sum X_t^2}{n\sum x_t^2} \tag{3.18}$$

$$\operatorname{Cov}(\hat{\alpha},\hat{\beta})=-\frac{\overline{X}\sigma^2}{\sum x_t^2} \tag{3.19}$$

三、高斯-马尔可夫定理

对于经典线性回归模型（CLR模型）$Y_t=\alpha+\beta X_t+u_t$，普通最小二乘估计量（OLS估计量）是最佳线性无偏估计量（BLUE）。

证明 我们已在前面证明了无偏性，此外，由于

$$\begin{aligned}\hat{\beta}&=\frac{\sum x_tY_t}{\sum x_t^2} \qquad \text{—— 由本节第一部分结果}\\&=\sum k_tY_t\end{aligned}$$

其中 $$k_t=\frac{x_t}{\sum x_t^2}$$

这表明，$\hat{\beta}$ 是诸样本观测值 $Y_t(t=1, 2, \cdots, n)$ 的线性函数，故 $\hat{\beta}$ 是线性估计量。

下面我们证明 $\hat{\beta}$ 的方差小于等于其他线性无偏估计量的方差，即 $\hat{\beta}$ 为最佳估计量。

设 β 的任一线性估计量为

$$\beta^* = \sum w_t Y_t$$

取期望值

$$\begin{aligned} E(\beta^*) &= \sum w_t E(Y_t) \\ &= \sum w_t E(\alpha + \beta X_t) \\ &= \alpha \sum w_t + \beta \sum w_t X_t \end{aligned}$$

显然，只有当 $\sum w_t = 0$ 和 $\sum w_t X_t = 1$ 时，估计量 β^* 才是无偏估计量。

β^* 的方差为

$$\begin{aligned} \mathrm{Var}(\beta^*) &= \mathrm{Var}\left(\sum w_t Y_t\right) \\ &= \sum w_t^2 \mathrm{Var}(Y_t) \\ &= \sum w_t^2 \mathrm{Var}(\alpha + \beta X_t + u_t) \\ &= \sum w_t^2 \mathrm{Var}(u_t) \\ &= \sigma^2 \sum w_t^2 \end{aligned}$$

作代数变换，有

$$\begin{aligned} &\mathrm{Var}(\beta^*) \\ &= \sigma^2 \sum w_t^2 \\ &= \sigma^2 \sum \left(w_t - \frac{x_t}{\sum x_t^2} + \frac{x_t}{\sum x_t^2}\right)^2 \\ &= \sigma^2 \sum \left(w_t - \frac{x_t}{\sum x_t^2}\right)^2 + \sigma^2 \sum \left(\frac{x_t}{\sum x_t^2}\right)^2 + 2\sigma^2 \sum \left(w_t - \frac{x_t}{\sum x_t^2}\right)\left(\frac{x_t}{\sum x_t^2}\right) \\ &= \sigma^2 \sum \left(w_t - \frac{x_t}{\sum x_t^2}\right)^2 + \sigma^2 \frac{\sum x_t^2}{(\sum x_t^2)^2} + 2\sigma^2 \sum \left(w_t - \frac{x_t}{\sum x_t^2}\right)\left(\frac{x_t}{\sum x_t^2}\right) \end{aligned}$$

下面证明上式中第三项为 0。我们有

$$\begin{aligned} \sum \left(w_t - \frac{x_t}{\sum x_t^2}\right)\left(\frac{x_t}{\sum x_t^2}\right) &= \sum \left[\frac{w_t x_t}{\sum x_t^2} - \frac{x_t^2}{(\sum x_t^2)^2}\right] \\ &= \frac{\sum w_t x_t}{\sum x_t^2} - \frac{\sum x_t^2}{(\sum x_t^2)^2} \\ &= \frac{\sum w_t (X_t - \bar{X})}{\sum x_t^2} - \frac{1}{\sum x_t^2} \\ &= \frac{\sum w_t X_t}{\sum x_t^2} - \frac{\bar{X} \sum w_t}{\sum x_t^2} - \frac{1}{\sum x_t^2} \end{aligned}$$

$$=\frac{1}{\sum x_t^2}-0-\frac{1}{\sum x_t^2}$$
$$=0$$

故

$$\mathrm{Var}(\beta^*)=\sigma^2\sum\left(w_t-\frac{x_t}{\sum x_t^2}\right)^2+\sigma^2\frac{\sum x_t^2}{(\sum x_t^2)^2}$$
$$=\sigma^2\sum\left(w_t-\frac{x_t}{\sum x_t^2}\right)^2+\frac{\sigma^2}{\sum x_t^2}$$
$$=\sigma^2\sum\left(w_t-\frac{x_t}{\sum x_t^2}\right)^2+\mathrm{Var}(\hat{\beta})$$
$$\geqslant \mathrm{Var}(\hat{\beta})$$

这表明，$\hat{\beta}$ 为线性无偏估计量中具有最小方差的估计量。

四、$\hat{\alpha}$ 和 $\hat{\beta}$ 的分布

我们在前面列出的假设条件（5）表明：

$$u_t \sim N(0,\ \sigma^2),\ t=1,\ 2,\ \cdots,\ n$$

即各期扰动项服从均值为 0、方差为 σ^2 的正态分布。

考虑到假设条件（4），即 X_t 为非随机量，则由前面的结果式（3.16），有：

$$\hat{\beta}=\beta+\frac{\sum x_t u_t}{\sum x_t^2}=\beta+\sum k_t u_t$$

式中 $$k_t=\frac{x_t}{\sum x_t^2}$$

这表明，$\hat{\beta}$ 是 n 个正态分布变量 u_1，u_2，…，u_n 的线性函数，因而亦为正态分布变量，即

$$\hat{\beta}\sim N\left(\beta,\ \frac{\sigma^2}{\sum x_t^2}\right)$$

类似地有

$$\hat{\alpha}\sim N\left(\alpha,\ \frac{\sigma^2\sum X_t^2}{n\sum x_t^2}\right)$$

第三节 拟合优度的测度

一、拟合优度的概念

用最小二乘法得到的回归直线 $\hat{Y}_t=\hat{\alpha}+\hat{\beta}X_t$ 至少从残差平方和为最小这一意义上来说是所有可能的直线中最佳的拟合线。它是对 Y 和 X 之间关系的一种描述，但该直线是不

是 Y 和 X 之间关系的一种恰当的描述呢？如果各观测点紧密地聚集在这条直线的周围，则表明该直线对 Y 和 X 之间关系的描述是好的；否则，用直线来描述这两个变量之间的关系就未必恰当，如图 3-3 所示。

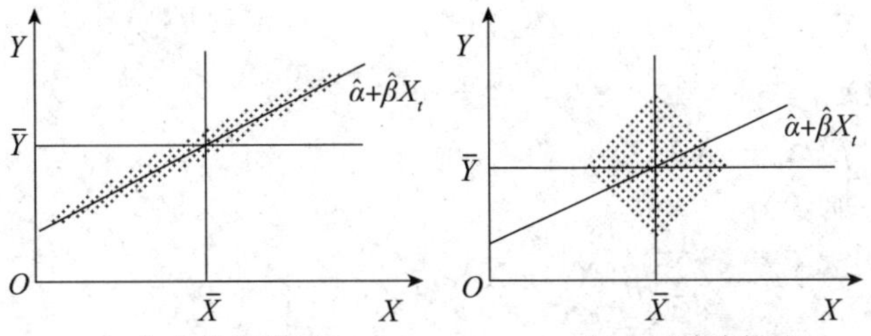

（a）恰当描述　　（b）不恰当描述

图 3-3

应该指出，对于任意两个变量的一组观测值，我们总是可以运用最小二乘法得到一条直线，问题是该直线能否较好地拟合所给定的观测值，这就是拟合优度问题。拟合优度是两变量之间关系强度的测度，这里，指的是两变量间线性关系强度的测度。

如果所有观测值都落在回归直线上，则称为完全拟合，这种情况是罕见的。在一般情况下，总会出现正负残差（e_t），对这些残差的分析有助于衡量回归直线拟合样本数据点的程度。

二、Y 的变差的组成

我们来考察一下 Y 的变差的组成情况。设有 Y 的 N 个观测值，Y 的总变差的一个测度是 $\sum(Y_t-\bar{Y})^2$，Y 的变差 $(Y_t-\bar{Y})$ 中有一部分可以由 X 的取值变动解释，还有一部分不能由 X 解释，如图 3-4 所示。

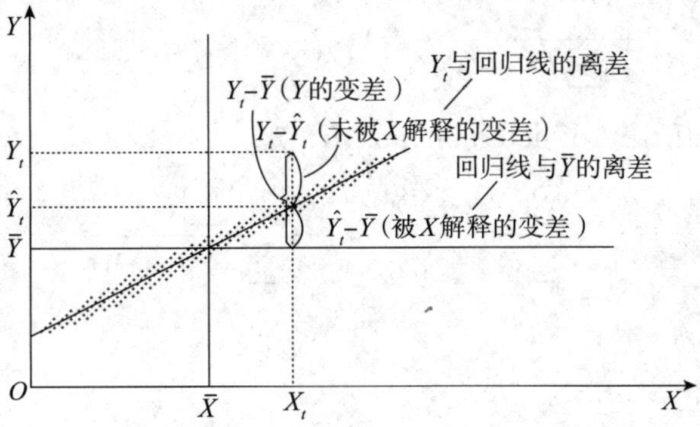

图 3-4

对于第 t 个观测值，有

$$
\begin{aligned}
Y_t-\bar{Y} &= (\hat{Y}_t-\bar{Y})+(Y_t-\hat{Y}_t) \\
&= (\hat{Y}_t-\bar{Y})+e_t
\end{aligned}
$$

对于全部 N 项观测值，平方后求和，有

$$\sum(Y_t-\overline{Y})^2=\sum(\hat{Y}_t-\overline{Y})^2+\sum e_t^2+2\sum(\hat{Y}_t-\overline{Y})e_t \tag{3.20}$$

由于

$$\hat{Y}_t=\hat{\alpha}+\hat{\beta}X_t$$

$$\overline{Y}=\hat{\alpha}+\hat{\beta}\overline{X}$$

所以 $\hat{Y}_t-\overline{Y}=\hat{\beta}(X_t-\overline{X})$

式(3.20) 中最后一项变为

$$2\sum(\hat{Y}_t-\overline{Y})e_t=2\sum\hat{\beta}(X_t-\overline{X})e_t$$
$$=2\hat{\beta}\left(\sum X_te_t-\overline{X}\sum e_t\right)$$

由式(3.8)、式(3.9) 和式(3.6)，显然有 $\sum e_t=0$ 和 $\sum X_te_t=0$。

因此，式(3.20) 中最后一项为零，得到如下结果：

$$\sum(Y_t-\overline{Y})^2=\sum(\hat{Y}_t-\overline{Y})^2+\sum e_t^2 \tag{3.21}$$

即

总变差＝由 X 解释的变差＋未解释的变差

三、拟合优度的测度

1. 决定系数 R^2

不难看出，总变差中由 X 解释的变差比例越大，$\sum e_t^2$ 就越小，各观测值聚集在回归直线周围的紧密程度就越大，说明直线与观测值的拟合越好。我们将式 (3.21) 两端都除以总变差 $\sum(Y_t-\overline{Y})^2$，得到

$$\frac{\sum(\hat{Y}_t-\overline{Y})^2}{\sum(Y_t-\overline{Y})^2}+\frac{\sum e_t^2}{\sum(Y_t-\overline{Y})^2}=1$$

并定义**决定系数**(coefficient of determination)R^2 为

$$R^2=\frac{\text{解释的变差}}{\text{总变差}}=\frac{\sum(\hat{Y}_t-\overline{Y})^2}{\sum(Y_t-\overline{Y})^2}=1-\frac{\sum e_t^2}{\sum(Y_t-\overline{Y})^2}$$

用符号表示为

$$R^2=\frac{ESS}{TSS}=1-\frac{RSS}{TSS}$$

式中，ESS 为 explained sum of squares 的缩写；RSS 为 residual sum of squares 的缩写；TSS 为 total sum of squares 的缩写。

决定系数 R^2 计量了 Y 的总变差中可以归因于 X 和 Y 之间关系的比例，或者说 Y 的变动中可以由 X 的变动解释的比例，它是回归线对各观测点拟合程度的测度。

我们有

$0 \leqslant R^2 \leqslant 1$

$R^2=1$：$\sum e_t^2=0$，完全拟合

$R^2=0$：$\sum e_t^2=\sum (Y_t-\overline{Y})^2$，$X$ 与 Y 完全不存在线性关系

R^2 的值越高，拟合得越好，但对于什么是高，并没有绝对的标准，要根据具体问题而定。此外，回归中使用时间序列数据还是横截面数据也有不同的标准。对时间序列数据来说，R^2 的值在 0.8、0.9 以上是很常见的事，而在横截面数据的情况下，R^2 值为 0.4、0.5 也不能算低。

2. 相关系数 *r*

由 R^2 很容易联想到我们在统计学中学过的相关系数。相关系数 r 与决定系数 R^2 的关系为 $R^2=r^2$，相关系数可通过求决定系数 R^2 的平方根导出。

$$r=\pm\sqrt{\frac{\sum (\hat{Y}_t-\overline{Y})^2}{\sum (Y_t-\overline{Y})^2}}$$

$$=\pm\sqrt{\frac{\sum \hat{\beta}^2 x_t^2}{\sum y_t^2}} \qquad (\text{因 } \hat{Y}_t-\overline{Y}=\hat{\beta}(X_t-\overline{X})=\hat{\beta}x_t)$$

$$=\pm\sqrt{\frac{\hat{\beta}^2\sum x_t^2}{\sum y_t^2}}$$

$$=\pm\sqrt{\frac{\left(\frac{\sum x_t y_t}{\sum x_t^2}\right)^2\sum x_t^2}{\sum y_t^2}}$$

$$r=\frac{\sum x_t y_t}{\sqrt{\sum x_t^2 \sum y_t^2}} \tag{3.22}$$

相关系数 r 也是拟合优度的测度，其符号取决于 $\sum x_t y_t$ 的符号（即 $\hat{\beta}$ 的符号）。我们有

$-1\leqslant r\leqslant 1$

$r=1$：完全正相关

$r=-1$：完全负相关

$r=0$：无线性关系

相关系数和决定系数的计算很简单，事实上，只要在原计算 $\hat{\beta}$ 和 $\hat{\alpha}$ 的表格中加上一个计算 y_t^2 的栏目就行了。对于前面的例 3.1，列表计算得 $\sum y_t^2=154$，因此

$$r=\frac{390}{\sqrt{1\,000}\times\sqrt{154}}\approx 0.993\,8$$

$$R^2=0.993\,8^2\approx 0.987\,6$$

它表明，在我们的例子中，X 与 Y 存在着很强的线性关系，拟合甚佳，但由于观测点很少

（5 个），因而对此结论应持谨慎态度。

第四节　双变量回归中的区间估计和假设检验

一、β 的置信区间

我们在第二节中已得出，在假设条件（5）成立的情况下，有

$$\hat{\beta} \sim N\left(\beta, \frac{\sigma^2}{\sum x_t^2}\right)$$

与估计量相联系的概率分布的标准差，通常称为标准误差，用 Se 表示。$\hat{\beta}$ 的标准误差为

$$\mathrm{Se}(\hat{\beta}) = \frac{\sigma}{\sqrt{\sum x_t^2}}$$

如果 σ 为已知，则可以立即给出总体参数 β 的 95% 的置信区间为

$$\hat{\beta} \pm 1.96 \frac{\sigma}{\sqrt{\sum x_t^2}} \quad \text{或} \quad \hat{\beta} \pm 1.96\mathrm{Se}(\hat{\beta})$$

但实际上，我们一般无法知道扰动项分布的方差 σ^2，而必须根据样本数据估计出 σ^2，然后再来考虑 β 的置信区间的计算问题。

1. σ^2 的估计

我们可以用残差来估计扰动项 u_t 的方差 σ^2：

$$\hat{\sigma}^2 = \frac{\sum e_t^2}{n-2} \tag{3.23}$$

可以证明，$\hat{\sigma}^2$ 是 σ^2 的无偏估计量。

式(3.23)中 $\sum e_t^2$ 的值可以直接从残差的定义式 $e_t = Y_t - \hat{\alpha} - \hat{\beta}X_t (t=1, 2, \cdots, n)$ 得到，也可以通过下面的公式求出：

$$\sum e_t^2 = \sum y_t^2 - \hat{\beta}\sum x_t y_t \tag{3.24}$$

推导如下：

由 e_t 的定义及 $\hat{\alpha}$ 的计算公式，有

$$Y_t = \hat{\alpha} + \hat{\beta}X_t + e_t$$

$$\overline{Y} = \hat{\alpha} + \hat{\beta}\overline{X}$$

因而

$$Y_t - \overline{Y} = \hat{\beta}(X_t - \overline{X}) + e_t$$

$$\begin{aligned} e_t &= (Y_t - \overline{Y}) - \hat{\beta}(X_t - \overline{X}) \\ &= y_t - \hat{\beta} \cdot x_t \end{aligned}$$

$$\begin{aligned}\sum e_t^2 &= \sum (y_t - \hat{\beta}x_t)^2 \\ &= \sum y_t^2 - 2\hat{\beta}\sum x_t y_t + \hat{\beta}^2\sum x_t^2 \\ &= \sum y_t^2 + \hat{\beta}(\hat{\beta}\sum x_t^2 - 2\sum x_t y_t)\end{aligned}$$

将 $\hat{\beta}=\dfrac{\sum x_t y_t}{\sum x_t^2}$ 代入括号中，得

$$\begin{aligned}\sum e_t^2 &= \sum y_t^2 + \hat{\beta}\left(\frac{\sum x_t y_t}{\sum x_t^2}\cdot\sum x_t^2 - 2\sum x_t y_t\right) \\ &= \sum y_t^2 - \hat{\beta}\sum x_t y_t\end{aligned}$$

因此

$$\hat{\sigma}^2=\frac{\sum y_t^2-\hat{\beta}\sum x_t y_t}{n-2} \tag{3.25}$$

2. $\boldsymbol{\beta}$ 的置信区间

我们重新定义 $\hat{\beta}$ 的标准误差为

$$\mathrm{Se}(\hat{\beta})=\frac{\hat{\sigma}}{\sqrt{\sum x_t^2}} \tag{3.26}$$

则检验统计量

$$t=\frac{\hat{\beta}-E(\hat{\beta})}{\mathrm{Se}(\hat{\beta})}=\frac{\hat{\beta}-\beta}{\dfrac{\hat{\sigma}}{\sqrt{\sum x_t^2}}}\sim t(n-2) \tag{3.27}$$

故 β 的置信区间为

$$\hat{\beta}\pm t_{\frac{\alpha}{2}}\mathrm{Se}(\hat{\beta}) \tag{3.28}$$

即

$$\hat{\beta}\pm t_{\frac{\alpha}{2}}\frac{\hat{\sigma}}{\sqrt{\sum x_t^2}} \tag{3.29}$$

例 3.2　设回归方程为

$$\hat{Y}_t=6.70+0.58X_t$$

且　$\sum x^2=64$，$\sum xy=37$，$\sum y^2=44$，$\sum X^2=5\ 354$，$n=10$

求 β 的 95% 的置信区间。

解　$$\hat{\sigma}^2=\frac{\sum e_t^2}{n-2}=\frac{\sum y_t^2-\hat{\beta}\sum x_t y_t}{n-2}=\frac{44-0.58\times 37}{10-2}\approx 2.82$$

$$\mathrm{Se}(\hat{\beta})=\frac{\hat{\sigma}}{\sqrt{\sum x_t^2}}=\sqrt{\frac{2.82}{64}}\approx 0.21$$

β 的 95% 的置信区间为

$$\hat{\beta} \pm t_{0.025}(8)\mathrm{Se}(\hat{\beta}) = 0.58 \pm 2.306 \times 0.21$$

即 0.10～1.06。也就是说，有 95% 的把握说 β 位于 0.10～1.06 之间。

二、假设检验

1. 假设检验的方法

有了式(3.27)的重要结果

$$t = \frac{\hat{\beta} - E(\hat{\beta})}{\mathrm{Se}(\hat{\beta})} \sim t(n-2)$$

我们进行有关总体参数 β 的假设检验就很容易了。

假设检验的步骤是：(1) 建立关于总体的原假设和备择假设；(2) 计算检验统计量，检验原假设(是否出现小概率事件)；(3) 得出关于原假设是否合理的结论。

例 3.3 仍用例 3.2 的数据，我们要检验的是：

原假设 H_0：$\beta = 0.8$

备择假设 H_1：$\beta < 0.8$

解 这是一个单侧检验问题(见图 3-5)。

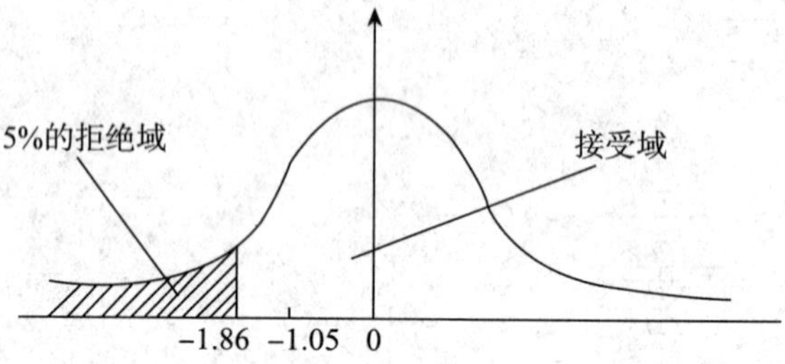

图 3-5

我们有

$$t = \frac{\hat{\beta} - \beta}{\mathrm{Se}(\hat{\beta})} = \frac{0.58 - 0.8}{0.21} \approx -1.05$$

用 $\upsilon = n - 2 = 10 - 2 = 8$ 查 t 值表，截断左侧 5% 的面积的 t 临界值 $t_c = -1.86$。

因为 $|t| = 1.05 < 1.86$，故接受原假设 H_0，即 $\beta = 0.8$。

2. 系数的显著性检验

在假设检验中，有关 β 是否为零的假设检验特别重要。如果通过检验，接受 $\beta = 0$ 的原假设，则表明 X 和 Y 没有关系，即 X 对 Y 的变动没有影响。在这种情况下，就应从模型中剔除 X，寻找其他解释变量。

这类检验称为系数的显著性检验。

例 3.4 仍用上例数据进行 β 的显著性检验。

原假设 H_0：$\beta = 0$

备择假设 H_1：$\beta \neq 0$

解　$t=\frac{\hat{\beta}-\beta}{\mathrm{Se}(\hat{\beta})}=\frac{\hat{\beta}}{\mathrm{Se}(\hat{\beta})}=\frac{0.58}{0.21}\approx 2.76$

查 t 值表，$t_c=t_{0.025}(8)=2.306$，因为 $t=2.76>t_c=2.306$，故拒绝原假设 H_0。

结论：β 显著异于 0，X 对 Y 有影响（见图 3-6）。

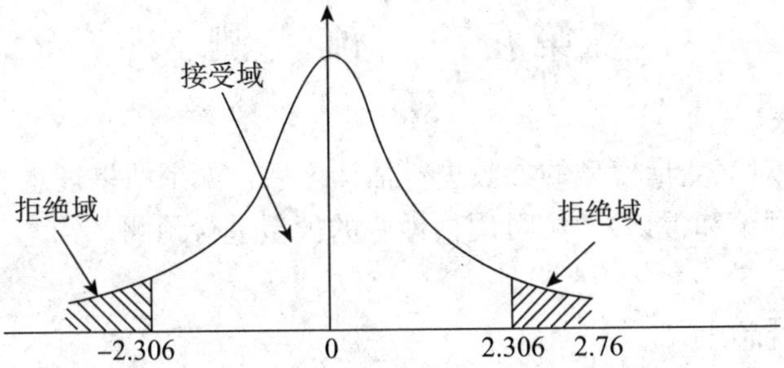

图 3-6

三、回归结果的提供和分析

我们已得到原假设 H_0：$\beta=0$ 的 t 值：$t=\frac{\hat{\beta}}{\mathrm{Se}(\hat{\beta})}=\frac{0.58}{0.21}\approx 2.76$。

同样可得出原假设 H_0：$\alpha=0$ 的 t 值：$t=\frac{\hat{\alpha}}{\mathrm{Se}(\hat{\alpha})}=\frac{6.70}{4.86}\approx 1.38$。

1. 回归结果提供的格式

提供回归分析结果一般有两种格式：

(1) $\hat{Y}=\underset{(1.38)}{6.70}+\underset{(2.76)}{0.58}X \qquad R^2=0.49$

式中，6.70 和 0.58 分别为 α 和 β 的估计值 $\hat{\alpha}$ 和 $\hat{\beta}$。括号中的数字分别是原假设 H_0：$\alpha=0$ 和 H_0：$\beta=0$ 成立时的 t 值。

(2) $\hat{Y}=\underset{(4.86)}{6.70}+\underset{(0.21)}{0.58}X \qquad R^2=0.49$

括号中提供的是 $\hat{\alpha}$ 和 $\hat{\beta}$ 的标准误差。

由此可见，这两种格式的唯一区别就在于括号中数字的含义不同。正因为如此，人们在论文或著作中提供回归结果时，必须在适当地方说明括号中的数字是标准误差还是 t 值。

需要说明的是，提供回归结果的标准格式中一般还包括检验一阶自相关的 DW 检验值，我们将在后面介绍。

2. 回归结果的分析

结果的分析主要包括以下内容：

(1) 系数的说明。首先说明系数的符号是否正确，系数值的大小是否恰当，是否符合经济理论和常识。其次说明系数的含义，如例中斜率系数为 0.58，表明 X 增加 1 个单位时 Y 增加 0.58 个单位（如收入 X 增加 1 元时消费 Y 增加 0.58 元）；截距 6.70 的含义是 X 为零时 Y 的值。截距项有时有经济意义，大多数情况下没有经济意义。

(2) 拟合情况。上例中 R^2 不高，作为时间序列数据，拟合不理想。

(3) 系数的显著性。例中斜率系数的 t 值为 2.76，表明该系数显著异于零，X 对 Y 有影响。

(4) 根据 DW 检验值说明是否存在扰动项的自相关。如何说明将在后面介绍。

第五节　预　测

我们用 OLS 法对双变量模型的参数进行估计之后，如果结果理想（拟合得较好，且系数估计值符合经济理论和常识），则可用估计好的模型进行预测。

一、预测的概念

预测通常指利用现有信息预测未来。在这里，预测指的是根据解释变量的某一具体值 X_0 来预测与 X_0 相对应的因变量值 Y_0。它既可以指对未来某个时期因变量值的预测，也可以指对未包括在横截面样本之中的某个个体数值的预测。

例如，若 Y 表示汽油的消费量，X 表示汽油的价格，我们可能希望预测油价提高 10% 后相应的消费量；或者希望用横截面数据的消费函数预测指定家庭的可支配收入提高 10% 后消费增长的幅度。

二、预测的隐含假设

要进行预测，有一个假设前提应当满足，即对于样本观测值成立的 X 和 Y 之间的关系对于新的观测值也成立。即若双变量模型的原设定为

$$Y_t = \alpha + \beta X_t + u_t,\quad t=1,\ 2,\ \cdots,\ n$$

则要使此模型可以用来作为预测 Y_0 的依据，还应有

$$Y_0 = \alpha + \beta X_0 + u_0$$

成立。

三、预测的误差

我们可以得到两种类型的预测值：点预测值和区间预测值。在实践中，如果没有某种精度指标，点预测值是没有多大用处的。所以，必须提供点预测值的预测误差。

点预测值由与 X_0 对应的回归值给出，即

$$\hat{Y}_0 = \hat{\alpha} + \hat{\beta} X_0 \tag{3.30}$$

而预测期的实际 Y 值由下式给出：

$$Y_0 = \alpha + \beta X_0 + u_0 \tag{3.31}$$

式中，u_0 为从预测期的扰动项分布中所取的值。

由此不难看出，预测误差的产生有两个原因：

(1) 模型中包含扰动项，点预测值是假定预测期扰动项 $u_0=0$，而实际上一般不为零。

(2) 点预测值公式中用的是 α 和 β 的估计值 $\hat{\alpha}$ 和 $\hat{\beta}$，样本估计值 $\hat{\alpha}$ 和 $\hat{\beta}$ 一般不等于总体参数 α 和 β。

预测误差可定义为

$$e_0 = Y_0 - \hat{Y}_0$$
$$= u_0 - (\hat{\alpha} - \alpha) - (\hat{\beta} - \beta)X_0 \tag{3.32}$$

两边取期望值，得

$$E(e_0) = E(u_0) - E(\hat{\alpha} - \alpha) - X_0 E(\hat{\beta} - \beta)$$
$$= 0 - (\alpha - \alpha) - X_0(\beta - \beta)$$
$$= 0$$

因此，OLS 预测量 $\hat{Y}_0 = \hat{\alpha} + \hat{\beta}X_0$ 是一个无偏预测量。

预测误差的方差为

$$\mathrm{Var}(e_0) = \mathrm{Var}(u_0) + \mathrm{Var}(\hat{\alpha}) + X_0^2 \mathrm{Var}(\hat{\beta}) + 2X_0 \mathrm{Cov}(\hat{\alpha}, \hat{\beta})$$

因为 u_0 独立于 u_1，u_2，…，u_n，而 $(\hat{\alpha}-\alpha)$ 和 $(\hat{\beta}-\beta)$ 均为 u_1，u_2，…，u_n 的线性函数，因此 u_0 与 $(\hat{\alpha}-\alpha)$ 和 $(\hat{\beta}-\beta)$ 的协方差均为零。

将我们在前面得到的 $\hat{\alpha}$ 和 $\hat{\beta}$ 的方差及协方差代入上式，得

$$\mathrm{Var}(e_0) = \sigma^2 + \frac{\sigma^2 \sum X^2}{n\sum x^2} + \frac{X_0^2\sigma^2}{\sum x^2} - \frac{2X_0\overline{X}\sigma^2}{\sum x^2}$$

$$= \sigma^2 + \frac{\sigma^2[\sum (X-\overline{X})^2 + n\overline{X}^2]}{n\sum x^2} + \frac{X_0^2\sigma^2}{\sum x^2} - \frac{2X_0\overline{X}\sigma^2}{\sum x^2}$$

（注意：$\sum (X-\overline{X})^2 = \sum X^2 - n\overline{X}^2$）

$$= \sigma^2 + \frac{\sigma^2}{n} + \frac{\sigma^2\overline{X}^2}{\sum x^2} + \frac{X_0^2\sigma^2}{\sum x^2} - \frac{2X_0\overline{X}\sigma^2}{\sum x^2}$$

$$= \sigma^2\left[1 + \frac{1}{n} + \frac{\overline{X}^2}{\sum x^2} + \frac{X_0^2}{\sum x^2} - \frac{2X_0\overline{X}}{\sum x^2}\right]$$

$$= \sigma^2\left[1 + \frac{1}{n} + \frac{(X_0 - \overline{X})^2}{\sum x^2}\right] \tag{3.33}$$

不难看出，当 $X_0 = \overline{X}$ 时，预测误差达到最小值；当 $X_0 \neq \overline{X}$ 时，预测误差向两边非线性递增。

四、Y_0 的置信区间

从 e_0 的定义

$$e_0 = u_0 - (\hat{\alpha} - \alpha) - (\hat{\beta} - \beta)X_0$$

可看出，e_0 为正态变量的线性函数，因此它本身也服从正态分布。故

$$\frac{e_0 - E(e_0)}{\mathrm{Se}(e_0)} = \frac{e_0}{\sigma\sqrt{1 + \frac{1}{n} + \frac{(X_0-\overline{X})^2}{\sum x^2}}} \sim N(0, 1)$$

由于 σ 是未知的，我们用其估计值

$$\hat{\sigma}=\sqrt{\frac{\sum e^2}{n-2}}$$

代替它，有

$$\frac{Y_0-\hat{Y}_0}{\hat{\sigma}\sqrt{1+\frac{1}{n}+\frac{(X_0-\overline{X})^2}{\sum x^2}}}\sim t(n-2)$$

则 Y_0 的 95% 的置信区间为

$$(\hat{\alpha}+\hat{\beta}X_0)\pm t_{0.025}(n-2)\cdot\hat{\sigma}\sqrt{1+\frac{1}{n}+\frac{(X_0-\overline{X})^2}{\sum x^2}} \tag{3.34}$$

式中，$(\hat{\alpha}+\hat{\beta}X_0)=\hat{Y}_0$。

这一置信区间的宽度从样本均值 $\overline{X}$ 处向两边对称地增加，如图 3－7 所示。

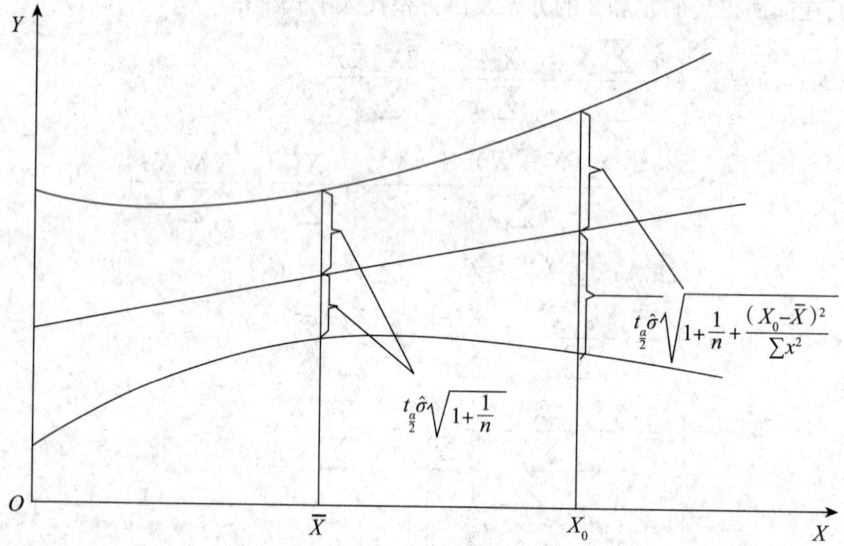

图 3－7

五、例子

例 3.5　设根据样本估计的回归直线为

$$\hat{Y}=1+1.75X$$

且　　$n=5$，$\overline{X}=4$，$\hat{\sigma}^2=0.5$，$\sum x^2=40$

求 $X_0=10$ 时 Y 的预测值 $\hat{Y}_0$ 及 Y_0 的 95% 的置信区间。

解　对于 $X_0=10$，点预测值为

$$\hat{Y}_0=1+1.75\times10=18.5$$

Y_0 的 95% 的置信区间为

$$\hat{\alpha}+\hat{\beta}X_0\pm t_{0.025}(3)\times\hat{\sigma}\sqrt{1+\frac{1}{n}+\frac{(X_0-\overline{X})^2}{\sum x^2}}$$

$$=1+1.75\times 10\pm 3.182\times\sqrt{0.5}\times\sqrt{1+\frac{1}{5}+\frac{(10-4)^2}{40}}$$

$$=18.5\pm 3.26$$

即 15.24 ～ 21.76。也就是说，我们有 95% 的把握预测 Y_0 将位于 15.24 ～ 21.76 之间。

例 3.6　$\hat{Y}=6.70+0.58X$

且　$\hat{\sigma}^2=2.82$，$n=10$，$\bar{X}=23$，$\sum x^2=64$

现有一对新观测值 $X_0=28$，$Y_0=27$，试问它们是否可能来自产生样本数据的同一总体？

解　问题可化为“预测误差是否显著地大？”

当 $X_0=28$ 时，

$$\hat{Y}_0=6.70+0.58\times 28=22.94$$

预测误差

$$e_0=Y_0-\hat{Y}_0=27-22.94=4.06$$

原假设　H_0：$E(e_0)=0$

备择假设 H_1：$E(e_0)\neq 0$

检验：

若 H_0 为真，则

$$t=\frac{e_0-E(e_0)}{\hat{\sigma}\sqrt{1+\frac{1}{n}+\frac{(X_0-\bar{X})^2}{\sum x^2}}}=\frac{4.06-0}{\sqrt{2.82}\times\sqrt{1+\frac{1}{10}+\frac{(28-23)^2}{64}}}$$

$$=\frac{4.06}{2.05}\approx 1.98$$

对于 $n-2=8$ 个自由度，查表得 5% 的显著性水平下检验的 t 临界值为

$$t_c=2.306$$

即　$$t_{0.025}(8)=2.306$$

结论：

由于 $|t|=1.98<2.306$，故接受原假设 H_0，即新观测值与样本观测值来自同一总体。

上例的意义在于，我们可以通过从估计模型用的一组观测值中剔除最近期的一两对观测值，用它们来检验模型的预测功效。如果我们在上述检验中拒绝了原假设 H_0，则不管是什么原因，都要认真对待，应回过头来检查模型的设定是否正确。

例 3.7　我国农村居民鲜瓜果类消费函数。

随着农村居民生活水平、生活质量的逐步提高，改善性需求增长，开始注重健康饮食，所以有着丰富营养的鲜瓜果必然成为消费对象。可见收入对于消费有着正向影响。下面通过计量模型来看看农村居民收入如何影响其鲜瓜果的消费。

解　先建立理论方程：

$$Cr\_fruit_t=\alpha+\beta YrR_t+U_t$$

其中：Cr_fruit ＝ 农村居民人均鲜瓜果消费量；

YrR＝农村居民家庭人均可支配收入（不变价）；

$YrR = Yr/Pr \times 100$；

Yr=农村居民家庭人均可支配收入；

Pr=农村居民消费价格指数。

原始数据如表 3-3 所示，处理后的数据见表 3-4。

表 3-3

年份	农村居民家庭 人均可支配收入 （百元）*Yr*	农村人均 鲜瓜果消费量 （斤）*Cr_fruit*	农村居民消费 价格指数 （2000 年=100）*Pr*
2005	32.55	34.40	109.24
2006	35.87	38.20	110.86
2007	41.40	38.80	116.85
2008	47.61	38.80	124.43
2009	51.53	41.00	124.04
2010	59.19	39.20	128.50
2011	69.77	42.60	135.96
2012	79.17	45.60	139.36
2013	94.30	54.20	143.28
2014	104.89	56.00	145.86
2015	114.22	59.40	147.77
2016	123.63	67.60	150.57
2017	134.32	70.20	152.52
2018	146.17	72.60	155.73
2019	160.21	78.60	160.70

资料来源：中国统计年鉴（各年）. 北京：中国统计出版社.

表 3-4

年份	农村居民家庭人均可支配收入（不变价，单位：百元）*YrR*
2005	29.80
2006	32.36
2007	35.43
2008	38.26
2009	41.54
2010	46.06
2011	51.32
2012	56.81
2013	65.81
2014	71.91
2015	77.29
2016	82.11
2017	88.07
2018	93.86
2019	99.69

我们用表 3-3 和表 3-4 中的数据进行回归，得到如下结果（见表 3-5）：

表 3-5

Dependent Variable：CR _ FRUIT
Method：Least Squares
Sample：2005 2019
Included observations：15

Variable	Coefficient	Std. Error	t-Statistic	Prob.
C	14.598 51	1.996 612	7.311 641	0.000 0
YRR	0.613 209	0.030 787	19.917 57	0.000 0
R-squared	0.968 270	Mean dependent var		51.813 33
Adjusted R-squared	0.965 829	S. D. dependent var		14.746 52
S. E. of regression	2.725 935	Akaike info criterion		4.967 066
Sum squared resid	96.599 40	Schwarz criterion		5.061 473
Log likelihood	−35.253 00	Hannan-Quinn criter.		4.966 060
F-statistic	396.709 5	Durbin-Watson stat		0.826 627
Prob（F-statistic）	0.000 000			

模型整理如下（括号中的数字为标准误差）：

$$\widehat{Cr\_fruit}_t = 14.599 + 0.613 YrR_t \qquad R^2 = 0.968$$

$$\text{se:}\quad (1.996)\quad (0.031) \qquad \sum e_t^2 = 96.599$$

1. 回归结果说明

（1）斜率系数的显著性检验。

原假设：H_0：$\beta=0$

备择假设：H_1：$\beta\neq 0$

检验统计量 $t=\dfrac{0.613}{0.031}=19.77$，查临界值表 $t_{0.025}(13)=2.160$，可得 $t=19.77>2.160$，故无法接受原假设，即 $\beta\neq 0$，也就是说，农村居民人均可支配收入对农村居民人均鲜瓜果消费量有影响。

（2）回归结果说明。

斜率系数：斜率系数符号为正，说明农村居民家庭人均可支配收入的增加会引起人均鲜瓜果消费量的增加，与理论相符；斜率系数显著，说明农村居民家庭人均可支配收入对人均鲜瓜果消费量存在影响；斜率系数 0.613 的经济含义为农村居民家庭人均可支配收入每增加 100 元，人均鲜瓜果消费量平均增长 0.613 斤。

拟合优度：R^2 为 0.968，说明拟合效果不错，Y 的离差变化的 96.8%被解释变量 X 解释。

2. 求 $\boldsymbol{\beta}$ 的 95%的置信区间

$$\hat{\beta} \pm t_{\frac{\beta}{2}} \mathrm{Se}(\hat{\beta}) = 0.613 \pm 2.160 \times 0.031$$

$$\approx 0.613 \pm 0.067$$

置信区间为0.546～0.68，也就是说，有95%的把握说β的真值在0.546和0.68之间。

3. 预测

假设2020年农村居民家庭人均可支配收入比2019年增长3.8%，那么2020年农村居民人均鲜瓜果消费量会增长多少呢？

$$YrR_{2020}=99.69\times(1+3.8\%)\approx103.48$$

$$\begin{aligned}\widehat{Cr\_fruit}_{2020}&=14.599+0.613\times YrR_{2020}\\&=14.599+0.613\times103.48\\&\approx78.03\end{aligned}$$

模型预测2020年我国农村居民人均鲜瓜果消费量为78.03斤。

Cr_fruit_{2020}的95%的置信区间的计算过程如下：

$$\hat{\sigma}=\sqrt{\frac{\sum e_t^2}{n-2}}\approx2.73$$

$$\widehat{Cr\_fruit}_{2020}\pm t_{\frac{\beta}{2}}\times\hat{\sigma}\times\sqrt{1+\frac{1}{n}+\frac{(X_0-\overline{X})^2}{\sum x^2}}$$

$$=78.03\pm2.160\times2.73\times\sqrt{1+\frac{1}{15}+\frac{(103.48-60.69)^2}{783\,9.42}}$$

$$\approx78.03\pm2.160\times2.73\times1.30$$

$$\approx78.03\pm7.67$$

置信区间为70.36～85.70斤，也就是说，有95%的把握说2020年农村居民人均鲜瓜果消费量的真值在70.36斤和85.70斤之间。

小　结

一、最小二乘法

若双变量线性模型

$$Y_t=\alpha+\beta X_t+u_t$$

满足下列统计假设：

(1)$E(u_t)=0$—— 扰动项均值为零，

(2)$E(u_iu_j)=0$—— 各期扰动项相互独立，

(3)$E(u_t^2)=\sigma^2$—— 常数方差，

(4)X_t 是非随机的，

(5)u_t 服从正态分布，

则最小二乘估计量

$$\hat{\beta}=\frac{\sum x_ty_t}{\sum x_t^2},\quad \hat{\alpha}=\overline{Y}-\hat{\beta}\overline{X}$$

为最佳线性无偏估计量，且

$$\hat{\beta} \sim N\left(\beta, \frac{\sigma^2}{\sum x_t^2}\right)$$

$$\hat{\alpha} \sim N\left(\alpha, \frac{\sigma^2 \sum X_t^2}{n \sum x_t^2}\right)$$

二、拟合优度

决定系数

$$R^2 = 1 - \frac{\sum e_t^2}{\sum (Y_t - \bar{Y})^2} = \frac{\sum (\hat{Y}_t - \bar{Y})^2}{\sum (Y_t - \bar{Y})^2}$$

和相关系数

$$r = \frac{\sum x_t y_t}{\sqrt{\sum x_t^2 \sum y_t^2}}$$

为最小二乘回归线拟合优度的测度，即回归线对各观测点拟合的紧密程度的测度，且

$$R^2 = r^2$$

三、区间估计和假设检验

σ^2 的无偏估计量

$$\hat{\sigma}^2 = \frac{\sum e_t^2}{n-2} = \frac{\sum y_t^2 - \hat{\beta} \sum x_t y_t}{n-2}$$

$\hat{\beta}$ 的标准误差为

$$\mathrm{Se}(\hat{\beta}) = \frac{\hat{\sigma}}{\sqrt{\sum x_t^2}}$$

有

$$t = \frac{\hat{\beta} - \beta}{\mathrm{Se}(\hat{\beta})} = \frac{\hat{\beta} - \beta}{\dfrac{\hat{\sigma}}{\sqrt{\sum x_t^2}}} \sim t(n-2)$$

β 的置信区间为

$$\hat{\beta} \pm t_{\frac{\alpha}{2}} \frac{\hat{\sigma}}{\sqrt{\sum x_t^2}}$$

四、预测

假设有一组样本观测值 X_t 和 Y_t，用最小二乘法对双变量模型的参数进行了估计。现要根据解释变量的一具体值 X_0 来预测与 X_0 相对应的因变量 Y_0。若原模型设定

$$Y_t = \alpha + \beta X_t + u_t$$

对预测期也成立，即

$$Y_0=\alpha+\beta X_0+u_0$$

则因变量的点预测值为

$$\hat{Y}_0=\hat{\alpha}+\hat{\beta}X_0$$

预测误差为

$$e_0=Y_0-\hat{Y}_0$$

其方差为

$$\mathrm{Var}(e_0)=\sigma^2\left[1+\frac{1}{n}+\frac{(X_0-\overline{X})^2}{\sum x_t^2}\right]$$

有

$$\frac{Y_0-\hat{Y}_0}{\hat{\sigma}\sqrt{1+\frac{1}{n}+\frac{(X_0-\overline{X})^2}{\sum x_t^2}}}\sim t(n-2)$$

Y_0 的 95% 的置信区间为

$$\hat{\alpha}+\hat{\beta}X_0\pm t_{0.025}\hat{\sigma}\sqrt{1+\frac{1}{n}+\frac{(X_0-\overline{X})^2}{\sum x_t^2}}$$

习　题

1. 判断题（判断对错；如果错误，说明理由）。

（1）OLS 法是使残差平方和最小化的估计方法。

（2）计算 OLS 估计值不需要古典线性回归模型的基本假定。

（3）若线性回归模型满足假设条件（1）～（4），但扰动项不服从正态分布，则尽管 OLS 估计量不再是 BLUE，但仍为无偏估计量。

（4）最小二乘斜率系数的假设检验所依据的是 t 分布，要求 $\hat{\beta}$ 的抽样分布是正态分布。

（5）$R^2=TSS/ESS$。

（6）若回归模型中无截距项，则 $\sum e_t=0$ 未必成立。

（7）若原假设未被拒绝，则它为真。

（8）在双变量回归中，σ^2 的值越大，斜率系数的方差越大。

2. 设 $\hat{\beta}_{YX}$ 和 $\hat{\beta}_{XY}$ 分别表示 Y 对 X 和 X 对 Y 的 OLS 回归中的斜率，证明

$$\hat{\beta}_{YX}\cdot\hat{\beta}_{XY}=r^2$$

r 为 X 和 Y 的相关系数。

3. 证明：

（1）Y 的真实值与 OLS 拟合值有共同的均值，即 $\frac{\sum Y}{n}=\frac{\sum\hat{Y}}{n}=\overline{Y}$；

(2) OLS 残差与拟合值不相关，即 $\sum \hat{Y}_t e_t = 0$。

4. 证明本章中的式（3.18）和式（3.19）：

(1) $\mathrm{Var}(\hat{\alpha}) = \dfrac{\sigma^2 \sum X_t^2}{n \sum x_t^2}$

(2) $\mathrm{Cov}(\hat{\alpha}, \hat{\beta}) = -\dfrac{\overline{X}\sigma^2}{\sum x_t^2}$

5. 考虑下列双变量模型：

模型 1：$Y_i = \beta_1 + \beta_2 X_i + u_i$

模型 2：$Y_i = \alpha_1 + \alpha_2 (X_i - \overline{X}) + u_i$

（1）β_1 和 α_1 的 OLS 估计量相同吗？它们的方差相等吗？

（2）β_2 和 α_2 的 OLS 估计量相同吗？它们的方差相等吗？

6. 有人使用 1980—1994 年的数据，研究汇率和相对价格的关系，得到如下结果：

$\hat{Y}_t = 6.682 - 4.318 X_t \quad R^2 = 0.528$

Se：（1.22）（1.333）

其中，Y 为马克对美元的汇率（DM/＄）；X 为美、德两国消费者价格指数（CPI）之比，代表两国的相对价格。

（1）请解释回归系数的含义。

（2）X_t 的系数为负值有经济意义吗？

（3）如果我们重新定义 X 为德国 CPI 与美国 CPI 之比，X 的符号会变化吗？为什么？

7. 随机调查 200 位男性的身高和体重，并用体重对身高进行回归，结果如下：

$\widehat{Weight} = -76.26 + 1.31 Height \quad R^2 = 0.81$

Se：（2.15）（0.31）

其中 *Weight* 的单位是磅（lb），*Height* 的单位是厘米（cm）。

（1）当身高分别为 177.67 cm、164.98 cm、187.82 cm 时，对应的体重的拟合值为多少？

（2）假设在一年中某人身高增高了 3.81 cm，此人体重增加了多少？

（3）假设体重以公斤为单位（1 公斤＝2.2 磅），重新回归后，

①回归的截距项、斜率估计值分别为多少？

②R^2 为多少？

8. 设有 10 名工人的数据如下：

X	10	7	10	5	8	8	6	7	9	10
Y	11	10	12	6	10	7	9	10	11	10

其中，X 为劳动工时，Y 为产量。

（1）试估计 $Y = \alpha + \beta X + u$（要求列出计算表格）；

（2）提供回归结果（按标准格式）并适当说明；

（3）检验原假设 $\beta = 1.0$。

（4）试预测$X_0=12$时Y_0的值，并求Y_0的95%的置信区间。

（5）现有一对新观测值$X_0=15$，$Y_0=16.25$，试问它们是否可能来自产生样本数据的同一总体？

9. 有人估计消费函数$C_i=\alpha+\beta Y_i+u_i$，得到如下结果（括号中数字为t值）：

$$\hat{C}_i=15+0.81Y_i \qquad R^2=0.98$$
$$(2.7)\ (6.5) \qquad n=19$$

（1）检验原假设：$\beta=0$（显著性水平为5%）。

（2）计算参数估计值的标准误差。

（3）求β的95%的置信区间。这个区间包括0吗？

10. 试用中国1985—2012年实际数据估计消费函数：

$$C_t=\alpha+\beta Y_t+u_t$$

其中：C代表消费，Y代表收入。原始数据如下表所示，表中：

Cr＝农村居民人均消费支出（元）　　Cu＝城镇居民人均消费支出（元）

Yr＝农村居民家庭人均纯收入（元）　Yu＝城镇居民家庭人均可支配收入（元）

Pr＝农村居民消费价格指数（1985年＝100）

Pu＝城镇居民消费价格指数（1985年＝100）

年份	Cr	Cu	Yr	Yu	Pr	Pu
1985	317.42	673.20	397.60	739.10	100.00	100.00
1986	356.95	798.96	423.80	899.60	106.10	107.00
1987	398.29	884.40	462.60	1 002.20	112.70	116.39
1988	476.66	1 103.98	544.90	1 181.40	132.40	140.46
1989	535.37	1 210.95	601.50	1 375.70	157.90	163.34
1990	584.63	1 278.89	686.30	1 510.20	165.10	165.42
1991	619.79	1 453.81	708.60	1 700.60	168.90	173.85
1992	659.21	1 671.73	784.00	2 026.60	176.80	188.82
1993	769.65	2 110.81	921.60	2 577.40	201.00	219.23
1994	1 016.81	2 851.34	1 221.00	3 496.20	248.00	274.07
1995	1 310.36	3 537.57	1 577.70	4 283.00	291.40	320.12
1996	1 572.08	3 919.47	1 926.10	4 838.90	314.40	348.29
1997	1 617.15	4 185.64	2 090.10	5 160.30	322.30	359.09
1998	1 590.33	4 331.61	2 162.00	5 425.10	319.10	356.93
1999	1 577.42	4 614.91	2 210.30	5 854.00	314.30	352.31
2000	1 670.13	4 998.00	2 253.40	6 280.00	314.00	355.14

续表

年份	Cr	Cu	Yr	Yu	Pr	Pu
2001	1 741.09	5 309.01	2 366.40	6 859.60	316.50	357.60
2002	1 834.31	6 029.88	2 475.60	7 702.80	315.20	354.02
2003	1 943.30	6 510.94	2 622.20	8 472.20	320.20	357.23
2004	2 184.70	7 182.10	2 936.40	9 421.60	335.60	369.00
2005	2 555.40	7 942.90	3 254.90	10 493.00	343.00	374.89
2006	2 829.00	8 696.60	3 587.00	11 759.50	348.10	380.48
2007	3 223.90	9 997.50	4 140.40	13 785.80	366.90	397.62
2008	3 660.70	11 242.90	4 760.60	15 780.80	390.70	419.90
2009	3 993.50	12 264.60	5 153.20	17 174.70	389.50	416.10
2010	4 381.80	13 471.50	5 919.00	19 109.40	403.50	429.43
2011	5 221.10	15 160.90	6 977.30	21 809.80	426.90	452.16
2012	5 908.00	16 674.30	7 916.60	24 564.70	437.60	464.38

资料来源：中国统计年鉴 2013. 北京：中国统计出版社，2013.

（1）使用计量经济软件，分别建立农村居民人均消费和城镇居民人均消费的模型；

（2）根据回归结果，说明农村居民和城镇居民的边际消费倾向有何不同；

（3）根据回归结果，能说城镇居民消费模型比农村居民消费模型拟合得更好吗？

第四章

多元线性回归模型

在本章，我们将双变量线性回归模型的结果推广到多个解释变量的情形。

第一节　多元线性回归模型的概念

我们在上一章讨论了双变量线性回归模型，即仅涉及一个解释变量的回归模型。在许多实际问题中，我们所研究的因变量的变动可能不仅与一个解释变量有关。例如，对某商品的需求量不仅与该商品的价格有关，而且与其他因素有关，如与消费者的可支配收入和该商品的替代品的价格有关。因此，有必要考虑线性模型更一般的形式，即多元线性回归模型：

$$Y_t=\beta_0+\beta_1X_{1t}+\beta_2X_{2t}+\cdots+\beta_kX_{kt}+u_t,\quad t=1,2,\cdots,n \tag{4.1}$$

在这个模型中，Y 由 X_1，X_2，X_3，…，X_k 解释，有 $k+1$ 个未知参数 β_0，β_1，β_2，…，β_k。其中，“斜率” β_j 的含义是在其他变量不变的情况下，X_j 改变一个单位对因变量所产生的影响。

例 4.1　$C_t=\beta_0+\beta_1Y_t+\beta_2P_t+u_t$

其中，C 为人均食品消费支出；Y 为人均可支配收入；P 为食品价格指数。

用我国 1992—2009 年城镇居民家庭人均食品消费和人均可支配收入的不变价数据（见《中国统计年鉴 2010》），得到如下回归结果（括号中的数字为标准误差）：

$$\hat{C}_t=1\ 085.91+0.152Y_t-5.02P_t\qquad R^2=0.99$$
$$(82.43)\qquad(0.004)\quad(0.88)$$

其中，食品价格指数

$$P=\frac{\text{城镇居民食品消费价格指数}}{\text{城镇居民消费价格指数}}\times 100 \qquad (1992\text{ 年}=100)$$

C 为城镇居民人均食品消费支出（不变价，元）；Y 为城镇居民人均可支配收入（不变价，元）。

例 4.2　$C_t=\beta_1+\beta_2 D_t+\beta_3 L_t+u_t$

式中，C_t 为消费；D_t 为居民可支配收入；L_t 为居民拥有的流动资产水平。

在此模型中，β_2 的含义是：在流动资产不变的情况下，可支配收入变动一个单位对消费额的影响。这是收入对消费额的直接影响，我们有

收入变动对消费额的总影响＝直接影响＋间接影响

这里间接影响指的是收入影响流动资产拥有量，从而影响消费额。但这种间接影响应最终反映为流动资产对消费的影响，而不是收入对消费的影响，因而 β_2 只包括收入的直接影响。

而在下面的模型中：

$$C_t=\alpha+\beta D_t+u_t,\quad t=1,2,\cdots,n$$

β 是可支配收入对消费额的总影响，显然 β 和 β_2 的含义是不同的。

回到一般模型

$$Y_t=\beta_0+\beta_1 X_{1t}+\beta_2 X_{2t}+\beta_3 X_{3t}+\cdots+\beta_k X_{kt}+u_t,\quad t=1,2,\cdots,n$$

即对于 n 组观测值，有

$$Y_1=\beta_0+\beta_1 X_{11}+\beta_2 X_{21}+\beta_3 X_{31}+\cdots+\beta_k X_{k1}+u_1$$
$$Y_2=\beta_0+\beta_1 X_{12}+\beta_2 X_{22}+\beta_3 X_{32}+\cdots+\beta_k X_{k2}+u_2$$
$$\cdots\cdots$$
$$Y_n=\beta_0+\beta_1 X_{1n}+\beta_2 X_{2n}+\beta_3 X_{3n}+\cdots+\beta_k X_{kn}+u_n$$

其矩阵形式为

$$\boldsymbol{Y}=\boldsymbol{X\beta}+\boldsymbol{u} \tag{4.2}$$

其中，$\boldsymbol{Y}=\begin{pmatrix}Y_1\\Y_2\\\vdots\\Y_n\end{pmatrix}$，$\boldsymbol{X}=\begin{pmatrix}1 & X_{11} & \cdots & X_{k1}\\1 & X_{12} & \cdots & X_{k2}\\\vdots & \vdots & & \vdots\\1 & X_{1n} & \cdots & X_{kn}\end{pmatrix}$，$\boldsymbol{\beta}=\begin{pmatrix}\beta_0\\\beta_1\\\beta_2\\\vdots\\\beta_k\end{pmatrix}$，$\boldsymbol{u}=\begin{pmatrix}u_1\\u_2\\\vdots\\u_n\end{pmatrix}$。

第二节　多元线性回归模型的估计

多元线性回归模型的估计与双变量线性回归模型类似，仍采用最小二乘法。当然，计算要复杂得多，通常要借助计算机，理论推导需借助矩阵代数。下面给出最小二乘法应用于多元线性回归模型的假设条件、估计结果及所得的估计量的性质。

一、假设条件

(1)$E(u_t)=0$，$t=1, 2, \cdots, n$。

(2)$E(u_iu_j)=0$，$i\neq j$。

(3)$E(u_t^2)=\sigma^2=$常数，$t=1, 2, \cdots, n$。

(4)X_{jt} 是非随机量，$j=1, 2, \cdots, k$；$t=1, 2, \cdots, n$。

除上面四个条件外，在多个解释变量的情况下，还需要满足两个条件：

(5)$k+1<n$，即观测值的数目要大于待估计的参数的个数（要有足够数量的数据来拟合回归线）。

(6) 各解释变量之间不存在严格的线性关系。

上述假设条件可用矩阵表示为以下四个条件：

A1：$E(\boldsymbol{u})=\boldsymbol{0}$

A2：$E(\boldsymbol{uu}')=\sigma^2\boldsymbol{I}_n$

由于 $\boldsymbol{uu}'=\begin{pmatrix}u_1\\u_2\\\vdots\\u_n\end{pmatrix}(u_1, u_2, \cdots, u_n)=\begin{pmatrix}u_1^2 & u_1u_2 & \cdots & u_1u_n\\u_2u_1 & u_2^2 & \cdots & u_2u_n\\\vdots & \vdots & & \vdots\\u_nu_1 & u_nu_2 & \cdots & u_n^2\end{pmatrix}$，显然，$E(\boldsymbol{uu}')=\sigma^2\boldsymbol{I}_n$ 仅当

$$E(u_iu_j)=0, \quad i\neq j$$

$$E(u_t^2)=\sigma^2, \quad t=1, 2, \cdots, n$$

这两个条件成立时才成立，因此，此条件相当于假设条件（2）和（3），即各期扰动项互不相关，并具有常数方差。

A3：$\boldsymbol{X}$ 是一个非随机元素矩阵。

A4：$\text{rank}(\boldsymbol{X})=k+1<n$，即矩阵 $\boldsymbol{X}$ 的秩$=k+1<n$。

由于矩阵的秩等于独立的行数或列数中的最大者，因此，秩$=k+1$ 表明各解释变量不是线性相关的，相当于前面的假设条件（6）。而 $k+1<n$ 则相当于前面的假设条件（5）。

当然，为了后面区间估计和假设检验的需要，还要加上一个条件：

A5：$u_t\sim N(0, \sigma^2)$，$t=1, 2, \cdots, n$

二、最小二乘估计

我们的模型是

$$Y_t=\beta_0+\beta_1X_{1t}+\beta_2X_{2t}+\beta_3X_{3t}+\cdots+\beta_kX_{kt}+u_t, \quad t=1, 2, \cdots, n$$

问题是选择 $\hat{\beta}_0$，$\hat{\beta}_1$，$\cdots$，$\hat{\beta}_k$，使得残差平方和最小。

残差为

$$\begin{aligned}e_t&=Y_t-\hat{Y}_t\\&=Y_t-\hat{\beta}_0-\hat{\beta}_1X_{1t}-\cdots-\hat{\beta}_kX_{kt}\end{aligned}$$

要使残差平方和

$$S=\sum e_t^2=\sum(Y_t-\hat{\beta}_0-\hat{\beta}_1X_{1t}-\cdots-\hat{\beta}_kX_{kt})^2$$

为最小，则应有

$$\frac{\partial S}{\partial \hat{\beta}_0}=0,\ \frac{\partial S}{\partial \hat{\beta}_1}=0,\ \cdots,\ \frac{\partial S}{\partial \hat{\beta}_k}=0$$

我们得到如下 $k+1$ 个方程(即正规方程)：

$$\hat{\beta}_0 \cdot n+\hat{\beta}_1 \sum X_{1t}+\cdots+\hat{\beta}_k \sum X_{kt}=\sum Y_t$$

$$\hat{\beta}_0 \sum X_{1t}+\hat{\beta}_1 \sum X_{1t}^2+\cdots+\hat{\beta}_k \sum X_{1t}X_{kt}=\sum X_{1t}Y_t$$

$$\hat{\beta}_0 \sum X_{2t}+\hat{\beta}_1 \sum X_{2t}X_{1t}+\cdots+\hat{\beta}_k \sum X_{2t}X_{kt}=\sum X_{2t}Y_t$$

……

$$\hat{\beta}_0 \sum X_{kt}+\hat{\beta}_1 \sum X_{kt}X_{1t}+\cdots+\hat{\beta}_k \sum X_{kt}^2=\sum X_{kt}Y_t$$

按矩阵形式，上述方程组可表示为

$$\underbrace{\begin{pmatrix} n & \sum X_{1t} & \cdots & \sum X_{kt} \\ \sum X_{1t} & \sum X_{1t}^2 & \cdots & \sum X_{1t}X_{kt} \\ \vdots & \vdots & & \vdots \\ \sum X_{kt} & \sum X_{kt}X_{1t} & \cdots & \sum X_{kt}^2 \end{pmatrix}}_{(\boldsymbol{X}'\boldsymbol{X})} \underbrace{\begin{pmatrix} \hat{\beta}_0 \\ \hat{\beta}_1 \\ \vdots \\ \hat{\beta}_k \end{pmatrix}}_{\hat{\boldsymbol{\beta}}} = \underbrace{\begin{pmatrix} 1 & 1 & \cdots & 1 \\ X_{11} & X_{12} & \cdots & X_{1n} \\ \vdots & \vdots & & \vdots \\ X_{k1} & X_{k2} & \cdots & X_{kn} \end{pmatrix}}_{\boldsymbol{X}'} \underbrace{\begin{pmatrix} Y_1 \\ Y_2 \\ \vdots \\ Y_n \end{pmatrix}}_{\boldsymbol{Y}}$$

即

$$(\boldsymbol{X}'\boldsymbol{X})\hat{\boldsymbol{\beta}}=\boldsymbol{X}'\boldsymbol{Y} \tag{4.3}$$

由上述结果，有

$$\hat{\boldsymbol{\beta}}=(\boldsymbol{X}'\boldsymbol{X})^{-1}\boldsymbol{X}'\boldsymbol{Y} \tag{4.4}$$

这个结果很简练，也便于记忆，这是矩阵代数的功效。我们有了 Y 和 X 的 n 组观测值，通过矩阵运算，就可以求出 $\hat{\boldsymbol{\beta}}$ 向量，即同时求出 $\hat{\beta}_0$，$\hat{\beta}_1$，…，$\hat{\beta}_k$ 的值。这种运算通常是通过计算机进行的，但知道上述公式的来龙去脉总是有意义的。

三、最小二乘估计量 $\hat{\boldsymbol{\beta}}$ 的性质

我们的模型为

$$\boldsymbol{Y}=\boldsymbol{X}\boldsymbol{\beta}+\boldsymbol{u}$$

估计式为

$$\hat{\boldsymbol{Y}}=\boldsymbol{X}\hat{\boldsymbol{\beta}}$$

1. $\hat{\boldsymbol{\beta}}$ 的均值

$$\begin{aligned}\hat{\boldsymbol{\beta}}&=(\boldsymbol{X}'\boldsymbol{X})^{-1}\boldsymbol{X}'\boldsymbol{Y}\\&=(\boldsymbol{X}'\boldsymbol{X})^{-1}\boldsymbol{X}'(\boldsymbol{X}\boldsymbol{\beta}+\boldsymbol{u})\\&=(\boldsymbol{X}'\boldsymbol{X})^{-1}\boldsymbol{X}'\boldsymbol{X}\boldsymbol{\beta}+(\boldsymbol{X}'\boldsymbol{X})^{-1}\boldsymbol{X}'\boldsymbol{u}\\&=\boldsymbol{\beta}+(\boldsymbol{X}'\boldsymbol{X})^{-1}\boldsymbol{X}'\boldsymbol{u}\end{aligned} \tag{4.5}$$

$$\begin{aligned}E(\hat{\boldsymbol{\beta}})&=\boldsymbol{\beta}+(\boldsymbol{X}'\boldsymbol{X})^{-1}\boldsymbol{X}'E(\boldsymbol{u}) && \text{—— 由假设(A3)}\\&=\boldsymbol{\beta} && \text{—— 由假设(A1)}\end{aligned}$$

即 $$E\begin{bmatrix}\begin{pmatrix}\hat{\beta}_0\\ \hat{\beta}_1\\ \vdots\\ \hat{\beta}_k\end{pmatrix}\end{bmatrix}=\begin{pmatrix}E(\hat{\beta}_0)\\ E(\hat{\beta}_1)\\ \vdots\\ E(\hat{\beta}_k)\end{pmatrix}=\begin{pmatrix}\beta_0\\ \beta_1\\ \vdots\\ \beta_k\end{pmatrix}$$

这就证明了无偏性。

2. $\hat{\boldsymbol{\beta}}$ 的方差

为求 $\hat{\boldsymbol{\beta}}$ 的方差，我们考虑

$$E[(\hat{\boldsymbol{\beta}}-\boldsymbol{\beta})(\hat{\boldsymbol{\beta}}-\boldsymbol{\beta})']$$

$$=E\begin{bmatrix}\begin{pmatrix}\hat{\beta}_0-\beta_0\\ \hat{\beta}_1-\beta_1\\ \vdots\\ \hat{\beta}_k-\beta_k\end{pmatrix}(\hat{\beta}_0-\beta_0,\ \hat{\beta}_1-\beta_1,\ \cdots,\ \hat{\beta}_k-\beta_k)\end{bmatrix}$$

$$=\begin{pmatrix}\mathrm{Var}(\hat{\beta}_0) & \mathrm{Cov}(\hat{\beta}_0,\ \hat{\beta}_1) & \cdots & \mathrm{Cov}(\hat{\beta}_0,\ \hat{\beta}_k)\\ \mathrm{Cov}(\hat{\beta}_1,\ \hat{\beta}_0) & \mathrm{Var}(\hat{\beta}_1) & \cdots & \mathrm{Cov}(\hat{\beta}_1,\ \hat{\beta}_k)\\ \vdots & \vdots & & \vdots\\ \mathrm{Cov}(\hat{\beta}_k,\ \hat{\beta}_0) & \mathrm{Cov}(\hat{\beta}_k,\ \hat{\beta}_1) & \cdots & \mathrm{Var}(\hat{\beta}_k)\end{pmatrix}$$

不难看出，这是 $\hat{\boldsymbol{\beta}}$ 的方差—协方差矩阵，它是一个 $(k+1)\times(k+1)$ 阶矩阵，其主对角线元素为各系数估计量的方差，非主对角线元素为各系数估计量的协方差。

由上一段的式（4.5），我们有

$$\hat{\boldsymbol{\beta}}-\boldsymbol{\beta}=(\boldsymbol{X}'\boldsymbol{X})^{-1}\boldsymbol{X}'\boldsymbol{u} \tag{4.6}$$

因此，

$$\begin{aligned}E[(\hat{\boldsymbol{\beta}}-\boldsymbol{\beta})(\hat{\boldsymbol{\beta}}-\boldsymbol{\beta})']&=E\{[(\boldsymbol{X}'\boldsymbol{X})^{-1}\boldsymbol{X}'\boldsymbol{u}][(\boldsymbol{X}'\boldsymbol{X})^{-1}\boldsymbol{X}'\boldsymbol{u}]'\}\\ &=E\{(\boldsymbol{X}'\boldsymbol{X})^{-1}\boldsymbol{X}'\boldsymbol{u}\boldsymbol{u}'\boldsymbol{X}(\boldsymbol{X}'\boldsymbol{X})^{-1}\}\\ &=(\boldsymbol{X}'\boldsymbol{X})^{-1}\boldsymbol{X}'E(\boldsymbol{u}\boldsymbol{u}')\boldsymbol{X}(\boldsymbol{X}'\boldsymbol{X})^{-1}\\ &=(\boldsymbol{X}'\boldsymbol{X})^{-1}\boldsymbol{X}'\sigma^2\boldsymbol{I}_n\boldsymbol{X}(\boldsymbol{X}'\boldsymbol{X})^{-1}\\ &=(\boldsymbol{X}'\boldsymbol{X})^{-1}\boldsymbol{X}'\boldsymbol{X}(\boldsymbol{X}'\boldsymbol{X})^{-1}\sigma^2\\ &=(\boldsymbol{X}'\boldsymbol{X})^{-1}\sigma^2\end{aligned}$$

请注意，我们得到的实际上不仅是 $\hat{\boldsymbol{\beta}}$ 的方差，而且是一个方差—协方差矩阵。为了反映这一事实，用下面的符号表示之：

$$\mathrm{Var\text{-}Cov}(\hat{\boldsymbol{\beta}})=(\boldsymbol{X}'\boldsymbol{X})^{-1}\sigma^2 \tag{4.7}$$

为方便起见，我们也常用 $\mathrm{Var}(\hat{\boldsymbol{\beta}})$ 表示 $\hat{\boldsymbol{\beta}}$ 的方差—协方差矩阵，因此上式亦可写为

$$\mathrm{Var}(\hat{\boldsymbol{\beta}})=(\boldsymbol{X}'\boldsymbol{X})^{-1}\sigma^2$$

需要注意的是，这里 $\mathrm{Var}(\hat{\boldsymbol{\beta}})$ 不表示方差向量，而是方差—协方差矩阵。

3. $\boldsymbol{\sigma}^2$ 的估计

与双变量线性模型相似，σ^2 的无偏估计量是

$$\hat{\sigma}^2=\frac{\sum e_t^2}{n-(k+1)} \tag{4.8}$$

分母是$\sum e_t^2$的自由度，因为我们在估计β_0，β_1，…，β_k的过程中失去了$(k+1)$个自由度。

4. 高斯-马尔可夫定理

对于$\boldsymbol{Y}=\boldsymbol{X\beta}+\boldsymbol{u}$以及标准假设条件A1～A4，普通最小二乘估计量是最佳线性无偏估计量（BLUE）。

这就是高斯-马尔可夫定理。

我们已在前面证明了无偏性，下面证明线性和最小方差性。证明方法与双变量模型类似，只不过这里采用矩阵和向量的形式。

由OLS估计量$\hat{\boldsymbol{\beta}}$的公式（4.4）：

$$\hat{\boldsymbol{\beta}}=(\boldsymbol{X}'\boldsymbol{X})^{-1}\boldsymbol{X}'\boldsymbol{Y}$$

可知$\hat{\boldsymbol{\beta}}$可表示为一个矩阵和因变量观测值向量$\boldsymbol{Y}$的乘积，即

$$\hat{\boldsymbol{\beta}}=\boldsymbol{kY}$$

式中，$\boldsymbol{k}=(\boldsymbol{X}'\boldsymbol{X})^{-1}\boldsymbol{X}'$是一个$(k+1)\times n$阶非随机元素矩阵。因而显然$\hat{\boldsymbol{\beta}}$是线性估计量。

现设$\boldsymbol{\beta}^*$为$\boldsymbol{\beta}$的任意一个线性无偏估计量，即$\boldsymbol{\beta}^*=\boldsymbol{cY}$，其中$\boldsymbol{c}$是一个$(k+1)\times n$阶非随机元素矩阵，则

$$\begin{aligned}\boldsymbol{\beta}^*&=\boldsymbol{cY}=\boldsymbol{c}(\boldsymbol{X\beta}+\boldsymbol{u})\\E(\boldsymbol{\beta}^*)&=E(\boldsymbol{cX\beta}+\boldsymbol{cu})\\&=\boldsymbol{cX\beta}+\boldsymbol{c}E(\boldsymbol{u})\\&=\boldsymbol{cX\beta}\end{aligned}$$

显然，若要$\boldsymbol{\beta}^*$为无偏估计量，即$E(\boldsymbol{\beta}^*)=\boldsymbol{\beta}$，必须满足$\boldsymbol{cX}=\boldsymbol{I}$，$\boldsymbol{I}$为$(k+1)$阶单位矩阵。

$\boldsymbol{\beta}^*$的方差为

$$\begin{aligned}\mathrm{Var}(\boldsymbol{\beta}^*)&=\mathrm{Var}(\boldsymbol{cX\beta}+\boldsymbol{cu})\\&=\mathrm{Var}(\boldsymbol{cu})\\&=\boldsymbol{c}\cdot\mathrm{Var}(\boldsymbol{u})\cdot\boldsymbol{c}'\\&=\sigma^2\boldsymbol{cc}'\end{aligned}$$

可将$\boldsymbol{c}$写成

$$\boldsymbol{c}=(\boldsymbol{X}'\boldsymbol{X})^{-1}\boldsymbol{X}'+\boldsymbol{D}$$

从而将$\boldsymbol{\beta}$的任意线性无偏估计量与OLS估计量$\hat{\boldsymbol{\beta}}$联系起来。由$\boldsymbol{cX}=\boldsymbol{I}$可推出

$$(\boldsymbol{X}'\boldsymbol{X})^{-1}\boldsymbol{X}'\boldsymbol{X}+\boldsymbol{DX}=\boldsymbol{I}$$

即　　$\boldsymbol{I}+\boldsymbol{DX}=\boldsymbol{I}$

因而有　$\boldsymbol{DX}=\boldsymbol{0}$

$$\begin{aligned}\boldsymbol{cc}'&=[(\boldsymbol{X}'\boldsymbol{X})^{-1}\boldsymbol{X}'+\boldsymbol{D}][(\boldsymbol{X}'\boldsymbol{X})^{-1}\boldsymbol{X}'+\boldsymbol{D}]'\\&=[(\boldsymbol{X}'\boldsymbol{X})^{-1}\boldsymbol{X}'+\boldsymbol{D}][\boldsymbol{X}(\boldsymbol{X}'\boldsymbol{X})^{-1}+\boldsymbol{D}']\\&=(\boldsymbol{X}'\boldsymbol{X})^{-1}\boldsymbol{X}'\boldsymbol{X}(\boldsymbol{X}'\boldsymbol{X})^{-1}+(\boldsymbol{X}'\boldsymbol{X})^{-1}\boldsymbol{X}'\boldsymbol{D}'+\boldsymbol{DX}(\boldsymbol{X}'\boldsymbol{X})^{-1}+\boldsymbol{DD}'\end{aligned}$$

由$\boldsymbol{DX}=\boldsymbol{0}$，从而$\boldsymbol{X}'\boldsymbol{D}'=\boldsymbol{0}$，因此上式中间两项为零，我们有

$$\boldsymbol{cc}'=(\boldsymbol{X}'\boldsymbol{X})^{-1}+\boldsymbol{DD}'$$

因此

$$\begin{aligned}\mathrm{Var}(\boldsymbol{\beta}^*)&=\sigma^2\boldsymbol{cc}'\\&=\sigma^2[(\boldsymbol{X}'\boldsymbol{X})^{-1}+\boldsymbol{DD}']\end{aligned}$$

$$=\sigma^2(\boldsymbol{X}'\boldsymbol{X})^{-1}+\sigma^2\boldsymbol{DD}'$$
$$=\mathrm{Var}(\hat{\boldsymbol{\beta}})+\sigma^2\boldsymbol{DD}'$$
$$\geqslant\mathrm{Var}(\hat{\boldsymbol{\beta}})$$

最后的不等号成立是因为 $\boldsymbol{DD}'$ 为半正定矩阵，这就证明了 OLS 估计量 $\hat{\boldsymbol{\beta}}$ 是 $\boldsymbol{\beta}$ 的所有线性无偏估计量中方差最小的。至此，我们证明了高斯-马尔可夫定理。

第三节　拟合优度

一、决定系数 R^2

对于双变量线性模型

$$Y=\alpha+\beta X+u$$

我们有

$$R^2=1-\frac{\sum e^2}{\sum(Y-\bar{Y})^2}$$

式中，$\sum e^2$ 为残差平方和。

对于多元线性模型

$$Y=\beta_0+\beta_1X_1+\cdots+\beta_kX_k+u$$

我们可用同样的方法定义决定系数

$$R^2=\frac{\text{解释的变差}}{\text{总变差}}=1-\frac{\sum e^2}{\sum(Y-\bar{Y})^2}$$

或　$$R^2=\frac{ESS}{TSS}=1-\frac{RSS}{TSS}$$

为方便计算，也可以用矩阵形式表示 R^2。

$$\boldsymbol{e}=\begin{pmatrix}e_1\\e_2\\\vdots\\e_n\end{pmatrix}=\boldsymbol{Y}-\hat{\boldsymbol{Y}}=\boldsymbol{Y}-\boldsymbol{X}\hat{\boldsymbol{\beta}}$$

$$\begin{aligned}\sum e^2&=\boldsymbol{e}'\boldsymbol{e}=(\boldsymbol{Y}'-\hat{\boldsymbol{\beta}}'\boldsymbol{X}')(\boldsymbol{Y}-\boldsymbol{X}\hat{\boldsymbol{\beta}})\\&=\boldsymbol{Y}'\boldsymbol{Y}-\boldsymbol{Y}'\boldsymbol{X}\hat{\boldsymbol{\beta}}-\hat{\boldsymbol{\beta}}'\boldsymbol{X}'\boldsymbol{Y}+\hat{\boldsymbol{\beta}}'\boldsymbol{X}'\boldsymbol{X}\hat{\boldsymbol{\beta}}\\&=\boldsymbol{Y}'\boldsymbol{Y}-\boldsymbol{Y}'\boldsymbol{X}\hat{\boldsymbol{\beta}}-\hat{\boldsymbol{\beta}}'\boldsymbol{X}'\boldsymbol{Y}+\hat{\boldsymbol{\beta}}'\boldsymbol{X}'\boldsymbol{X}(\boldsymbol{X}'\boldsymbol{X})^{-1}\boldsymbol{X}'\boldsymbol{Y}\\&=\boldsymbol{Y}'\boldsymbol{Y}-\boldsymbol{Y}'\boldsymbol{X}\hat{\boldsymbol{\beta}}-\hat{\boldsymbol{\beta}}'\boldsymbol{X}'\boldsymbol{Y}+\hat{\boldsymbol{\beta}}'\boldsymbol{X}'\boldsymbol{Y}\\&=\boldsymbol{Y}'\boldsymbol{Y}-\boldsymbol{Y}'\boldsymbol{X}\hat{\boldsymbol{\beta}}\end{aligned}$$

而　$$\sum(Y-\bar{Y})^2=\sum Y^2-n\bar{Y}^2=\boldsymbol{Y}'\boldsymbol{Y}-n\bar{Y}^2$$

将上述结果代入 R^2 的公式，得到

$$
\begin{aligned}
R^2 &= 1-\frac{\sum e^2}{\sum (Y-\overline{Y})^2} \\
&= \frac{\sum (Y-\overline{Y})^2-\sum e^2}{\sum (Y-\overline{Y})^2} \\
&= \frac{\boldsymbol{Y}'\boldsymbol{Y}-n\overline{Y}^2-(\boldsymbol{Y}'\boldsymbol{Y}-\boldsymbol{Y}'\boldsymbol{X}\hat{\boldsymbol{\beta}})}{\boldsymbol{Y}'\boldsymbol{Y}-n\overline{Y}^2} \\
&= \frac{\boldsymbol{Y}'\boldsymbol{X}\hat{\boldsymbol{\beta}}-n\overline{Y}^2}{\boldsymbol{Y}'\boldsymbol{Y}-n\overline{Y}^2}
\end{aligned}
\tag{4.9}
$$

这就是决定系数 R^2 的矩阵形式。

二、修正决定系数：$\overline{R}^2$

残差平方和的一个特点是，当模型每增加一个解释变量并用改变后的模型重新进行估计时，残差平方和的值就会减小。严格地说，是不会增大。我们来说明这一点。

如果模型中未包括某个解释变量，就意味着对应于该解释变量的系数估计值被设定为零，否则该变量就应当包括在模型中。现在来考察将该变量加入模型并用新模型重新估计时将会出现什么情况。最小二乘法表明，这时系数估计值将按能使残差平方和达到最小的原则取得。我们所加的那个变量的系数估计值不再自动取为零值，即便该变量的真实参数为零而不应被包括在模型中，其系数的估计值也极不可能恰好等于零。而如果这个估计值不是恰好等于零，则意味着它有某一个其他的值使得残差平方和达到最小。也就是说，如果在模型中加入这个变量，残差平方和就会变得更小，至多与未加入该变量时的值相等（该变量的系数估计值恰好等于零时的情况）。

由上面的说明，可以得出如下结论：增加一个解释变量会使残差平方和减小，而减少一个解释变量会使残差平方和增大。

由此可以推断，决定系数是一个与解释变量的个数有关的量：

$$\text{解释变量个数增加} \longrightarrow \sum e^2\ \text{减小} \longrightarrow R^2\ \text{增大}$$

也就是说，人们总是可以通过增加模型中解释变量的个数来增大 R^2 的值。因此，用 R^2 来作为拟合优度的测度不是十分令人满意。为此，定义修正决定系数 $\overline{R}^2$ 如下：

$$
\begin{aligned}
\overline{R}^2 &= 1-\frac{\dfrac{\sum e^2}{n-k-1}}{\dfrac{\sum (Y-\overline{Y})^2}{n-1}} \\
&= 1-\frac{(n-1)\sum e^2}{(n-k-1)\sum (Y-\overline{Y})^2} \\
&= 1-\frac{(n-1)(1-R^2)}{n-k-1}
\end{aligned}
\tag{4.10}
$$

$\overline{R}^2$ 是经过自由度调整的决定系数，称为修正决定系数。我们有：

$$\overline{R}^2 \leqslant R^2$$

当 $k=0$ 时，$R^2=\bar{R}^2$。

当 k 增大时，R^2 和 $\bar{R}^2$ 之间的差异也随之增大。此外，尽管总有 $R^2\geqslant 0$，但 $\bar{R}^2$ 可能出现负值。

三、例子

下面给出两个简单的数值例子，以帮助理解这两节的内容。

例 4.3 $Y_t=\beta_1+\beta_2X_{2t}+\beta_3X_{3t}+u_t$

设观测数据为：

Y：	3	1	8	3	5
X_2：	3	1	5	2	4
X_3：	5	4	6	4	6

试求各参数的 OLS 估计值，以及 R^2 和 $\bar{R}^2$。

解 我们有

$$\boldsymbol{Y}=\begin{pmatrix}3\\1\\8\\3\\5\end{pmatrix}\qquad \boldsymbol{X}=\begin{pmatrix}1&3&5\\1&1&4\\1&5&6\\1&2&4\\1&4&6\end{pmatrix}$$

$$\boldsymbol{X}'\boldsymbol{X}=\begin{pmatrix}1&1&1&1&1\\3&1&5&2&4\\5&4&6&4&6\end{pmatrix}\begin{pmatrix}1&3&5\\1&1&4\\1&5&6\\1&2&4\\1&4&6\end{pmatrix}=\begin{pmatrix}5&15&25\\15&55&81\\25&81&129\end{pmatrix}$$

$$\boldsymbol{X}'\boldsymbol{Y}=\begin{pmatrix}1&1&1&1&1\\3&1&5&2&4\\5&4&6&4&6\end{pmatrix}\begin{pmatrix}3\\1\\8\\3\\5\end{pmatrix}=\begin{pmatrix}20\\76\\109\end{pmatrix}$$

$$\hat{\boldsymbol{\beta}}=(\boldsymbol{X}'\boldsymbol{X})^{-1}\boldsymbol{X}'\boldsymbol{Y}=\begin{pmatrix}5&15&25\\15&55&81\\25&81&129\end{pmatrix}^{-1}\begin{pmatrix}20\\76\\109\end{pmatrix}$$

$$=\begin{pmatrix}\frac{267}{10}&\frac{45}{10}&-8\\\frac{45}{10}&1&-\frac{3}{2}\\-8&-\frac{3}{2}&\frac{10}{4}\end{pmatrix}\begin{pmatrix}20\\76\\109\end{pmatrix}$$

$$=\begin{pmatrix}4\\2.5\\-1.5\end{pmatrix}$$

故回归方程为

$$\hat{Y}=4+2.5X_2-1.5X_3$$

$$R^2=\frac{\boldsymbol{Y}'\boldsymbol{X}\hat{\boldsymbol{\beta}}-n\overline{Y}^2}{\boldsymbol{Y}'\boldsymbol{Y}-n\overline{Y}^2}$$

$$\boldsymbol{Y}'\boldsymbol{X}\hat{\boldsymbol{\beta}}=(20,\ 76,\ 109)\begin{pmatrix}4\\2.5\\-1.5\end{pmatrix}=106.5$$

$$\boldsymbol{Y}'\boldsymbol{Y}=(3,\ 1,\ 8,\ 3,\ 5)\begin{pmatrix}3\\1\\8\\3\\5\end{pmatrix}=108$$

$$n\overline{Y}^2=5\times\left(\frac{3+1+8+3+5}{5}\right)^2=80$$

$$R^2=\frac{106.5-80}{108-80}=\frac{26.5}{28}=0.946\ 4$$

$$\begin{aligned}\overline{R}^2&=1-\frac{(n-1)(1-R^2)}{n-k-1}\\&=1-\frac{4\times(1-0.946\ 4)}{5-3}=0.892\ 8\end{aligned}$$

例 4.4　设 $n=20$，$k=3$，$R^2=0.10$，求 $\overline{R}^2$。

解　$$\begin{aligned}\overline{R}^2&=1-\frac{(n-1)(1-R^2)}{n-k-1}\\&=1-\frac{19\times(1-0.10)}{20-4}=-0.069\end{aligned}$$

由本例可看出，$\overline{R}^2$ 有可能为负值，这与 R^2 不同($0\leqslant R^2\leqslant 1$)。

第四节　假设检验

一、系数的显著性检验

1. 单个系数的显著性检验

目的是检验某个解释变量 X_j 的系数 β_j（$j=1,\ 2,\ \cdots,\ k$）是否为零，即该解释变量是否对因变量有影响。

原假设　H_0：$\beta_j=0$

备择假设　H_1：$\beta_j\neq 0$

检验统计量是自由度为 $n-k-1$ 的 t 统计量，即

$$t=\frac{\hat{\beta}_j}{\mathrm{Se}(\hat{\beta}_j)}=\frac{\hat{\beta}_j}{\sqrt{\mathrm{Var}(\hat{\beta}_j)}}\sim t(n-k-1)$$

式中，$\mathrm{Var}(\hat{\beta}_j)$ 为矩阵 $(\boldsymbol{X}'\boldsymbol{X})^{-1}\hat{\sigma}^2$ 主对角线上第 $j+1$ 个元素，而

$$\hat{\sigma}^2=\frac{\sum e_t^2}{n-k-1}=\frac{\boldsymbol{Y}'\boldsymbol{Y}-\boldsymbol{Y}'\boldsymbol{X}\hat{\boldsymbol{\beta}}}{n-k-1}$$

2. 若干个系数的显著性检验（联合假设检验）

有时需要同时检验若干个系数是否为零，这可以通过建立单一的原假设来进行。

设要检验 $g(g\leqslant k)$ 个系数是否为零，即检验与之对应的 g 个解释变量对因变量是否有影响。不失一般性，可设原假设和备择假设为

H_0：$\beta_1=\beta_2=\cdots=\beta_g=0$

H_1：H_0 不成立（即 X_1，…，X_g 中某些变量对 Y 有影响）

这实际上相当于检验 g 个约束条件成立，若 H_0 为真，则正确的模型是

$$Y_t=\beta_0+\beta_{g+1}X_{g+1,t}+\cdots+\beta_kX_{kt}+u_t$$

据此进行回归（有约束回归），得到残差平方和

$$S_R=\sum(Y_t-\hat{\beta}_0^R-\hat{\beta}_{g+1}^RX_{g+1,\,t}-\cdots-\hat{\beta}_k^RX_{kt})^2$$

S_R 是 H_0 为真时的残差平方和。

若 H_1 为真，则正确的模型是原模型

$$Y_t=\beta_0+\beta_1X_{1t}+\cdots+\beta_kX_{kt}+u_t$$

据此进行无约束回归（全回归），得到残差平方和

$$S=\sum(Y_t-\hat{\beta}_0-\hat{\beta}_1X_{1t}-\cdots-\hat{\beta}_kX_{kt})^2$$

S 是 H_1 为真时的残差平方和。

如果 H_0 为真，则不管 X_1，…，X_g 这 g 个变量是否包括在模型中，所得到的结果都不会有显著差别，因此，尽管应该有 $S<S_R$，但

$$S\approx S_R$$

如果 H_1 为真，则由上一节中所讨论的残差平方和 $\sum e^2$ 的特点，无约束回归增加了变量的个数，应有

$$S<S_R$$

通过检验二者差异是否显著地大，就能检验原假设是否成立。所使用的检验统计量为

$$F=\frac{(S_R-S)/g}{S/(n-k-1)}\sim F(g,\ n-k-1)$$

使用$\frac{S_R-S}{S}$的作用是消除具体问题变量单位的影响，$\frac{S_R-S}{S}$是一个与变量单位无关的量。

例 4.5 给定 Y，X_1，X_2，X_3 的 20 组观测值，试检验模型

$$Y_t=\beta_0+\beta_1X_{1t}+\beta_2X_{2t}+\beta_3X_{3t}+u_t$$

中 X_1 和 X_3 对 Y 是否有影响。

解（1）估计

$$Y_t=\beta_0+\beta_1X_{1t}+\beta_2X_{2t}+\beta_3X_{3t}+u_t$$

得

$$S=\sum e^2=25$$

（2）估计

$$Y_t=\beta_0+\beta_2X_{2t}+u_t$$

得

$$S_R=\sum e^2=30$$

原假设　$H_0: \beta_1=\beta_3=0$

备择假设 H_1：H_0 不成立

我们有 $n=20$，$g=2$，$k=3$

$$F=\frac{(S_R-S)/g}{S/(n-k-1)}=\frac{(30-25)/2}{25/16}=1.6$$

根据自由度（2，16）查 F 值表，在 5%的显著性水平下，$F_c=3.63$。

因为 $F=1.6<F_c=3.63$，故接受 H_0。

结论：X_1 和 X_3 对 Y 无显著影响。

3. 全部斜率系数为零的检验

上一段结果的一个特例是所有斜率系数均为零的检验：

$$H_0: \beta_1=\beta_2=\cdots=\beta_k=0$$

也就是说，所有解释变量对 Y 均无影响。

注意到 $g=k$

$$S_R=\sum(Y-\bar{Y})^2$$

这是因为模型为 $Y_t=\alpha+u_t$ 时，$\sum e^2=\sum(Y-\bar{Y})^2$，则该检验的检验统计量为

$$F=\frac{(S_R-S)/k}{S/(n-k-1)}=\frac{\left[\sum(Y-\bar{Y})^2-\sum e^2\right]/k}{\sum e^2/(n-k-1)}$$

分子、分母均除以 $\sum(Y-\bar{Y})^2$，有

$$F=\frac{\left(1-\dfrac{\sum e^2}{\sum(Y-\bar{Y})^2}\right)\Big/k}{\dfrac{\sum e^2}{\sum(Y-\bar{Y})^2}\Big/(n-k-1)}=\frac{R^2/k}{(1-R^2)/(n-k-1)}$$

全部斜率系数为零的检验实际上是检验 R^2 的值是否显著异于零。如果接受原假设，

则表明因变量的行为完全归因于随机变化。若拒绝原假设，则表明所选择的模型对因变量的行为能够提供某种程度的解释。因而，此检验亦被称为**回归方程的显著性检验**。

二、检验其他形式的系数约束条件

上面所介绍的检验若干个系数显著性的方法也可以应用于检验施加于系数的其他形式的线性约束条件，如

$$\beta_2=-1.0,\quad \beta_4=2.5$$

$$\beta_3=\beta_4,\quad \begin{pmatrix}\beta_2\\ \beta_3\end{pmatrix}=\begin{pmatrix}1\\ 1\end{pmatrix},\quad \alpha+\beta=1$$

检验的方法仍是分别进行有约束回归和无约束回归，求出各自的残差平方和 S_R 以及 S，然后用 F 统计量进行检验。

当然，单个系数的假设检验，如 $\beta_3=1.0$，亦可用 t 统计量进行检验。

例 4.6 柯布-道格拉斯生产函数

$$Y=AK^{\alpha}L^{\beta}\upsilon$$

试根据美国制造业 1899—1922 年的数据检验规模报酬不变的约束：$\alpha+\beta=1$。

解 （1）全回归：

$$\ln\hat{Y}=-0.08+0.23\ln K+0.81\ln L \qquad R^2=0.96 \qquad F=252$$
$$\text{Se:}\quad (0.43)\quad (0.06)\quad (0.15)$$

（2）有约束回归：

将约束条件代入，得到要回归的模型

$$Y=AK^{\alpha}L^{1-\alpha}\upsilon$$

两边除以 L，模型变换为

$$Y/L=A(K/L)^{\alpha}\upsilon$$

回归，得

$$\ln(\widehat{Y/L})=0.02+0.25\ln(K/L) \qquad R^2=0.63 \qquad F=38.0$$
$$\text{Se:}\quad (0.02)\ (0.04)$$

得到的有约束回归和全回归的残差平方和分别为

$$S_R=0.071\,6$$
$$S=0.071\,0$$

（3）检验：

原假设　H_0：$\alpha+\beta=1$

备择假设 H_1：$\alpha+\beta\neq1$

本例中，$g=1$，$k=2$，$n=24$

$$F=\frac{(S_R-S)/g}{S/(n-k-1)}=\frac{(0.071\,6-0.071\,0)/1}{0.071\,0/21}=0.18$$

根据自由度（1，21）查 F 值表，在5%的显著性水平下，$F_c=4.32$。

因为 $F=0.18<F_c=4.32$，故接受原假设 H_0：$\alpha+\beta=1$。

（4）结论：

我们的数据支持规模报酬不变的假设。

第五节　预　测

用OLS法对多元回归模型的参数进行估计之后，如果结果理想，则可用估计好的模型进行预测。与双变量模型的做法类似，预测指的是根据各解释变量的某一组具体值

$$\boldsymbol{C}'=(1,\ X_{10},\ X_{20},\ \cdots,\ X_{k0})$$

来预测与之相对应的因变量值 Y_0。当然，要进行预测，有一个假设前提应当满足，即拟合的模型在预测期也成立。

点预测值由与给定的诸 X 值对应的回归值给出，即

$$\hat{Y}_0=\hat{\beta}_0+\hat{\beta}_1X_{10}+\hat{\beta}_2X_{20}+\cdots+\hat{\beta}_kX_{k0}=\boldsymbol{C}'\hat{\boldsymbol{\beta}}$$

而预测期的实际 Y 值由下式给出：

$$Y_0-\beta_0+\beta_1X_{10}+\beta_2X_{20}+\cdots+\beta_kX_{k0}+u_0=\boldsymbol{C}'\boldsymbol{\beta}+u_0$$

式中，u_0 为从预测期的扰动项分布中所取的值。预测误差可定义为

$$\begin{aligned}e_0&=Y_0-\hat{Y}_0\\&=u_0-\boldsymbol{C}'(\hat{\boldsymbol{\beta}}-\boldsymbol{\beta})\end{aligned}$$

两边取期望值，得

$$\begin{aligned}E(e_0)&=E(u_0)-\boldsymbol{C}'E(\hat{\boldsymbol{\beta}}-\boldsymbol{\beta})\\&=0\end{aligned}$$

因此，OLS预测量 $\hat{Y}_0=\boldsymbol{C}'\hat{\boldsymbol{\beta}}$ 是一个无偏预测量。

预测误差的方差为

$$\begin{aligned}\mathrm{Var}(e_0)&=\mathrm{Var}(u_0)+\boldsymbol{C}'\mathrm{Var}(\hat{\boldsymbol{\beta}})\boldsymbol{C}\\&=\sigma^2+\boldsymbol{C}'(\boldsymbol{X}'\boldsymbol{X})^{-1}\sigma^2\boldsymbol{C}\\&=\sigma^2(1+\boldsymbol{C}'(\boldsymbol{X}'\boldsymbol{X})^{-1}\boldsymbol{C})\end{aligned}$$

从 e_0 的定义可看出，e_0 为正态变量的线性函数，因此，它本身也服从正态分布。故

$$\frac{e_0-E(e_0)}{\mathrm{Se}(e_0)}=\frac{e_0}{\sigma\sqrt{1+\boldsymbol{C}'(\boldsymbol{X}'\boldsymbol{X})^{-1}\boldsymbol{C}}}\sim N(0,1)$$

由于 σ 为未知的，故用其估计值 $\hat{\sigma}=\sqrt{\sum e_t^2/(n-k-1)}$ 代替它，有

$$\frac{Y_0-\hat{Y}_0}{\hat{\sigma}\sqrt{1+\boldsymbol{C}'(\boldsymbol{X}'\boldsymbol{X})^{-1}\boldsymbol{C}}}\sim t(n-k-1)$$

则 Y_0 的95%的置信区间为

$$\boldsymbol{C}'\hat{\boldsymbol{\beta}} \pm t_{0.025}\hat{\sigma}\sqrt{1+\boldsymbol{C}'(\boldsymbol{X}'\boldsymbol{X})^{-1}\boldsymbol{C}}$$

式中，$\boldsymbol{C}'\hat{\boldsymbol{\beta}}=\hat{Y}_0$。

例 4.7 用例 4.3 的数据，预测 $X_2=10$，$X_3=10$ 时的 Y 值。

解 $\hat{Y}_0=4+2.5\times10-1.5\times10=14$

$$\boldsymbol{C}'(\boldsymbol{X}'\boldsymbol{X})^{-1}\boldsymbol{C}=(1,10,10)\begin{pmatrix}\frac{267}{10} & \frac{45}{10} & -8\\ \frac{45}{10} & 1 & -\frac{3}{2}\\ -8 & -\frac{3}{2} & \frac{10}{4}\end{pmatrix}\begin{pmatrix}1\\10\\10\end{pmatrix}=6.7$$

由例 4.3 我们已得到

$$\boldsymbol{Y}'\boldsymbol{X}\hat{\boldsymbol{\beta}}=106.5$$

$$\boldsymbol{Y}'\boldsymbol{Y}=108$$

因此 $$\hat{\sigma}^2=\frac{\sum e_i^2}{n-k-1}=\frac{\boldsymbol{Y}'\boldsymbol{Y}-\boldsymbol{Y}'\boldsymbol{X}\hat{\boldsymbol{\beta}}}{n-k-1}=\frac{108-106.5}{5-2-1}=0.75$$

Y_0 的 95%的置信区间为：$14\pm4.303\sqrt{0.75}\times\sqrt{1+6.7}$，即在 3.66～24.34 之间。

第六节 虚拟变量

一、虚拟变量的概念

在回归分析中，常常碰到这样一种情况，即因变量的波动不仅依赖于那种能够很容易按某种尺度定量化的变量（如收入、产出、价格、身高、体重等），而且依赖于某些定性变量（如性别、地区、季节等）。经济系统中也有许多变动是不能定量化的，如政府的更迭、经济体制的改革、固定汇率变为浮动汇率、从战时经济转为和平时期经济等。这些变动都可以用大家所熟悉的 0—1 变量来表示，用 1 表示具有某一“品质”或属性，用 0 表示不具有该“品质”或属性。这种变量在计量经济学中称为**虚拟变量**（dummy variables）。虚拟变量使得我们可以将那些无法定量化的变量引入回归模型。下面给出几个可以引入虚拟变量的例子。

（1）你在研究学历与收入之间的关系，在你的样本中，既有女性又有男性，你打算研究在此关系中性别是否会导致差别。

（2）你在研究某省家庭收入与支出的关系，采集的样本中既包括农村家庭，又包括城镇家庭，你打算研究二者的差别。

（3）你在研究通货膨胀的决定因素，在你的观测期中，有些年份政府实行了一项收入政策。你想检验该政策是否会对通货膨胀产生影响。

上述各例都可以用两种方法来解决：一种方法是分别进行两类情况的回归，然后检验参数是否不同；另一种方法是用全部观测值作单一回归，将定性因素的影响用虚拟变量引入模型。

二、虚拟变量的使用方法

1. 截距变动

设 Y 为消费，X 为收入，我们有

$$\left.\begin{aligned}&\text{战时：}Y=\alpha_1+\beta X+u\\&\text{平时：}Y=\alpha_2+\beta X+v\end{aligned}\right\}\quad\text{假定}\beta\text{不变}$$

对于 5 年战争时期与 5 年和平时期的数据，我们可分别估计上述两个模型，一般将给出 $\hat{\beta}$ 的不同值。

现引入虚拟变量 D，将两式并为一式：

$$Y=\beta_0+\beta_1X+\beta_2D+u$$

式中，$D=\begin{cases}0\text{，战时}\\1\text{，平时}\end{cases}$。

此式等价于下列两式：

$$\left.\begin{aligned}&\text{战时：}Y=\beta_0+\beta_1X+u\\&\text{平时：}Y=(\beta_0+\beta_2)+\beta_1X+u\end{aligned}\right\}\quad\text{截距变动，斜率不变}$$

在包含虚拟变量的模型中，D 的数据为 0，0，0，0，0，1，1，1，1，1。估计结果如图 4－1 所示。

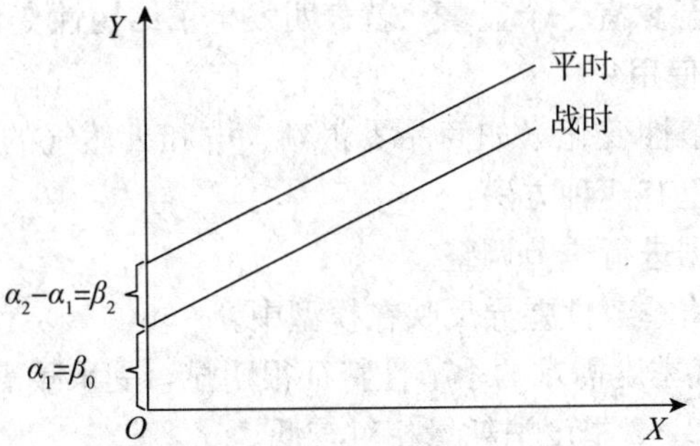

图 4－1

应用 t 检验，β_2 是否显著可以表明截距项在两个时期是否有变化。

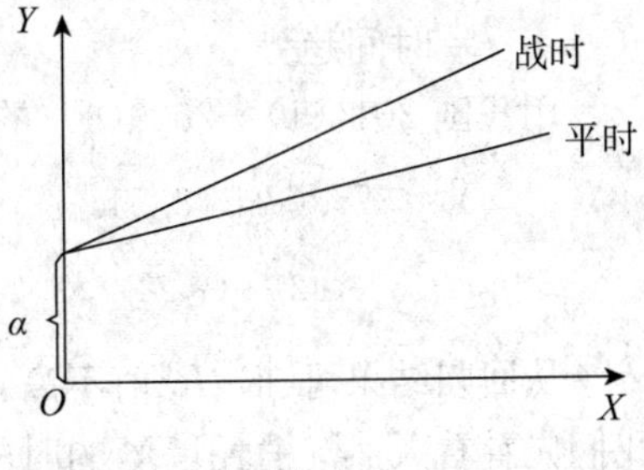

图 4－2

2. 斜率变动

如果我们认为在战时和平时的消费函数中，截距项不变，而斜率不同，即 β 变动，则可用下面的模型来研究两个时期边际消费倾向的差异：

$$Y=\alpha+(\beta_1+\beta_2 D)X+u$$

即

$$Y=\alpha+\beta_1 X+\beta_2 DX+u$$

式中，$D=\begin{cases}0，战时\\1，平时\end{cases}$。

不难看出，上式相当于下列两式：

$$Y=\alpha+\beta_1 X+u$$

$$Y=\alpha+(\beta_1+\beta_2)X+u$$

同样，在包括虚拟变量的模型中，β_2 是否显著可以表明斜率在两个时期是否变化。

3. 斜率和截距都变动

在这种情况下，模型可设为

$$Y=(\beta_1+\beta_2 D)+(\beta_3+\beta_4 D)X+u$$

即

$$Y=\beta_1+\beta_2 D+\beta_3 X+\beta_4(DX)+u$$

式中，$D=\begin{cases}0，战时\\1，平时\end{cases}$。

此式等价于下列两个单独的回归式：

战时：$Y=\beta_1+\beta_3 X+u$

平时：$Y=(\beta_1+\beta_2)+(\beta_3+\beta_4)X+u$

引入了虚拟变量的回归模型对于检验两个时期中是否发生结构性变化很方便。例如，上例相当于检验 H_0：$\beta_2=\beta_4=0$。当然，也可以分别作 t 检验 H_0：$\beta_2=0$ 和 H_0：$\beta_4=0$，只要其中至少有一个显著，就表明发生了结构性变化。

4. 季节虚拟变量的使用

许多变量展示出季节性变化（如商品零售额、电和天然气的消费等），我们在建立模型时应考虑这一点，这里有两种方法：

（1）在估计前对数据进行季节调整。

（2）采用虚拟变量将季节性差异反映在模型中。

例 4.8　我国天然气季度需求的季节性特征很明显，受采暖需求的拉动，第 1、4 季度天然气消耗量较高，第 2、3 季度消耗量相对较低。

设 Y＝我国天然气的消耗量（亿立方米）

t＝时间趋势

用我国 2014(1)—2020(4) 的季度数据，建立趋势模型，得到回归结果如下：

$$\hat{Y}=377.67+16.51t \qquad R^2=0.78$$

$$t：\ (13.42)\quad (9.74) \qquad \sum e_t^2=136\ 646.6$$

从回归结果可知，R^2 值不高，因为使用的是季度数据，有可能存在季节变化的问题，我们先看看天然气消耗量 Y 的时序图图 4-3。

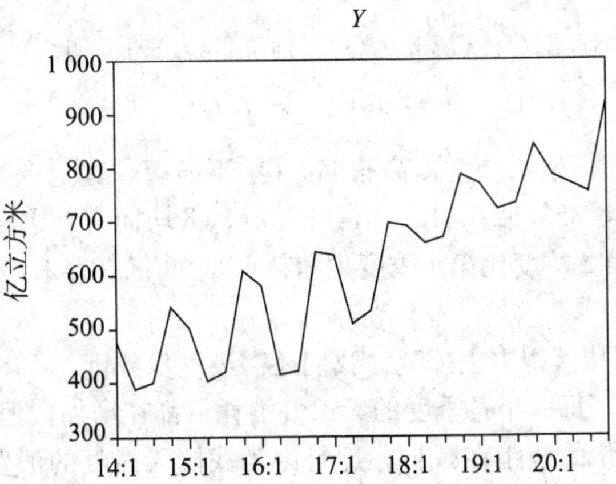

图 4-3　天然气消耗量

从图 4-3 可知，天然气消耗量存在明显的季节波动，第 1、4 季度消耗量大，2、3 季度消耗量小。因此，需要把季节因素引入模型，重新回归。由图 4-3 和样本数据可知，第 4 季度的天然气消耗量最大，故建立模型如下：

$$Y=\beta_0+\beta_1Q_1+\beta_2Q_2+\beta_3Q_3+\beta_4t+u\ (\beta_0>0,\ \beta_1<0,\ \beta_2<0,\ \beta_3<0,\ \beta_4>0)$$

其中，$Q_1=\begin{cases}1，第 1 季度\\0，其他季度\end{cases}$，$Q_2=\begin{cases}1，第 2 季度\\0，其他季度\end{cases}$，$Q_3=\begin{cases}1，第 3 季度\\0，其他季度\end{cases}$。

注意，我们仅用了 3 个虚拟变量就可表示 4 个季度的情况。

各季度的截距分别为：

第 1 季度：$\beta_0+\beta_1$

第 2 季度：$\beta_0+\beta_2$

第 3 季度：$\beta_0+\beta_3$

第 4 季度：β_0

以第 1 季度为例，第 1 季度与第 4 季度的截距项之差为 β_1，而 $\beta_1<0$，表明第 1 季度的天然气消耗量比第 4 季度的燃气消耗量少 β_1。

引入虚拟变量后，$\boldsymbol{X}$ 矩阵的样本值如下：

$$\boldsymbol{X}=\begin{pmatrix}1 & 1 & 0 & 0 & 1\\1 & 0 & 1 & 0 & 2\\1 & 0 & 0 & 1 & 3\\1 & 0 & 0 & 0 & 4\\1 & 1 & 0 & 0 & 5\\1 & 0 & 1 & 0 & 6\\1 & 0 & 0 & 1 & 7\\\vdots & \vdots & \vdots & \vdots & \vdots\\1 & 0 & 0 & 0 & 28\end{pmatrix}$$

估计加入季节虚拟变量的模型，结果如下：

$$\hat{Y}=459.71-37.21Q_1-136.09Q_2-143.26Q_3+16.31t \qquad \bar{R}^2=0.95$$
$$t:\ (23.18)\quad(-1.94)\quad(-7.13)\quad(-7.53)\quad(19.42)\qquad \sum e_t^2=29\,087.0$$

从回归结果可知，模型拟合度提高很多，Q_1 不显著，其他变量都显著。四个季度的截距项分别为：422.5，323.62，316.45，459.71。平均而言，第 1 季度比第 4 季度少消耗 37.21 亿立方米，第 2 季度比第 4 季度少消耗 136.09 亿立方米，第 3 季度比第 4 季度少消耗 143.26 亿立方米。

那么 Q_1 是否需要从模型中去掉呢？我们还需进一步分析。

从图 4 - 3 可看出，每一年各季度的天然气消耗量都在增加，但第 2、3 季度的消耗量与第 1、4 季度的消耗量的差距在减少。这是因为我国天然气的消费包括城市燃气、工业用气、化工用气和发电用气，而城市燃气和工业用气是天然气消费的主力，占全国天然气消费量的 70%左右。我国从 2017 年开始进行大规模工业“煤改气”，工业生产并无明显的淡旺季区分，而取暖季需求旺盛会造成供应限制，一般在取暖季过后工业需求得到释放，因此天然气季度消费开始呈现“淡季不淡，旺季更旺”的特征。

为了在模型中体现“淡季不淡”的特点，我们尝试加入一个虚拟变量 D_1，设置如下：

$$D_1=\begin{cases}1, & t\geqslant 2018\\ 0, & t<2018\end{cases}$$

回归模型，结果如下：

$$\hat{Y}=496.43-44.09Q_1-180.32Q_2-179.34Q_3+92.50D_1\times Q_2+78.83D_1\times Q_3+14.02t$$
$$t:\ (32.49)\ (-3.24)\quad(-10.72)\quad(-10.83)\qquad(4.24)\qquad\qquad(3.61)\qquad\qquad(18.71)$$
$$\bar{R}^2=0.97 \qquad \sum e_t^2=13\,200.95$$

从模型回归结果可知，模型拟合度略有提升，变量皆显著。

2018 年以前，即 D_1 为 0，平均而言，第 1 季度比第 4 季度少消耗 44.09 亿立方米，第 2 季度比第 4 季度少消耗 180.32 亿立方米，第 3 季度比第 4 季度少消耗 179.34 亿立方米。

2018 年后，即 D_1 为 1，平均而言，第 1 季度比第 4 季度少消耗 44.09 亿立方米，第 2 季度比第 4 季度少消耗 87.82 亿立方米，第 3 季度比第 4 季度少消耗 100.51 亿立方米。

平均而言，2018 年前第 2 季度与第 4 季度的差距比 2018 年后第 2 季度与第 4 季度的差距大 92.50 亿立方米。2018 年前第 3 季度与第 4 季度的差距比 2018 年后第 3 季度与第 4 季度的差距大 78.83 亿立方米。可见模型很好地反映了 2018 年以后“淡季不淡”的特点。

5. 虚拟变量陷阱

我们在上一段中用三个虚拟变量表示四个季度的情况。能不能用四个虚拟变量来区分四个季度呢？答案是绝对不行。因为这将在 $\boldsymbol{X}$ 矩阵中增加一列（虚拟变量 Q_4 的观测值列），第 4 季度为 1，其他季度为 0。不难看出，在这种情况下，四个虚拟变量在 $\boldsymbol{X}$ 矩阵中的观测值列相加，就得到一个所有元素都为 1 的列向量，与 $\boldsymbol{X}$ 矩阵中第一列（截距项列）

完全相同，表明 $\boldsymbol{X}$ 矩阵各列线性相关，矩阵的秩小于$k+1$，不满足假设条件 A4，OLS 估计无法进行。这就是所谓的“虚拟变量陷阱”（dummy variable trap）。

因此，在回归方程含有常数项的情况下，若定性变量有 m 个类别，则仅需引入（$m-1$）个虚拟变量。如果引入 m 个虚拟变量，则会画蛇添足，陷入虚拟变量陷阱。

第七节　非线性关系的处理

迄今为止，我们已解决了线性模型的估计问题。但在实际问题中，变量间的关系并非总是线性关系，经济变量间的非线性关系比比皆是。如大家所熟悉的柯布-道格拉斯生产函数：

$$Q=AK^{\alpha}L^{\beta}$$

就是一例。

在这样一些非线性关系中，有些可以通过代数变换化为线性关系来处理，另一些则不能。下面我们通过一些例子来讨论这个问题。

一、线性模型的含义

线性模型的基本形式是：

$$Y=\beta_0+\beta_1X_1+\beta_2X_2+\cdots$$

其特点是可以写成每一个解释变量和一个系数相乘的形式。

线性模型的线性有两重含义：

（1）变量的线性。变量以其原型出现在模型中，而不是以 X^2 或 X^{β} 之类的函数形式出现在模型中。

（2）参数的线性。因变量 Y 是各参数的线性函数。

对于线性回归分析，只有第二种类型的线性才是重要的，因为变量的非线性可通过适当的重新定义（即变量替换）来解决。而参数的非线性则是一个严重得多的问题，因为它不能仅凭重新定义来处理；不过，如果模型的右端有一系列 X^{β} 或 $e^{\beta X}$ 项相乘，并且扰动项也是乘积形式的，则该模型可通过两边取对数线性化。下面介绍几种有用的可线性化的非线性模型。

二、可线性化的非线性模型

1. 多项式回归模型

多项式回归模型通常用于描述生产成本函数，其一般形式为：

$$Y_i=\beta_0+\beta_1X_i+\beta_2X_i^2+\cdots++\beta_PX_i^P++u_i$$

其中，Y 表示总成本，X 表示产出，P 为多项式的次数，一般不超过四次。

在多项式回归模型中，解释变量 X 以不同幂次出现在方程的右端。这类模型仅存在变量非线性，因而很容易线性化，只需定义 $Z_1=X_i$，$Z_2=X_i^2$，…，$Z_P=X_i^P$，原模型可重新写为：

$$Y_i=\beta_0+\beta_1 Z_1+\beta_2 Z_2+\cdots++\beta_P Z_P+u_i$$

此方程的变量和参数都是线性的，可用 OLS 法估计模型。如果原方程的扰动项满足高斯-马尔可夫定理的条件，那么重新表示的方程的扰动项也将满足该条件。

2. 双曲函数模型

双曲函数模型的形式为：

$$Y_t=\beta_0+\beta_1\left(\frac{1}{X_t}\right)+u_t$$

不难看出，这是一个仅存在变量非线性的模型，很容易用重新定义的方法将其线性化。

双曲函数模型的特点是，当 X 趋向无穷时，Y 趋向 β_0，反映到图上，就是当 X 趋向无穷时，Y 将无限靠近其渐近线（$Y=\beta_0$）。

双曲函数模型通常用于描述著名的恩格尔曲线和菲利普斯曲线。

3. 对数模型

（1）双对数模型。

以需求函数为例：

$$Y=\alpha X^{\beta}P^{\gamma}\upsilon$$

式中，Y 为对某商品的需求，X 为收入，P 为相对价格指数，υ 为扰动项。两边取自然对数，该式可转换为：

$$\ln Y=\ln\alpha+\beta\ln X+\gamma\ln P+\ln\upsilon$$

用 X，Y，P 的数据，我们可得到 $\ln X$、$\ln Y$ 和 $\ln P$，从而可以用 OLS 法估计上式。$\ln X$ 的系数是 β 的估计值，经济含义是需求的收入弹性；$\ln P$ 的系数是 γ 的估计值，经济含义是需求的价格弹性。

弹性（elasticity）是一变量变动 1%所引起的另一变量变动的百分比，其定义为：

$$\eta=\frac{\partial Y/Y}{\partial X/X}$$

本例中，需求的收入弹性是收入变化 1%而价格不变时所引起的商品需求量变动的百分比。需求的价格弹性是价格变化 1%而收入不变时所引起的商品需求量变动的百分比。

例 4.9 需求函数。

在本章第一节中，我们曾给出一个以我国城镇居民人均食品消费支出为因变量，以人均可支配收入和食品价格指数为解释变量的线性回归模型的例子。现用这三个变量的对数重新回归，得到如下结果（括号内的数字为标准误差）：

$$\ln\hat{C}=3.73+0.50\ln Y-0.17\ln P \qquad R^2=0.99$$
$$(0.286)\ (0.0136)\ (0.072)$$

回归结果表明，需求的收入弹性是 0.50，需求的价格弹性是−0.17，这两个系数都显著异于 0。

（2）半对数模型。

半对数模型指的是因变量和解释变量中一个为对数形式而另一个为线性形式的模型。因变量为对数形式的称为**对数—线性模型**（log-linear model）。解释变量为对数形式的称为**线性—对数模型**（linear-log model）。

①对数—线性模型。

其形式如下：

$$\ln Y_t = \beta_0 + \beta_1 X_t + u_t$$

在对数—线性模型中，斜率 β_1 的含义是 Y 的百分比变动，即解释变量 X 变动一个单位引起的因变量 Y 的百分比变动。这是因为，利用微分可以得出：

$$\beta_1 = \frac{\mathrm{d}\ln Y}{\mathrm{d}X} = \frac{1}{Y}\frac{\mathrm{d}Y}{\mathrm{d}X} = \frac{\mathrm{d}Y}{Y} \quad (\text{因 } \mathrm{d}X = 1)$$

这表明，斜率 β_1 度量的是解释变量 X 的单位变动所引起的因变量 Y 的相对变动。将此相对变动乘以 100，就得到 Y 的百分比变动，或者说得到 Y 的增长率。由于对数—线性模型中斜率系数有这一含义，因而也叫作增长模型（growth model）。增长模型通常用于测度所关心的经济变量（如 GDP）的增长率。例如，我们可以通过估计下面的半对数模型：

$$\ln(\mathrm{GDP}_t) = \beta_0 + \beta_1 t + u_t$$

得到一国 GDP 的年增长率的估计值，这里 t 为时间趋势变量。

例 4.10　能源消费增长模型。

本例收集了 1978—2020 年我国能源消费总量数据，对能源消费总量建立对数线性模型，测算能源消费的年均增长率。

首先，建立理论方程：

$$\ln(Energy_t) = \beta_0 + \beta_1 time + u_t$$

其中，$Energy_t$ = 能源消费总量（单位：万吨标煤）。

使用 EViews 软件估计模型，输出结果如表 4－1 所示。

表 4－1　能源消费增长率模型估计结果

Dependent Variable：LNENERGY
Method：Least Squares
Sample：1978—2020
Included observations：43

Variable	Coefficient	Std. Error	t-Statistic	Prob.
C	10.827 04	0.029 221	370.528 2	0.000 0
time	0.057 498	0.001 198	47.998 34	0.000 0
R-squared	0.982 515	Mean dependent var		12.034 51
Adjusted R-squared	0.982 088	S.D. dependent var		0.728 378

S. E. of regression	0.097 482	Akaike info criterion	−1.772 902
Sum squared resid	0.389 613	Schwarz criterion	−1.690 985
Log likelihood	40.117 39	Hannan-Quinn criter.	−1.742 694
F-statistic	2 303.840	Durbin-Watson stat	0.136 028
Prob（F-statistic）	0.000 000		

估计的回归方程为：

$$\ln(\widehat{Energy_t})=10.827+0.057\,5time \qquad R^2=0.983$$

$$\text{Se：} \qquad (0.029\,2)\ (0.001\,2)$$

拟合优度$R^2=0.983$，表明模型的线性拟合效果很好，并且斜率系数显著。

根据对数—线性回归模型中斜率系数的含义，可得 1978—2020 年我国能源消费的年增长率平均约为 5.75%。

②线性—对数模型。

线性—对数模型的形式如下：

$$Y_t=\beta_0+\beta_1\ln X_t+u_t$$

与前面类似，我们可用微分得到

$$\frac{\mathrm{d}Y}{\mathrm{d}X}=\beta_1\left(\frac{1}{X}\right)$$

因此

$$\beta_1=X\cdot\frac{\mathrm{d}Y}{\mathrm{d}X}=\frac{\mathrm{d}Y}{\mathrm{d}X/X}$$

这表明

$$\beta_1=\frac{Y\text{ 的绝对变动}}{X\text{ 的相对变动}}=\frac{\Delta Y}{\Delta X/X}$$

上式可改写为

$$\Delta Y=\beta_1\left(\frac{\Delta X}{X}\right)$$

上式表明，Y 的绝对变动量等于β_1乘以 X 的相对变动量。若将后者乘以 100，则上式给出了 X 的百分比变动所引起的 Y 的变动量。也就是说，如果 $\Delta X/X$ 变动 0.01 单位（或者 1%），Y 的绝对变动是 $0.01\beta_1$。因此，线性—对数模型通常用于研究解释变量每变动 1%引起的因变量的绝对变动量是多少这类问题。当然，以对数形式出现的解释变量可以不止一个，每一个“斜率”系数（称为偏斜率系数）度量了在其他变量保持不变的条件下，相应的解释变量变动 1%引起的因变量的变动（绝对变动量）。

例 4.11 如果我们想测算国民经济增长速度每变动 1%对能源需求的增长的影响，则可建立线性—对数模型。本例收集 2000—2020 年我国能源消费总量和实际 GDP 数据（见表 4-2），建立模型如下。

LGDPR	208.112 2	3.691 207	56.380 52	0.000 0

R-squared	0.994 058	Mean dependent var	342.828 0
Adjusted R-squared	0.993 746	S.D. dependent var	113.972 4
S.E. of regression	9.013 459	Akaike info criterion	7.325 708
Sum squared resid	1 543.606	Schwarz criterion	7.425 186
Log likelihood	−74.919 93	Hannan-Quinn criter.	7.347 297
F-statistic	3 178.763	Durbin-Watson stat	0.484 884
Prob（F-statistic）	0.000 000		

估计的回归方程为：

$$\widehat{Energy_t} = -1\ 980.53 + 208.11\ lgdpr_t \qquad R^2 = 0.994$$
$$\text{Se:} \quad (41.26) \qquad (3.69)$$

拟合优度$R^2=0.994$，表明模型的拟合效果很好。

对斜率系数进行显著性 t 检验：

$$H_0: \beta_1 = 0, \ H_1: \beta_1 \neq 0$$

检验统计量为：$t=\dfrac{208.11}{3.69}\approx 56.4$，查 t 值表，得临界值$t_{0.025}(19)=2.093$，$t=56.4>2.093$，故拒绝原假设，即斜率系数显著非零。

根据线性—对数回归模型中斜率系数的含义，我国 GDP 每增长 1%，能源消费平均增长约 2.081 1 千万吨标煤。

三、非线性回归

上面讨论了将非线性模型转换为线性模型的方法，对于仅有变量非线性的模型，只要将模型中的非线性变量重新定义即可，而对于存在参数非线性的模型，除了很小一部分能通过方程两端取对数线性化外，大多数都无法线性化。我们通过下面的两个例子说明之。

例 4.12 货币需求量与利率之间的关系为

$$M = a(r-2)^b$$

式中，变量非线性和参数非线性并存（见图 4-4）。

对此方程采用对数变换，有

$$\ln M = \ln a + b\ln(r-2)$$

令 $Y=\ln M$，$X=\ln(r-2)$，$\beta_1=\ln a$，$\beta_2=b$，则变换后的模型为

$$Y_t = \beta_1 + \beta_2 X_t + u_t$$

将 OLS 法应用于此模型，可求得 β_1 和 β_2 的估计值 $\hat{\beta}_1$，$\hat{\beta}_2$，从而可通过下列两式求出 a 和 b 的估计值：

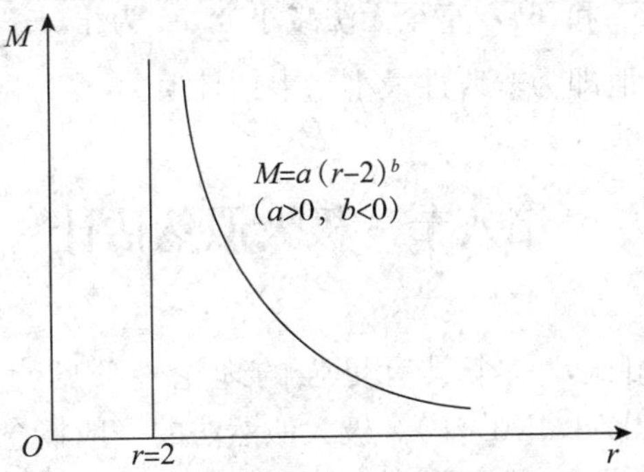

图 4-4

$$\ln\hat{a} = \hat{\beta}_1$$

$$\hat{b} = \hat{\beta}_2$$

应当指出，在这种情况下，线性模型估计量的性质（如 BLUE、正态性等）只适用于变换后的参数估计量 $\hat{\beta}_1$ 和 $\hat{\beta}_2$，而不一定适用于原模型参数的估计量 $\hat{a}$ 和 $\hat{b}$。

例 4.13　上例在确定货币需求量的关系式时，实际上在模型中加入了一个约束条件。根据理论假设，在某一利率水平上，货币需求量在理论上是无穷大，上例中假定这个利率水平为 2%。假如不给定这一约束条件，而是从给定的数据中估计该利率水平的值，则模型变为

$$M = a(r-c)^b$$

式中，a，b，c 均为参数。仍采用对数变换，得到

$$\ln M_t = \ln a + b\ln(r_t - c) + u_t, \quad t = 1, 2, \cdots, n$$

现在的问题是，我们无法将 $\ln(r_t - c)$ 定义为一个可观测的变量 X，因为这里有一个未知量 c。也就是说，此模型无法线性化。在这种情况下，只能用估计非线性模型参数值的方法。

模型 $Y = a(X-c)^b$ 是一个非线性模型，a，b 和 c 是要估计的参数。此模型无法用取对数的方法线性化，只能用非线性回归技术进行估计，如非线性最小二乘法（NLS 法），该方法的原则仍然是残差平方和最小。计量经济软件包通常提供这类方法，这里给出 NLS 法的有关步骤。

(1) 首先给出各参数的初始估计值（合理猜测值）。

(2) 用这些参数值和 X 的观测值计算 Y 的预测值（拟合值）$\hat{Y}$。

(3) 计算各期残差，然后计算残差平方和 $\sum e^2$。

(4) 对一个或多个参数的估计值作微小变动。

(5) 计算新的 Y 预测值 $\hat{Y}$、残差平方和 $\sum e^2$。

(6) 若新的 $\sum e^2$ 小于原来的 $\sum e^2$，说明新的参数估计值优于原来的估计值，则以它们作为新起点。

（7）重复步骤（4）、（5）和（6），直至无法减小$\sum e^2$为止。

（8）最后的参数估计值即为非线性最小二乘估计值。

*第八节　极大似然估计

与普通最小二乘法相比，一个具有更强的理论性质的点估计方法是**极大似然法**（maximum likelihood method，ML法）。极大似然法的一般概念是，设$f(x, \theta)$是随机变量X的概率密度函数，若有一随机样本X_1，X_2，…，X_N，则θ的极大似然估计值是具有产生该观测样本的最高概率的那个θ值，换句话说，θ的极大似然估计值是使密度函数$f(x, \theta)$达到最大的θ值。下面我们通过一个例子来进一步说明极大似然法的概念。

一、似然的概念

一个样本发生的概率称为该样本的似然。例如，抛一枚不均匀的硬币10次，得到4次正面。根据二项分布，我们有

$$P(X=4)=C_{10}^{4}p^{4}(1-p)^{6}$$

其中：X＝出现正面的次数；

p＝一次抛掷中出现正面的概率，即P(正面)。

根据似然的定义，$P(X=4)$是当P(正面)$=p$时，$X=4$的似然。我们有

$p=0.1$，$P(X=4)=0.011$

$p=0.3$，$P(X=4)=0.200$

$p=0.4$，$P(X=4)=0.251$

$p=0.5$，$P(X=4)=0.205$

$p=0.8$，$P(X=4)=0.006$

由于p是未知的，我们可以通过选择一个值$\tilde{p}$来估计它，这个值$\tilde{p}$使似然最大，或者说，这个值$\tilde{p}$给出该样本结果的可能性最大。

我们可以通过下面两种方法求得$\tilde{p}$。

1. 迭代法

试不同的值，找出使似然最大的值。在本例中，由于$p=0.4$时$P(X=4)=0.251$为最大，即这个值最有可能给出10次抛掷中出现4次正面的结果，因此$\tilde{p}=0.4$。

2. 计算法

设

$$L=C_{10}^{4}p^{4}(1-p)^{6}$$

令$\frac{\mathrm{d}L}{\mathrm{d}p}=0$，求使得$L$达到最大的$p$值。计算结果$\tilde{p}=0.4$。

二、正态分布参数的极大似然估计

给定一个取自正态分布的随机样本 X_1，X_2，…，X_n，我们希望估计总体均值 μ 和总体方差 σ^2。我们有：

$$f(x_i)=\frac{1}{\sigma\sqrt{2\pi}}\mathrm{e}^{-\frac{(x_i-\mu)^2}{2\sigma^2}}$$

该样本的似然为

$$\begin{aligned}L&=f(\text{样本值为 }X_1，X_2，\cdots，X_n)\\&=f(X_1)f(X_2)\cdots f(X_n)\\&=\left(\frac{1}{\sigma\sqrt{2\pi}}\mathrm{e}^{-\frac{(X_1-\mu)^2}{2\sigma^2}}\right)\left(\frac{1}{\sigma\sqrt{2\pi}}\mathrm{e}^{-\frac{(X_2-\mu)^2}{2\sigma^2}}\right)\cdots\left(\frac{1}{\sigma\sqrt{2\pi}}\mathrm{e}^{-\frac{(X_n-\mu)^2}{2\sigma^2}}\right)\\&=\left(\frac{1}{\sigma\sqrt{2\pi}}\right)^n\exp\left\{\frac{-\sum(X_i-\mu)^2}{2\sigma^2}\right\}\end{aligned}$$

令

$$\frac{\partial\ \ln L}{\partial\ \sigma^2}=0$$

$$\frac{\partial\ \ln L}{\partial\ \mu}=0$$

可求得：

$$\tilde{\mu}=\frac{\sum X_i}{n}=\overline{X}$$

$$\tilde{\sigma}^2=\frac{\sum(X_i-\overline{X})^2}{n}$$

我们有

$$E(\tilde{\mu})=\mu$$

而

$$E(\tilde{\sigma}^2)=\frac{(n-1)\sigma^2}{n}=\sigma^2-\frac{\sigma^2}{n}$$

这表明 $\tilde{\mu}$ 是 μ 的无偏估计量，而 $\tilde{\sigma}^2$ 是 σ^2 的有偏估计量。

三、双变量线性回归模型的极大似然估计

模型：$Y_t=\alpha+\beta X_t+u_t$

假设（与最小二乘法相同）：

$$E(u_t)=0$$

$$E(u_t^2)=\sigma^2$$

$$E(u_iu_j)=0,\ i\neq j$$

X_t 为非随机的，u_t 服从正态分布。

由假设我们有：

$Y_t \sim N(\alpha+\beta X_t,\ \sigma^2)$，因而

$$p(Y_t)=\frac{1}{\sigma\sqrt{2\pi}}e^{-\frac{(Y_t-\alpha-\beta X_t)^2}{2\sigma^2}}$$

故对于 Y_1，Y_2，…，Y_n，有

$$\begin{aligned}L&=p(Y_1)p(Y_2)\cdots p(Y_n)\\&=\left(\frac{1}{\sigma\sqrt{2\pi}}\right)^n e^{\frac{-\sum(Y_t-\alpha-\beta X_t)^2}{2\sigma^2}}\end{aligned}$$

当 L 被看作是参数（α，β，σ^2）的函数时，称为**似然函数**，表示为 $L(\alpha,\ \beta,\ \sigma^2)$，极大似然法要求我们选择使似然函数达到最大的参数估计值。在很多情况下，极大化似然函数的对数要比极大化似然函数本身方便一些，并且结果相同，因为二者在相同的点获得最大值，因此我们写出 $L(\alpha,\ \beta,\ \sigma^2)$ 的对数：

$$\ln L=-\frac{n}{2}\ln(2\pi)-\frac{n}{2}\ln(\sigma^2)-\frac{\sum(Y_t-\alpha-\beta X_t)^2}{2\sigma^2}$$

令 $\dfrac{\partial\ln L}{\partial\alpha}=0$，$\dfrac{\partial\ln L}{\partial\beta}=0$，$\dfrac{\partial\ln L}{\partial(\sigma^2)}=0$，得：

$$\sum Y_t=n\tilde{\alpha}+\tilde{\beta}\sum X_t$$

$$\sum X_tY_t=\tilde{\alpha}\sum X_t+\tilde{\beta}\sum X_t^2$$

$$\tilde{\sigma}^2=\frac{\sum(Y_t-\tilde{\alpha}-\tilde{\beta}X_t)^2}{n}$$

不难看出，前两式与用普通最小二乘法得出的正规方程相同，故 $\tilde{\alpha}=\hat{\alpha}$，$\tilde{\beta}=\hat{\beta}$。

但最后一式表明，σ^2 的极大似然估计量与最小二乘估计量不同，我们记得最小二乘估计量 $\hat{\sigma}^2=\dfrac{\sum e_t^2}{n-2}=\dfrac{\sum(Y_t-\hat{\alpha}-\hat{\beta}X_t)^2}{n-2}$ 是一个无偏估计量。而

$$E(\tilde{\sigma}^2)=E\left(\frac{\sum e_t^2}{n}\right)=\frac{(n-2)\sigma^2}{n}=\sigma^2-\frac{2\sigma^2}{n}$$

这表明 $\tilde{\sigma}^2=\dfrac{\sum(Y_t-\tilde{\alpha}-\tilde{\beta}X_t)^2}{n}$ 是一个有偏估计量。

不难看出，当样本容量趋向无穷时，

$$\sigma^2-\frac{2\sigma^2}{n}\longrightarrow\sigma^2$$

即 $\tilde{\sigma}^2$ 是一个渐近无偏估计量。

四、极大似然估计量的性质

（1）从上面的分析可看出，在小样本情况下，ML 估计量不一定是无偏的（如 $\tilde{\sigma}^2$），但在大样本情况下，具有渐近无偏性。

（2）可以证明，ML 估计量是一致估计量。

（3）可以证明，在大样本情况下，ML 估计量服从正态分布，且为最有效的估计量，即对于任何无偏估计量 θ^*，有

$$\lim_{n\to\infty}\left(\frac{\mathrm{Var}(\tilde{\theta})}{\mathrm{Var}(\theta^*)}\right)\leqslant 1$$

由此可得出如下结论：在大样本情况下，ML 估计量比 OLS 估计量更有效。

我们在本课程中有关极大似然法的介绍仅限于此，原因是：

（1）在 u_t 服从正态分布的假设下，回归系数的 ML 估计量和 OLS 估计量完全相同，对于简单回归和多元回归均是如此。

（2）在小样本情况下，σ^2 的 ML 估计量有偏，而 OLS 估计量无偏。

（3）加上 u_t 服从正态分布的假设后，最小二乘法为我们提供了线性回归模型的估计和假设检验必需的全部工具，因此不必再使用相对来说比较复杂的极大似然法。

但极大似然法毕竟是一种重要的估计方法，并且后面各章内容多处涉及，因此对极大似然法的概念做上述简单介绍。

五、似然比检验、瓦尔德检验和拉格朗日乘数检验

似然比检验（likelihood ratio test，LR 检验）、瓦尔德检验（Wald test，W 检验）和拉格朗日乘数检验（Lagrange multiplier test，LM 检验）是三种基于极大似然法的大样本检验方法。

我们在第五节中介绍的 F 检验适用于检验 CLR 模型的线性约束条件。如果施加于模型的约束是非线性的，模型存在参数非线性，或者扰动项的分布不是正态的，在这些情况下，F 检验就不再适用，通常需要采用 LR、W 和 LM 这三个检验方法中的一个来检验约束条件是否成立。这三个检验方法是渐近等价的，与这些检验相联系的统计量的小样本分布是未知的，但它们每一个都渐近地服从自由度为约束条件个数的 χ^2 分布。

1. 三种检验所依据原理的直观解释

这三个检验统计量基于三个不同的原理，我们用图 4－5 来解释。

在图 4－5 中，对数似然函数（$\ln L$）由上面的那条曲线表示，它是要估计的参数 β 的函数。β^{MLE}是使 $\ln L$ 达到极大的 β 值。假设要检验的约束条件是 $g(\beta)=0$，这一条件在 β_R^{MLE} 处得到满足，从图上看，这个点是函数 $g(\beta)$与横轴 β 的交点。

下面对这三个检验所依据的原理做出解释。

LR 检验： 如果约束条件为真，则在施加约束条件的情况下，$\ln L$ 的极大值 $\ln L_R$ 不应当显著小于 $\ln L$ 的无约束极大值 $\ln L_{\max}$。因此，LR 检验要检验的是（$\ln L_{\max}-\ln L_R$）是否显著异于 0。

W 检验： 如果约束条件 $g(\beta)=0$为真，则 $g(\beta^{MLE})$ 不应当显著异于 0，其中 β^{MLE}是 β 的无约束极大似然估计值。因此，W 检验要检验的是 $g(\beta^{MLE})$ 是否显著异于 0。

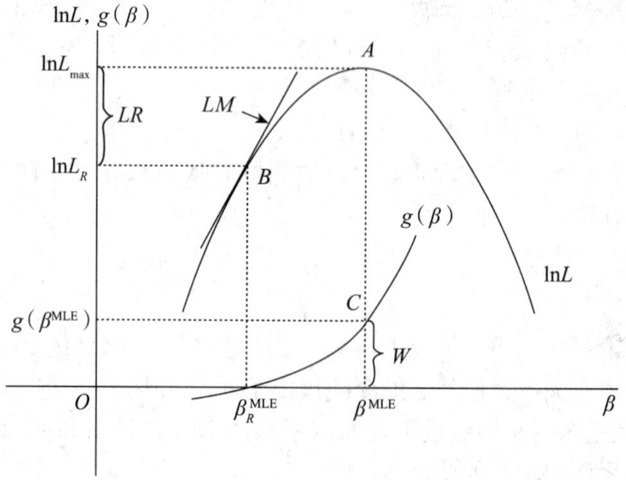

图 4－5 *LR*、*W*、*LM* 统计量的直观解释

LM 检验：对数似然函数 lnL 在 A 点达到极大，在该点处 lnL 关于 β 的斜率为 0。如果约束条件为真，则 lnL 在 B 点的斜率不应当显著异于 0。LM 检验要检验的是用约束估计值 β_R^{MLE} 计算的 lnL 的斜率是否显著异于 0。

2. 三种检验方法概要

这三种大样本检验法涉及对极大似然法的深入讨论和较高深的数学推导，对它们的详细介绍超出了本书的范围，这里仅作简单介绍。

设 θ 表示模型中的参数集（如双变量线性模型中，θ 由三个参数 α、β 和 σ^2 组成），$L(\theta)$为似然函数，$\hat{\theta}$ 表示无约束极大似然估计值（unrestricted MLE），$\tilde{\theta}$ 表示有约束极大似然估计值（restricted MLE）。W 检验仅用 $\hat{\theta}$，LM 检验仅用 $\tilde{\theta}$，LR 检验二者都要用。也就是说，LR 检验既需要对无约束方程又需要对有约束方程进行极大似然估计，W 检验仅需对无约束方程进行极大似然估计，LM 检验仅需对有约束方程进行极大似然估计。在很多情况下，计算有约束极大似然估计值较容易，因为方程相对简单。这也是 LM 检验法非常流行的原因。

（1）LM 检验和 W 检验。

令 $$S(\theta)=\frac{\partial \ln L}{\partial \theta},\ I(\theta)=E\left[-\frac{\partial^2 \ln L}{\partial \theta^2}\right]$$

我们有：$E[S(\theta)]=0$，$\mathrm{Var}[S(\theta)]=I(\theta)$，并且，若 $\hat{\theta}$ 是极大似然估计值（MLE），则$S(\hat{\theta})=0$。

LM 检验的逻辑是，如果原假设关于 θ 的某些约束条件成立，则对于有约束极大似然估计值 $\tilde{\theta}$，应该有 $S(\tilde{\theta})\approx 0$。同时还有 $I(\theta)\approx I(\tilde{\theta})$，因此 LM 检验统计量为

$$T_S: S(\tilde{\theta})'[I(\tilde{\theta})]^{-1}S(\tilde{\theta})\sim\chi_k^2$$

其中 k 为约束的数目。LM 检验有几种形式，取决于 $I(\tilde{\theta})$被如何估计。如果 $\tilde{\theta}$ 显著不同于 $\hat{\theta}$，或者原假设不成立，则 T_S 将显著异于 0。

W 检验则使用无约束极大似然估计值 $\hat{\theta}$ 的协方差矩阵$[I(\tilde{\theta})]^{-1}$来构造原假设的检验。

(2) LR 检验。

LR 检验法的思路与本节前面讨论的联合假设检验一样，分别进行无约束回归和有约束回归，算出无约束和有约束情况下 $L(\theta)$ 的最大值，然后计算比率

$$\lambda=\frac{\text{有约束条件下 } L(\theta) \text{ 的最大值}}{\text{无约束条件下 } L(\theta) \text{ 的最大值}}$$

由于约束条件下 $L(\theta)$ 的最大值小于无约束条件下 $L(\theta)$ 的最大值，因而 λ 必然小于 1。如果约束条件（原假设）不成立，则 λ 将显著小于 1；如果约束条件（原假设）成立，则 λ 将接近于 1。

LR 检验使用的检验统计量为 $-2\ln\lambda$，该检验统计量服从自由度为 k 的 χ^2 分布，k 为约束的数目。

(3) 用于检验线性约束的 LR、W 和 LM 检验的统计量。

对于线性约束的检验，似然比检验统计量为

$$LR=n\ln\left(\frac{RRSS}{URSS}\right)$$

其中，$RRSS$＝有约束残差平方和；

　　$URSS$＝无约束残差平方和；

　　n＝观测值个数。

LR 服从自由度为 k 的 χ^2 分布，k 为约束的数目。

W 检验和 LM 检验用于线性约束检验的统计量分别为

$$W=\frac{RRSS-URSS}{URSS/n}$$

$$LM=\frac{RRSS-URSS}{RRSS/n}$$

W 和 LM 也都服从自由度为 k 的 χ^2 分布，k 为约束的数目。

可以证明，这三个检验统计量之间存在下面的关系：

$$W\geqslant LR\geqslant LM$$

这三个大样本检验方法用于双变量线性模型中检验原假设 $\beta=0$ 的检验统计量为

$$LR=n\ln\left(\frac{1}{1-R^2}\right)$$

$$W=\frac{nR^2}{1-R^2}$$

$$LM=nR^2$$

这三者都服从自由度为 1 的 χ^2 分布。

3. 实践中三种检验法的选择问题

当面临具有相同渐近性质的几种统计量时，计量经济学家通常根据它们的小样本性质进行选择。然而实践中在 LR、W 和 LM 检验法的选择上，计算成本往往起着关键作用。

计算 LR 统计量时 θ 的约束和无约束估计值都要计算，如果二者都不难计算，则 LR 检验是三种检验中最具吸引力的，因为尽管要多做一次回归，但 LR 统计量的计算要比其他两种简单得多。

计算 W 统计量时仅需要无约束估计值。如果约束估计值的计算很困难，而无约束估计值的计算不困难，如约束条件是非线性的情况，则 W 统计量应成为首选。

计算 LM 统计量时仅需约束估计值。若约束估计值的计算比较容易，而无约束估计值的计算很困难（例如施加约束后使非线性模型转换成线性模型的情况），则 LM 统计量应成为首选。

小　结

本章将双变量线性回归模型的结果推广到了多元线性回归模型的一般情形。

一、多元线性回归模型的估计

多元线性回归模型的矩阵形式为

$$\boldsymbol{Y}=\boldsymbol{X\beta}+\boldsymbol{u}$$

若满足以下四个假设条件：

(1) $E(\boldsymbol{u})=\boldsymbol{0}$,

(2) $E(\boldsymbol{uu}')=\sigma^2\boldsymbol{I}_n$,

(3) $\boldsymbol{X}$ 是一个非随机元素矩阵,

(4) $\text{rank}(\boldsymbol{X})=k+1<n$,

则 OLS 估计量

$$\hat{\boldsymbol{\beta}}=(\boldsymbol{X}'\boldsymbol{X})^{-1}\boldsymbol{X}'\boldsymbol{Y}$$

为最佳线性无偏估计量（BLUE）。其方差—协方差矩阵为

$$\text{Var-Cov}(\hat{\boldsymbol{\beta}})=(\boldsymbol{X}'\boldsymbol{X})^{-1}\sigma^2$$

该矩阵主对角线元素为诸 $\hat{\beta}_j$ 的方差。

二、拟合优度

多元线性回归模型的决定系数为

$$R^2=1-\frac{\sum e^2}{\sum(Y-\overline{Y})^2}=\frac{\boldsymbol{Y}'\boldsymbol{X}\hat{\boldsymbol{\beta}}-n\overline{Y}^2}{\boldsymbol{Y}'\boldsymbol{Y}-n\overline{Y}^2}$$

由于当模型增加解释变量后，残差平方和的值会减小，为了使拟合优度的测度反映这一特点，可采用经过自由度调整的决定系数，即修正决定系数 $\overline{R}^2$：

$$\overline{R}^2=1-\frac{\sum e^2/(n-k-1)}{\sum(Y-\overline{Y})^2/(n-1)}=1-(1-R^2)\frac{n-1}{n-k-1}$$

三、非线性关系的处理

线性模型的含义包括变量的线性和参数的线性。对于仅存在变量非线性的模型，可采用重新定义的方法将模型线性化。对于存在参数非线性的模型，则仅有一部分可通过代数

变换（主要是取对数）的方法将模型线性化。对于那些无法线性化的模型，只能采用非线性估计技术（如 NLS 法）估计模型。

四、假设检验

检验解释变量的系数是否为零的假设检验称为系数的显著性检验，其实际上是检验所涉及的解释变量是否对因变量有影响。

检验单个系数 β_j 是否为零的统计量为

$$t=\frac{\hat{\beta}_j}{\sqrt{\operatorname{Var}(\hat{\beta}_j)}}\sim t(n-k-1)$$

式中，$\operatorname{Var}(\hat{\beta}_j)$ 为矩阵 $(\boldsymbol{X}'\boldsymbol{X})^{-1}\hat{\sigma}^2$ 的主对角线上的第 $j+1$ 个元素，而

$$\hat{\sigma}^2=\frac{\sum e_t^2}{n-k-1}=\frac{\boldsymbol{Y}'\boldsymbol{Y}-\boldsymbol{Y}'\boldsymbol{X}\hat{\boldsymbol{\beta}}}{n-k-1}$$

式中，n 和 k 分别为观测值的个数和解释变量的个数。

涉及几个参数的联合假设检验的统计量为

$$F=\frac{(S_R-S)/g}{S/(n-k-1)}\sim F(g,\ n-k-1)$$

式中，S_R 为有约束回归的残差平方和；S 为无约束回归（全回归）的残差平方和；g 是原假设中约束条件的个数（对于涉及几个参数的显著性检验，g 是原假设中零参数的个数）。

检验全部“斜率”系数均为零的统计量是

$$F=\frac{(S_R-S)/k}{S/(n-k-1)}=\frac{R^2/k}{(1-R^2)/(n-k-1)}$$

五、虚拟变量

我们应用虚拟变量的目的是将那些无法定量化的变量引入模型。这样，一些定性因素对因变量的影响（如不同时期、不同地区、不同季节、不同经济政策的影响等）可放在一个模型中予以考虑。

六、极大似然估计

极大似然法是一种具有更强理论性质的点估计方法。在大样本情况下，ML 估计量比 OLS 估计量更有效。LR、W、LM 检验是三种基于极大似然估计的大样本检验方法。

习　题

1. 某经济学家试图解释某一变量 Y 的变动。他收集了 Y 和 5 个可能的解释变量 X_1～X_5 的观测值（共 10 组），然后分别作三个回归，结果如下（括号中为 t 值）：

（1）$\hat{Y}_t = 51.5 + 3.21X_{1t} \qquad R^2=0.63$

$\quad(3.45) \quad (5.21)$

（2）$\hat{Y}_t = 33.43 + 3.67X_{1t} + 4.62X_{2t} + 1.21X_{3t} \qquad R^2=0.75$

$\quad(3.61) \quad (2.56) \quad (0.81) \quad (0.22)$

（3）$\hat{Y}_t = 23.21 + 3.82X_{1t} + 2.32X_{2t} + 0.82X_{3t} + 4.10X_{4t} + 1.21X_{5t} \qquad R^2=0.80$

$\quad(2.21) \quad (2.83) \quad (0.62) \quad (0.12) \quad (2.10) \quad (1.11)$

你认为应采用哪一个结果？为什么？

2. 为研究旅馆的投资问题，我们收集了某地 1987—1995 年的数据来估计收益生产函数 $R=AL^{\alpha}K^{\beta}e^{u}$，式中，$R$ 为旅馆年净收益（万元），L 为土地投入，K 为资金投入，e 为自然对数的底。设回归结果如下（括号内的数字为标准误差）：

$$\ln\hat{R} = -0.917\,5 + 0.273\ln L + 0.733\ln K \qquad R^2=0.94$$
$$(0.212) \qquad (0.135) \qquad (0.125)$$

（1）检验原假设：$\alpha=\beta=0$；

（2）分别检验 α 和 β 的显著性；

（3）请对回归结果作必要说明。

3. 我们有某地 1970—1987 年人均储蓄和人均收入的数据，用以研究 1970—1978 年和 1978 年以后储蓄和收入之间的关系是否发生显著变化。引入虚拟变量后，估计结果如下（括号内的数字为标准误差）：

$$\hat{Y} = -1.750\,2 + 1.483\,9D + 0.150\,4X_t - 0.103\,4D\cdot X_t \qquad R^2=0.942\,5$$
$$(0.331\,9) \qquad (0.470\,4) \qquad (0.016\,3) \quad (0.033\,2)$$

式中，Y 为人均储蓄；X 为人均收入；$D=\begin{cases}0, & 1970—1978\text{ 年}\\ 1, & 1979—1987\text{ 年}\end{cases}$。

请检验两时期是否有显著的结构性变化。

4. 说明下列模型中变量是否呈线性，系数是否呈线性，并将能线性化的模型线性化。

（1）$y=\beta_0+\beta_1\left(\dfrac{1}{x}\right)+\beta_2\left(\dfrac{1}{x^2}\right)+u$；（2）$y=\beta_0 x^{\beta_1}+u$；（3）$y=\dfrac{1}{1+e^{-(\beta_0+\beta_1 x+u)}}$。

5. 有学者根据某国 19 年的数据得到了下面的回归结果：

$$\hat{Y}_t = -58.9 + 0.20X_{1t} - 0.10X_{2t} \qquad R^2=0.96$$

Se：　　(0.009 2)(0.084)

其中，Y 为进口量（百万美元）；X_1 为个人消费支出（百万美元）；X_2 为进口价格/国内价格。

（1）解释截距项以及 X_1 和 X_2 系数的意义。

（2）Y 的总变差中被回归方程解释的部分和未被回归方程解释的部分各占多大比例？

（3）进行回归方程的显著性检验，并解释检验结果。

（4）对所有“斜率”系数进行显著性检验，并解释检验结果。

6. 由美国 46 个州 1992 年的数据，Baltagi 得到如下回归结果：

$$\widehat{\ln C} = 4.30 - 1.34\ln P + 0.17\ln Y \qquad \bar{R}^2=0.27$$

Se：(0.91) (0.32) 　(0.20)

表 4-2　　能源消费总量与 GDP

指标	能源消费总量（千万吨标煤）*Energy*	国内生产总值（不变价，单位：亿元，1978 年为基期）*GDPR*	GDP 的对数序列 *lgdpr*
2000	146.964 0	27 965.477 4	10.238 7
2001	155.547 0	30 297.773 2	10.318 8
2002	169.577 0	33 064.155 6	10.406 2
2003	197.083 0	36 382.343 0	10.501 8
2004	230.281 0	40 061.043 0	10.598 2
2005	261.369 4	44 626.309 7	10.706 1
2006	286.467 0	50 302.543 8	10.825 8
2007	311.442 0	57 461.294 0	10.958 9
2008	320.611 0	63 008.773 6	11.051 0
2009	336.126 0	68 931.480 6	11.140 9
2010	360.647 9	76 263.129 7	11.241 9
2011	387.043 2	83 546.955 7	11.333 2
2012	402.137 9	90 113.435 2	11.408 8
2013	416.913 1	97 114.001 3	11.483 6
2014	428.334 0	104 324.253 3	11.555 3
2015	434.112 8	111 670.617 2	11.623 3
2016	441.491 8	119 318.634 5	11.689 6
2017	455.826 9	127 606.745 6	11.756 7
2018	471.925 2	136 222.261 0	11.822 0
2019	487.488 0	144 326.437 1	11.879 8
2020	498.000 0	147 714.519 8	11.903 0

首先，建立理论方程：

$$Energy_t = \beta_0 + \beta_1 \ln(GDPR_t) + u_t$$

使用 EViews 软件估计模型，输出结果如表 4-3 所示。

表 4-3　　回归估计结果

Dependent Variable：ENERGY
Method：Least Squares
Sample：2000—2020
Included observations：21

Variable	Coefficient	Std. Error	t-Statistic	Prob.
C	−1 980.534	41.255 50	−48.006 54	0.000 0

其中，C 为香烟消费（包/（人·年））；P 为每包香烟的实际价格；Y 为人均实际可支配收入。

（1）香烟需求的价格弹性是多少？它是否统计上显著？若是，它是否统计上异于－1？

（2）香烟需求的收入弹性是多少？它是否统计上显著？若不显著，原因是什么？

（3）求出 R^2。

7. 有学者从 209 个公司的样本得到如下回归结果（括号中的数字为标准误差）：

$$\widehat{\ln(salary)}=4.32+0.280\ln(sales)+0.0174roe+0.00024ros \quad R^2=0.283$$
$$(0.32)\ (0.035) \qquad (0.0041) \qquad (0.00054)$$

其中，*salary* 为 CEO 的薪金；*sales* 为公司年销售额；*roe* 为股本收益率（%）；*ros* 为公司股票收益。

请分析回归结果。

8. 为了研究某国 1970—1992 年间的人口增长率，某研究小组估计了下列模型：

模型 1：$\widehat{\ln(Pop)}_t=4.73+0.024t$

t：　(781.25)　(54.71)

模型 2：$\widehat{\ln(Pop)}_t=4.77+0.015t-0.075D_t+0.011(D_t t)$

t：　(2 477.92)　(34.01)　(－17.03)　(25.54)

其中，Pop 为人口（百万人）；t 为趋势变量；$D=\begin{cases}1, & 1978\text{ 年及以后}\\0, & 1978\text{ 年以前}\end{cases}$。

（1）在模型 1 中，样本期该地的人口增长率是多少？

（2）人口增长率在 1978 年前后是否显著不同？如果不同，在 1970—1977 年和 1978—1992 年两个时期中，人口增长率各是多少？

9. 设回归方程为 $Y=\beta_0+\beta_1X_1+\beta_2X_2+\beta_3X_3+u$，试说明你将如何检验联合假设：$\beta_1=\beta_2$ 和 $\beta_3=1$。

10. 下列情况需引入几个虚拟变量？应如何表示？

（1）企业规模：大型企业、中型企业、小型企业。

（2）学历：小学、初中、高中、本科、研究生。

11. 为了研究中国农业总产值与农用机械总动力、化肥施用量、农作物总播种面积之间的关系，选 31 个省份 2003 年的数据资料，如下表所示：

地区	农业（亿元）（不包括林牧渔）	农用机械总动力（万千瓦）	化肥施用量（万吨）	农作物总播种面积（千公顷）
	y	x_1	x_2	x_3
北京	88.75	365.87	14.32	308.83
天津	88.20	601.66	17.80	501.46
河北	958.30	7 764.54	283.31	8 638.50
山西	249.45	1 928.21	89.91	3 707.95
内蒙古	335.96	1 616.61	93.19	5 752.75

续表

地区	农业（亿元）（不包括林牧渔）	农用机械总动力（万千瓦）	化肥施用量（万吨）	农作物总播种面积（千公顷）
	y	x_1	x_2	x_3
辽宁	497.33	1 542.33	112.62	3 719.13
吉林	438.34	1 230.56	122.26	4 716.75
黑龙江	502.93	1 807.74	125.70	9 802.67
上海	98.16	112.61	15.87	419.19
江苏	981.25	3 029.10	334.67	7 681.49
浙江	529.44	2 039.66	90.38	2 834.39
安徽	617.92	3 544.66	281.28	9 124.69
福建	466.75	951.91	120.29	2 518.92
江西	383.71	1 220.52	110.98	4 997.35
山东	1 599.32	8 336.70	432.65	10 885.28
河南	1 137.74	6 953.17	467.89	13 684.36
湖北	733.36	1 661.75	270.32	7 138.26
湖南	671.66	2 664.45	188.33	7 731.24
广东	851.72	1 788.80	199.61	4 883.39
广西	500.82	1 696.30	183.69	6 279.07
海南	152.71	221.62	33.92	906.74
重庆	270.12	695.67	71.60	3 365.81
四川	804.70	1 891.06	208.39	9 384.46
贵州	275.47	761.99	74.92	4 634.23
云南	433.91	1 542.91	129.22	5 756.00
西藏	25.27	181.19	3.19	233.66
陕西	334.35	1 228.08	142.73	4 055.78
甘肃	275.82	1 255.38	69.57	3 620.92
青海	29.74	292.43	6.85	466.80
宁夏	54.13	486.34	25.36	1 129.48
新疆	482.76	972.72	90.74	3 535.02

根据上表数据回归如下模型，并给出模型的标准格式：

$$Y_i=\beta_0+\beta_1 X_{1i}+\beta_2 X_{2i}+\beta_3 X_{3i}+u_i$$

附录：正定矩阵

1. 正定矩阵的定义

设 $\boldsymbol{A}$ 为 n 阶对称矩阵，若对除 $\boldsymbol{\chi}=\mathbf{0}$ 之外的所有 $n\times 1$ 向量 $\boldsymbol{\chi}$，都有 $\boldsymbol{\chi}'\boldsymbol{A}\boldsymbol{\chi}>0$，则称 $\boldsymbol{A}$ 为正定矩阵。

设 $\boldsymbol{A}$ 为 n 阶对称矩阵，若对所有 $n\times 1$ 向量 $\boldsymbol{\chi}$，都有 $\boldsymbol{\chi}'\boldsymbol{A}\boldsymbol{\chi}\geqslant 0$，则称 $\boldsymbol{A}$ 为半正定矩阵。

由上述定义，一个显然的事实是：如果一个矩阵是正定的或半正定的，则它是对称的。

2. 有关正定矩阵的一些有用的性质和推论

（1）若 $\boldsymbol{A}$ 为正定矩阵，则 $\boldsymbol{A}^{-1}$存在且正定；

（2）若 $\boldsymbol{X}$ 是一个 $n\times k$ 阶矩阵，且 $\text{rank}(\boldsymbol{X})=k$，则 $\boldsymbol{X}'\boldsymbol{X}$ 是正定的（因此也是满秩的）；

（3）正定矩阵的主对角线元素均为正数，半正定矩阵的主对角线元素均为非负数；

（4）若 $\boldsymbol{X}$ 是一个 $n\times k$ 阶矩阵，则 $\boldsymbol{X}'\boldsymbol{X}$ 和 $\boldsymbol{X}\boldsymbol{X}'$都是半正定的；

（5）一矩阵为正定矩阵的充分必要条件是其所有顺序主子式均大于零；

（6）对于任一止定矩阵 $\boldsymbol{A}$，存在一个满秩矩阵 $\boldsymbol{P}$，使得

$$\boldsymbol{A}=\boldsymbol{P}\boldsymbol{P}',\ \boldsymbol{A}^{-1}=(\boldsymbol{P}^{-1})'\boldsymbol{P}^{-1}$$

第五章

模型的建立与估计中的问题及对策

我们已学到了许多有用的计量经济分析方法，如建立模型、估计参数、假设检验、预测、非线性模型的线性化、用虚拟变量将定性因素引入模型等。可是，我们所使用的最小二乘法以及由此得到的 OLS 估计量令人满意的性质，是根据一组假设条件得到的。在实践中，如果某些假设条件不能满足，则 OLS 就不再适用于模型的估计。在这种情况下，分析方法就需要改变。下面列出实践中可能碰到的一些常见问题：**误设定**（misspecification 或 specification error）、**多重共线性**（multicollinearity）、**异方差性**（heteroskedasticity）、**自相关**（autocorrelation）、**随机解释变量**（stochastic explanatory variables）。本章将对上述问题作简要讨论，主要介绍问题的后果、检测方法和解决途径。

第一节　误设定

采用 OLS 法估计模型时，实际上有一个隐含的假设，即模型是正确设定的。这包括两方面的含义：函数形式正确和解释变量选择正确。在实践中，这个假设或许从来也不现实。我们可能犯下列三方面的错误：(1) 选择错误的函数形式；(2) 遗漏有关的解释变量；(3) 包括无关的解释变量，从而造成所谓的“误设定”问题。误设定亦称设定误差。

一、函数形式误设定

选择正确的函数形式是计量经济学家的任务，这是因为，经济理论通常不会告诉我们因变量和解释变量之间的具体函数形式是什么。解决这个问题，在很大程度上要靠计量经济工作者在实践中不断摸索。

如果函数形式选择错误，那么所建立的模型当然无法反映所研究现象的实际情况，后果是显而易见的。这类错误中比较常见的是有意或无意地将非线性关系作为线性关系处理，因为线性模型处理起来简单方便。可是，为了处理方便而建立不符合实际情况的模型，是得不偿失的。我们应当根据实际问题，选择正确的函数形式。我们在上一章第七节中给出了几种有用的函数形式的模型，包括双对数模型、半对数模型、双曲函数模型和多项式回归模型，可供读者在回归实践中选择。

在实践中，函数形式误设定还有可能是由因变量和解释变量之间关系的误设定造成的，包括以下两种情况。

(1) 当多元回归模型遗漏的关键解释变量恰好是模型中一个解释变量的函数时，就会发生函数形式误设定。我们通过一个例子来说明。假设雇员的工资（wage）由下式决定：

$$\ln(\text{wage})=\beta_0+\beta_1\text{educ}+\beta_2\text{exper}+\beta_3\text{exper}^2+u$$

其中，educ 是受教育年限，exper 为经验（工作年限）。若我们设定的模型中遗漏了经验的平方项（exper^2），就会造成函数形式误设定。

(2) 另一种函数形式误设定发生的情况是，在用变量自身还是该变量的对数的问题上出现错误。例如，如果正确的模型应该是用 ln(wage) 作为因变量，而我们在回归分析中用 wage 作为因变量，则这当然也是函数形式误设定。

函数形式误设定一般都会导致系数的 OLS 估计量有偏和不一致。

二、模型中遗漏有关解释变量

模型中遗漏了对因变量有显著影响的解释变量的后果是使模型参数的估计量不再是无偏估计量。下面用一个简单例子说明。

设正确模型为

$$Y=\beta_0+\beta_1X_1+\beta_2X_2+u \tag{5.1}$$

而实际估计的模型为

$$Y=\alpha_0+\alpha_1X_1+u \tag{5.2}$$

也就是说，我们忽略了 X_2，而 X_2 是一个对 Y 有影响的重要变量。

估计式 (5.2)，可得

$$\hat{\alpha}_1=\frac{\sum(X_1-\bar{X}_1)(Y-\bar{Y})}{\sum(X_1-\bar{X}_1)^2} \tag{5.3}$$

而由式 (5.1) 有

$$Y-\bar{Y}=\beta_1(X_1-\bar{X}_1)+\beta_2(X_2-\bar{X}_2)+(u-\bar{u}) \tag{5.4}$$

将式 (5.4) 代入式 (5.3)，得

$$\hat{\alpha}_1=\frac{\sum(X_1-\overline{X}_1)[\beta_1(X_1-\overline{X}_1)+\beta_2(X_2-\overline{X}_2)+(u-\overline{u})]}{\sum(X_1-\overline{X}_1)^2}$$

$$=\beta_1+\frac{\beta_2\sum(X_1-\overline{X}_1)(X_2-\overline{X}_2)}{\sum(X_1-\overline{X}_1)^2}+\frac{\sum(X_1-\overline{X}_1)(u-\overline{u})}{\sum(X_1-\overline{X}_1)^2}$$

取期望值，得

$$E(\hat{\alpha}_1)=\beta_1+\beta_2\cdot E\left[\frac{\sum(X_1-\overline{X}_1)(X_2-\overline{X}_2)}{\sum(X_1-\overline{X}_1)^2}\right]$$

$$+\frac{\sum(X_1-\overline{X}_1)E(u-\overline{u})}{\sum(X_1-\overline{X}_1)^2}$$

上式右边第三项等于零（为什么?），而第二项方括号中的内容可以看作回归方程 $X_2=\alpha+\beta X_1+u$ 中斜率系数 β 的估计量 $\hat{\beta}$ 。可以预期，X_1 和 X_2 之间存在一定程度的相关，从而第二项不等于零，故

$$E(\hat{\alpha}_1)\neq\beta_1$$

因此，$\hat{\alpha}_1$ 是真实参数 β_1 的一个有偏估计量。

结论：遗漏有关的解释变量将使参数估计量产生偏倚。

三、模型中包括无关的解释变量

当模型中包括无关的解释变量时，参数估计量仍无偏，但会增大估计量的方差，即增大误差。

设正确模型为

$$Y=\alpha_0+\alpha_1X_1+u \tag{5.5}$$

而实际估计的模型为

$$Y=\beta_0+\beta_1X_1+\beta_2X_2+u \tag{5.6}$$

也就是说，X_2 与 Y 无关，因而应有 $\beta_2=0$。

可以证明 $E(\hat{\beta}_1)=\alpha_1$，即 $\hat{\beta}_1$ 是真实参数 α_1 的无偏估计量。但是

$$\mathrm{Var}(\hat{\beta}_1)=\frac{\sigma^2}{(1-r_{12}^2)\sum(X_1-\overline{X}_1)^2}$$

（对于三变量模型，可推出此结果，推导过程从略，其中 r_{12} 是 X_1 和 X_2 的相关系数。）而

$$\mathrm{Var}(\hat{\alpha}_1)=\frac{\sigma^2}{\sum(X_1-\overline{X}_1)^2}$$

因而

$$\mathrm{Var}(\hat{\beta}_1)=\frac{\mathrm{Var}(\hat{\alpha}_1)}{1-r_{12}^2}$$

由于 r_{12} 一般不等于零，因此有

$$\mathrm{Var}(\hat{\beta}_1) > \mathrm{Var}(\hat{\alpha}_1)$$

结论：当模型中包括无关的解释变量时，参数估计量仍无偏，但会增大估计量的方差，即增大误差。

四、选择解释变量的四条原则

模型设定中的一般原则是尽量不漏掉有关的解释变量，因为估计量有偏比增大误差更严重。但如果方差很大，得到的无偏估计量也就没有多大意义了，因此也不宜随意增加解释变量。在回归实践中，有时对某个变量是否应该作为解释变量而被包括在方程中作出准确的判断确实不是一件容易的事，因为目前还没有行之有效的方法可供使用。尽管如此，但是仍有一些有助于我们进行判断的原则，它们是：

（1）理论。从理论上看，该变量是否应该作为解释变量被包括在方程中？

（2）t 检验。该变量的系数估计值是否显著？

（3）$\bar{R}^2$。该变量被加入方程后，$\bar{R}^2$ 是否增大？

（4）偏倚。该变量被加入方程后，其他变量的系数估计值是否显著变化？

如果对这四个问题的回答都是肯定的，则该变量应该被包括在方程中；如果对这四个问题的回答都是否定的，则该变量是无关变量，可以安全地从方程中删掉。这是两种容易决策的情形。一个典型的被遗漏的有关变量被加入方程通常会增大 $\bar{R}^2$ 并且改变其他系数估计值；一个无关变量被加入方程通常会减小 $\bar{R}^2$，其 t 值不显著，对于其他变量的系数估计值影响很小。

但根据以上原则进行判断并不总是这么简单。在很多情况下，这四条原则的判断结果会出现不一致。例如，有可能某个变量被加入方程后 $\bar{R}^2$ 增大，但该变量不显著。因此，当这四项用于判断一个变量是否应被加入回归方程的原则出现不一致的情况时，应当特别小心。在这种情况下，作出正确判断不是一件容易的事，但可以让事情变得容易一些，办法是将理论原则放在第一位，再多的统计证据也不能将一个理论上很重要的变量变成“无关”变量。

在选择变量的问题上，应当坚定不移地根据理论而不是满意的拟合结果来做决定，对于是否将一个变量包括在回归方程中的问题，理论是最重要的判断准则。如果不这样做，产生不正确结果的风险就很大。

* 五、模型的选择

我们在上面讨论了某个解释变量是否应包括在模型中的几条原则，最终的目标是设定一个正确的模型。实践中，要解决的一个问题是如何从大量潜在解释变量的集合中选择一个最合适的子集，以得到一个正确设定的模型。

20 世纪 60 年代后相当长的一段时间，人们使用逐步回归法来解决解释变量的选择问题，包括正向选择程序（forward selection procedure）、逆向选择程序（backward selection procedure）以及在每一步将二者结合在一起的程序。

这种由计算机机械挑选变量的做法如今已不流行了。尽管经济学家们未必有关于必须被包括在一个方程中的全部变量的准确想法，但他们对哪些变量非常重要，哪些变量有可能重要是心里有底的。在这种情况下，我们可以设定少量几个备选模型，然后从这些备选模型中选择一个。由于经济理论在这一步无法给我们以指导，因此我们只能基于统计学作出选择。

计量经济学家就此提出了很多选择标准，我们这里讨论其中几种，如表 5-1 所示。

令 RSS_j 表示第 j 个模型（有 k_j 个解释变量）的残差平方和，并定义

$$\hat{\sigma}_j^2=\frac{RSS_j}{n-k_j}$$

为第 j 个模型的 σ^2 的估计值。我们用 $\hat{\sigma}_m^2$ 表示包含全部 k 个解释变量的模型的 σ^2 的估计值。

表 5-1　　选择回归模型的准则

准则	计算公式
$\bar{R}^2$	$RSS_j/(n-k_j)$
S_p	$RSS_j/[(n-k_j)(n-k_j-1)]$
C_p	$RSS_j+2k_j\hat{\sigma}_m^2$
PC	$RSS_j(n+k_j)/(n-k_j)$
AIC	$RSS_j\exp[2(k_j+1)/n]$

1. $\bar{R}^2$ 准则

希尔（Theil）的 $\bar{R}^2$ 准则基于如下假设：所考虑的模型中有一个是正确的模型。在这种情况下，如果 $\hat{\sigma}_j^2=RSS_j/(n-k_j)$ 是第 j 个模型的 σ^2 的估计值，则对于正确的模型，$E(\hat{\sigma}_j^2)=\sigma^2$；对于不正确的模型，$E(\hat{\sigma}_j^2)\geqslant\sigma^2$。因此，选择 $\hat{\sigma}^2$ 最小的模型一般就能选出正确的模型。由于 $\hat{\sigma}^2$ 最小化与 $\bar{R}^2$ 最大化是一回事，我们习惯上称该准则为 $\bar{R}^2$ 最大准则。

这个准则的主要问题是：一个包括正确的模型的所有解释变量但同时也包括一些无关变量的模型也会给出 $E(\hat{\sigma}_j^2)=\sigma^2$，在这种情况下，我们所选择的其实并非正确的模型。当备选模型包含大量无关变量时，选出正确的模型的概率较低。

2. 基于预测的均方误差最小的三个准则

希尔的 $\bar{R}^2$ 准则是基于回归的标准误差最小，下列三个准则则是基于预测的均方误差（MSE）最小。这三个准则是：

（1）马洛斯（Mallows）的 C_p 准则。

（2）霍金（Hocking）的 S_p 准则。

（3）Amemiya 的 PC 准则。

假设正确的方程有 k 个解释变量，我们考虑的方程有 $k_1(<k)$ 个解释变量，问题是如何选择 k_1 以及具体的 k_1 个解释变量的集合。在上述三个预测准则中，这是通过使 $E(Y_f-\hat{Y}_f)^2$ 的均方误差达到最小而实现的，其中 Y_f 是 Y 的未来值，而 $\hat{Y}_f$ 是预测值。如果我们将解释变量的未来值用 X_{if} 来表示，则 $E[(Y_f-\hat{Y}_f)^2\mid X_{if}]$ 被称为预测的条件 MSE，$E(Y_f-\hat{Y}_f)^2$ 被称为预测的无条件 MSE。

为了得到预测的无条件 MSE，必须作出某些关于 X_{if} 的假设。Amemiya 假定解释变量在

预测期是随机的，而在样本期中，X_{if} 的值与变量 X_{it} 的行为一样。在此假定下，他证明了：

$$E(Y_f-\hat{Y}_f)^2\text{的估计值}\approx\frac{2k_1}{n}\sigma^2+\frac{RSS_1}{n}$$

其中，RSS_1 是具有 k_1 个解释变量的模型的残差平方和。

现在必须估计 σ^2，如果我们用 $\hat{\sigma}_m^2=RSS/(n-k)$ 作为 σ^2 的估计值，其中 RSS 是 k 个解释变量的全模型的残差平方和，我们得到的是 C_p 准则。如果用 $\hat{\sigma}_1^2=RSS_1/(n-k_1)$ 作为 σ^2 的估计值，则得到 PC 准则。曼德拉（G. S. Maddala）认为，C_p 准则将 $\hat{\sigma}_m^2$ 作为 σ^2 的估计值的做法更为合理。

值得注意的是，在上面的讨论中，解释变量在样本期被假定为非随机的，而在预测期被假定为随机的。与此相反，霍金则假定解释变量服从多元正态分布，通过使预测的无条件 MSE 最小化导出 S_p 准则。PC 准则和 C_p 准则都依赖于随机解释变量的假设，这一假设的结果是这两个准则都需要正确的模型中扰动项方差 σ^2 的估计值，而 S_p 准则不需要，它只需要约束模型中扰动项方差的估计值。

另一个要注意的方面是，$\bar{R}^2$ 最大准则与预测准则 S_p、PC 和 C_p 回答的是两个不同的问题。在 $\bar{R}^2$ 最大准则的情况下，假定备选模型中有一个是正确的，我们要做的是挑出“正确的”模型。而在三个预测准则的情况下，我们感兴趣的是改善预测的 MSE，只要能改善，就可以去掉某些变量，即便正确的模型中包括它们，也在所不惜。

3. 赤池信息准则（AIC）

赤池信息准则（Akaike information criterion，AIC）是一个更一般的准则，它可以应用于任何一个可用极大似然法估计的模型。对于我们这里的应用，AIC 的计算公式为

$$AIC=e^{2(k+1)/n}\frac{RSS}{n}$$

我们将 AIC 列入表 5－1 中，因为它是一个得到广泛应用的准则，并且，像其他列于表 5－1中的准则一样，它也只涉及 RSS_j 和 k_j，这样，它可用标准回归程序计算。

与赤池信息准则类似的还有施瓦茨信息准则（Schwarz information criterion，SIC 或 SC）：

$$SIC=n^{(k+1)/n}\frac{RSS}{n}$$

上述两个准则与 $\bar{R}^2$ 一样，可用于模型选择，其值越小越好。

六、检验误设定的 RESET 法

前面给出了选择解释变量的四条原则。可是，有时这些原则不能提供足够的信息使研究人员确信其设定是最恰当的，在这种情况下，可考虑使用一些更正规的检验方法来检验是否存在误设定。这类方法相当多，这里不一一列出，仅介绍拉姆齐（J. B. Ramsey）的回归设定误差检验法（RESET 法）。

RESET 法的思路是在要检验的回归方程中加入 $\hat{Y}^2$，$\hat{Y}^3$ 和 $\hat{Y}^4$ 等项作为解释变量，然后看结果是否有显著改善。若有，则可判断原方程存在遗漏有关变量的问题或函数形式误设定问题。直观地看，这些添加的项是任何可能的遗漏变量或正确的函数形式的替身，如

果这些替身能够通过 F 检验表明它们改善了原方程的拟合状况，则有理由说原方程存在误设定问题。$\hat{Y}^2$，$\hat{Y}^3$ 和 $\hat{Y}^4$ 等项形成多项式函数形式。多项式是一种强有力的曲线拟合装置。因而，如果存在误设定，则用这样一个装置可以很好地代表它们；如果不存在误设定，则可以预期这些新添加项的系数不显著异于零，因为不存在让它们做替身的东西。

拉姆齐 RESET 法的具体步骤是：

（1）用 OLS 法估计要检验的方程，得到

$$\hat{Y}_i=\hat{\beta}_0+\hat{\beta}_1X_{1i}+\hat{\beta}_2X_{2i}$$

（2）由上一步得到的 $\hat{Y}_i(i=1, 2, \cdots, n)$ 值，计算 $\hat{Y}^2$，$\hat{Y}^3$ 和 $\hat{Y}^4$，然后用 OLS 法估计

$$Y_i=\beta_0+\beta_1X_{1i}+\beta_2X_{2i}+\beta_3\hat{Y}_i^2+\beta_4\hat{Y}_i^3+\beta_5\hat{Y}_i^4+u_i$$

（3）用 F 检验比较两个方程的拟合情况（类似于上一章中联合假设检验采用的方法），如果两方程总体拟合情况显著不同，则我们得出原方程可能存在误设定的结论。使用的检验统计量为

$$F=\frac{(RSS_M-RSS)/M}{RSS/(n-k-1)}$$

式中，RSS_M 为第一步中回归（有约束回归）的残差平方和；RSS 为第二步中回归（无约束回归）的残差平方和；M 为约束条件的个数，这里 $M=3$。

应该指出的是，拉姆齐 RESET 法仅能检验误设定的存在，而不能告诉我们到底是哪一类误设定，或者说，不能告诉我们正确的模型是什么。但该方法毕竟能给出模型误设定的信号，以便进一步查找问题。另外，如果模型设定正确，RESET 检验能够排除误设定的存在，指示我们转而去查找其他方面的问题。

例 5.1　误设定检验。

对第三章例 3.7 的模型设定进行 RESET 检验。

（1）回归辅助方程。

用例 3.7 中回归方程中得到的拟合值 $\widehat{Cr\_fruit_t}$ 计算 $\widehat{Cr\_fruit_t}^2$，然后估计加上这一项作为解释变量的方程，EViews 结果如下：

表 5－2　　RESET 检验

Ramsey RESET Test			
	Value	df	Probability
F-statistic	16.864 95	(1, 12)	0.001 5

Unrestricted Test Equation：
Dependent Variable：CR _ FRUIT
Method：Least Squares
Sample：2005—2019
Included observations：15

Variable	Coefficient	Std. Error	t-Statistic	Prob.
C	28.525 98	3.646 508	7.822 821	0.000 0
YRR	−0.219 207	0.203 748	−1.075 877	0.303 1

FITTED^2	0.012 700	0.003 093	4.106 696	0.001 5

R-squared	0.986 809	Mean dependent var	51.813 33
Adjusted R-squared	0.984 610	S.D. dependent var	14.746 52
S.E. of regression	1.829 371	Akaike info criterion	4.222 678
Sum squared resid	40.159 18	Schwarz criterion	4.364 288
Log likelihood	−28.670 08	Hannan-Quinn criter.	4.221 169
F-statistic	448.855 5	Durbin-Watson stat	1.863 402
Prob（F-statistic）	0.000 000		

根据表 5-2，辅助回归结果如下（括号内数字为标准误差）：

$$\widehat{Cr\_fruit}_t = 28.53 - 0.22\, YrR_t + 0.01\, \widehat{Cr\_fruit}_t^{\,2} \qquad R^2 = 0.987$$

$$\text{Se:} \quad (3.647) \quad (0.204) \qquad (0.003) \qquad \sum e_t^2 = 40.159$$

（2）计算检验统计量 F。

例 3.7 方程的 $RSS=96.599$。

则检验统计量为：

$$F=\frac{(RSS_M - RSS)/M}{RSS/(n-k-1)}=\frac{(96.599-40.159)/1}{40.159/(15-2-1)}\approx 16.86$$

查 F 值表，5%的显著性水平下的临界值$F_{0.05}(1,\ 13)=4.67$，由于 $F=16.86>4.67$，故拒绝无误设定的原假设。

事实上，我们可以直接从 EViews 输出结果（表 5-2）第三行中看到这一 F 值，以及与之相应的 P 值，即得到 16.86 这个 F 值的概率为 0.001 5，小于 0.05，因而拒绝无误设定的原假设。

（3）解决误设定。

考虑到例 3.7 回归方程的R^2为 0.968，说明两变量的线性拟合程度高，因此这里模型的误设定很可能是漏掉了有关的解释变量。由于鲜瓜果的消费量除了受收入的影响外，还会受到价格的影响，现在我们把价格指数作为解释变量加入方程，重新估计模型，得

$$\widehat{Cr\_fruit}_t = 30.73 + 0.83\, YrR_t - 0.19\, P_t \qquad R^2 = 0.986$$

$$t: \quad (7.25) \quad (14.21) \qquad (-4.01) \qquad \sum e_t^2 = 41.23$$

从模型回归结果可知，价格指数符号为负，与理论相符合，两个解释变量的 t 值显著。但是否还存在误设定，需要再对模型进行 RESET 检验。从检验结果可知（为节约篇幅，具体检验结果省略），检验统计量 $F=3.538$，对应的 P 值为 0.087，大于 0.05，故接受无误设定的原假设。

（4）对比两个回归模型。

第一个模型：

$$\widehat{Cr\_fruit}_t = 14.599 + 0.613\,YrR_t \qquad R^2 = 0.968$$
$$\text{Se:} \quad (1.996) \quad (0.031) \qquad \sum e_t^2 = 96.599$$

第二个模型：

$$\widehat{Cr\_fruit}_t = 30.73 + 0.83\,YrR_t - 0.19\,P_t \qquad R^2 = 0.986$$
$$t: \quad (7.25) \quad (14.21) \quad (-4.01) \qquad \sum e_t^2 = 41.23$$

由上面的检验结果可知，第一个模型相对于第二个模型而言，遗漏了重要解释变量P_t。

第一个模型中，农村居民家庭人均可支配收入每增加 100 元，平均而言，人均鲜瓜果消费量增加 0.613 斤；第二个模型表明，由于考虑了价格指数的影响，农村居民家庭人均可支配收入每增加 100 元，平均而言，人均鲜瓜果消费量增加 0.83 斤。

也就是说，第一个模型低估了真实的鲜瓜果边际消费倾向，存在偏差，它不仅忽略了价格对鲜瓜果消费量的影响，也忽略了收入对价格的影响。因此，“单独的”收入变量就不得不囊括遗漏价格变量对鲜瓜果消费量的影响，从而无法表现收入变量对鲜瓜果消费量的真实影响。

根据遗漏的有关解释变量可知，$E(\hat{a}_1) = \beta_1 + \beta_2\beta$，即遗漏变量对因变量的影响系数$\beta_2$和遗漏变量与模型中所在变量的回归系数$\beta$的乘积决定了偏差的性质。

价格对收入的回归结果如下：

$$\hat{P}_t = 84.52 + 1.152\,\mathrm{YrR}_t \qquad R^2 = 0.87$$

故偏差为：$\hat{\beta}_2\hat{\beta} = (-0.19) \times 1.152 = -0.219$。

第二节　多重共线性

应用 OLS 法的一个假设条件是，$\mathrm{rank}(\boldsymbol{X}) = k + 1 < N$，即解释变量之间不存在严格的线性关系，观测值个数大于待估计的参数个数。这两条无论哪一条不满足，OLS估计值的计算都无法进行，估计过程由于数学原因而中断，就像分母为零一样。

这两种情况都很罕见。然而，解释变量之间存在近似的线性关系则是很可能的事。事实上，在经济变量之间这种近似的线性关系是很常见的。

当某些解释变量高度相关时，尽管估计过程不会中断，但是仍会产生严重的估计问题，我们称这种现象为**多重共线性**。解释变量间存在严格的线性相关关系时，称为**完全的多重共线性**，即存在不全为零的常数 C_0，C_1，…，C_k，使

$$C_0 + C_1X_{1t} + \cdots + C_kX_{kt} = 0, \quad t = 1, 2, \cdots, n$$

一、定义

在实践中，若两个或多个解释变量高度线性相关，我们就说模型中存在多重共线性。

二、后果

完全的多重共线性意味着 $\boldsymbol{X}'\boldsymbol{X}$ 无逆矩阵，因此 $\hat{\boldsymbol{\beta}} = (\boldsymbol{X}'\boldsymbol{X})^{-1}\boldsymbol{X}'\boldsymbol{Y}$ 不存在，OLS 无法应用。通常计量经济分析软件会给出出错信息。由于完全的多重共线性很罕见，也不难发

现，因而不做过多讨论，下面讨论多重共线性的后果。

(1) 多重共线性不改变参数估计量的无偏性。事实上，对于不完全多重共线性，参数估计量仍为 BLUE。这是因为，尽管解释变量之间存在多重共线性，但并不影响扰动项和解释变量观测值的性质，故仍有

$$\begin{aligned} E(\hat{\boldsymbol{\beta}}) &= E[(\boldsymbol{X}'\boldsymbol{X})^{-1}\boldsymbol{X}'\boldsymbol{Y}] \\ &= E[(\boldsymbol{X}'\boldsymbol{X})^{-1}\boldsymbol{X}'(\boldsymbol{X\beta}+\boldsymbol{u})] \\ &= \boldsymbol{\beta}+(\boldsymbol{X}'\boldsymbol{X})^{-1}\boldsymbol{X}'E(\boldsymbol{u}) \\ &= \boldsymbol{\beta} \end{aligned}$$

(2) 各共线变量的参数的 OLS 估计值方差很大，即估计值的精度很低。(BLUE 表明的是各线性无偏估计量中方差最小的一个，但不等于方差的值很小。)

我们用三变量模型对此进行说明，对于三变量模型：

$$Y_t=\beta_0+\beta_1 X_{1t}+\beta_2 X_{2t}+u_t$$

可以证明

$$\mathrm{Var}(\hat{\beta}_1)=\frac{\sigma^2}{(1-r_{12}^2)\sum(X_{1t}-\overline{X}_1)^2}=\frac{1}{1-r_{12}^2}\mathrm{Var}(\hat{\beta})$$

式中，r_{12} 为 X_1 和 X_2 的相关系数，$\mathrm{Var}(\hat{\beta})$ 为 Y 对 X_1 单独回归时斜率的方差。

根据公式，我们来看看在其他条件不变时，相关系数变动对方差大小的影响。见表 5-3。

表 5-3　　r_{12} 与 $\mathrm{Var}(\hat{\beta}_1)$ 的关系

r_{12}	$\mathrm{Var}(\hat{\beta}_1)$
0.1	1.01Var(β)
0.15	1.023Var(β)
0.2	1.042Var(β)
0.5	1.333Var(β)
0.7	1.961Var(β)
0.8	2.778Var(β)
0.9	5.263Var(β)
0.95	10.256Var(β)
0.99	50.251Var(β)

不难看出，当 r_{12} 比较小时，它的变动对方差影响不大；当 r_{12} 为 0.7 时，方差变大为原来的近 2 倍；当 r_{12} 为 0.9 时，方差变大为原来的 5 倍多；当 r_{12} 越接近 1 时，r_{12} 的微小变动，对方差会产生很大的影响。

三、多重共线性的判别和检验

1. 根据回归结果判别

判别是否存在多重共线性的最简单方法是分析回归结果。

$$\text{如果}\begin{cases}\text{发现系数估计值的符号不对}\\ \text{某些重要的解释变量 } t \text{ 值低，而 } R^2 \text{ 不低}\\ \text{当一个不太重要的解释变量被删除后，回归结果显著变化}\end{cases}$$

则可能存在多重共线性。其中上述第二种现象是多重共线性存在的典型迹象。

此方法简便易行，因而是实践中最常用的方法，其缺点是无法确切判定。

2. 使用相关矩阵检验

统计软件一般提供各解释变量两两之间的相关系数矩阵，如发现某些相关系数高（绝对值高于 0.8 或 0.9），则表明多重共线性存在。但即使解释变量两两之间的相关系数都低，也不能排除存在多重共线性的可能。

3. 使用 VIF 检验

VIF 是方差膨胀因子（variance inflation factors）的英文首字母的缩写，这是一种比较正规的检验方法。该方法通过检查指定的解释变量能够被回归方程中其他全部解释变量所解释的程度来检测多重共线性。方程中每个解释变量有一个 VIF，该 VIF 是关于多重共线性使相应的系数估计值的方差增大了多少的一个估计值。高 VIF 表明多重共线性增大了系数估计值的方差，从而产生一个减小了的 t 值。VIF 检验的具体步骤如下。

设原方程为

$$Y=\beta_0+\beta_1X_1+\beta_2X_2+\cdots+\beta_kX_k+u$$

我们需要计算 k 个不同的 VIF，每个 X_i 有一个 VIF。为指定的 X_i 计算 VIF 涉及以下三步：

（1）X_i 对原方程中其他全部解释变量进行 OLS 回归。例如，若 $i=1$，则对下面的方程进行回归：

$$X_1=\alpha_1+\alpha_2X_2+\alpha_3X_3+\cdots+\alpha_kX_k+v$$

（2）计算 $\hat{\beta}_i$ 的方差膨胀因子（VIF）。

$$\mathrm{VIF}(\hat{\beta}_i)=\frac{1}{1-R_i^2}$$

式中，R_i^2 为第（1）步辅助回归的决定系数。

（3）分析多重共线性的程度。VIF 越高，多重共线性的影响越严重。由于没有 VIF 临界值表，我们只能使用经验法则：若 $\mathrm{VIF}(\hat{\beta}_i)>5$，则存在严重的多重共线性。也有人建议用 VIF$>$10 作为存在严重的多重共线性的标准，特别是在解释变量多的情形中更应当如此。

需要指出的是，所有 VIF 值都低，并不能排除严重的多重共线性的存在，这与使用相关系数矩阵检验的情况相似。

4. 通过条件指数检验

条件指数（condition index）（或条件数，condition number）是 $\boldsymbol{X'X}$ 矩阵的最大和最小特征根之比的平方根。条件指数高，表明存在多重共线性。究竟什么程度算高，并没有一个绝对的标准。通常认为大于 10 即存在多重共线性，大于 30 表明存在严重的多重共线性。大多数统计软件提供此检验值。

四、解决多重共线性的方法

解决多重共线性问题的思路是加入额外信息，具体方法有以下几种。

1. 增加数据

多重共线性实质上是数据问题。理论上高度相关的变量的一组具体观测值之间则未必高度相关，反之亦然。因此，利用增加观测值、采用不同的数据集或新的样本等方法，就有可能消除或减缓多重共线性问题。

例 5.1　需求函数 $Y_t=\beta_1+\beta_2 X_t+\beta_3 P_t+u_t$。

在时间序列数据中，收入 X 和价格 P 往往是高度相关的，用时间序列数据估计会产生多重共线性。然而，在横截面数据中则不存在这个问题，因为某个特定时点 P 为常数。如果取一横截面样本（如从 5 000 个家庭取得的数据），则可用来估计

$$Y_i=\alpha_1+\alpha_2 X_i+u_i$$

然后将得到的估计值 $\hat{\alpha}_2$ 作为一个约束条件（$\beta_2=\hat{\alpha}_2$）施加于时间序列数据的回归计算中，即估计

$$Y_t=\beta_1+\hat{\alpha}_2 X_t+\beta_3 P_t+u_t$$

也就是

$$Y_t-\hat{\alpha}_2 X_t=\beta_1+\beta_3 P_t+u_t$$

可估计得到 $\hat{\beta}_1$，$\hat{\beta}_3$。

2. 对模型施加某些约束条件

在存在多重共线性的模型中，依据经济理论施加某些约束条件，将减小系数估计量的方差，如在柯布-道格拉斯生产函数中加入规模报酬不变的约束，可解决资本和劳动的高度相关引起的多重共线性问题。

3. 删除一个或几个共线变量

这样做实际上就是利用给定数据估计较少的参数，从而降低对观测信息的需求，以解决多重共线性问题。至于删除哪些变量，可根据假设检验的结果确定。应注意的是，这种做法可能会使得到的系数估计量产生偏倚，因而需要权衡利弊。

4. 将模型适当变形

例 5.2　某商品的需求函数为

$$Q=\beta_0+\beta_1 X+\beta_2 P+\beta_3 P^*+u$$

式中，Q 为需求量；X 为收入；P 为该商品的价格；P^* 为替代商品的价格。

在实际数据中，P 和 P^* 往往呈同方向变动，它们之间高度相关，模型存在多重共线性。

如果我们仅要求在知道两种商品的相对价格变动时对需求量进行预测，则可将需求函数变换为

$$Q=\gamma_1+\gamma_2 X+\gamma_3\left(\frac{P}{P^*}\right)+v$$

就可以解决多重共线性问题。

例 5.3　有滞后变量的情形

$$Y_t=\beta_1+\beta_2 X_t+\beta_3 X_{t-1}+u_t$$

一般而言，X_t 和 X_{t-1} 往往高度相关，将模型变换为

$$Y_t=\beta_1+\beta_2(X_t-X_{t-1})+\beta_3'X_{t-1}+u_t$$

其中　$\beta_3'=\beta_3+\beta_2$。

经验表明，$\Delta X_t(=X_t-X_{t-1})$ 和 X_{t-1} 的相关程度要远远小于 X_t 和 X_{t-1} 的相关程度，因而这种变换有可能消除或减缓多重共线性。

上面介绍的几种处理多重共线性的方法主要是从增加信息和减少要估计的参数个数这两方面着手的，但它们或者适用范围有限，或者会产生副作用（如删除共线变量会使参数估计量有偏），目前并没有一种行之有效的消除多重共线性的方法。这是因为多重共线性并不取决于解释变量间任何理论的线性关系，而是取决于手头的数据集中它们是否存在近似的线性关系，也就是说，多重共线性问题是由特定样本造成的，即使对于同一个回归模型，多重共线性也是一个随样本而变的现象。因此，不像大多数其他估计问题那样，可以设计理论上或逻辑上解决问题的方法。

处理多重共线性的另一种思路是“不做处理”。这是因为：

（1）多重共线性的存在并不意味着研究人员关注的系数估计值必定具有不可接受的高方差。这方面经典的例子是柯布-道格拉斯生产函数：尽管投入的资本和劳动高度相关，但在很多情况下仍得到了很好的估计值。这导致了下面的经验法则：“只要 t 统计量的绝对值都大于 2，就不必担心多重共线性。”

（2）多重共线性并不影响模型的总体拟合效果，因此，当模型仅仅用于预测时，可不处理多重共线性问题。

（3）对多重共线性的处理往往会带来副作用，例如删除共线变量会使参数估计量有偏，在很多情况下，这种副作用使得我们得不偿失。

当然，这不是说所有多重共线性问题都可不做处理。若多重共线性引起的后果比较严重，如影响系数的符号、若干重要解释变量的 t 值很低或者我们的目的是研究模型中各解释变量对因变量的影响，则需要根据不同情况进行处理。

第三节　异方差性

上面我们讨论了误设定和多重共线性问题。回顾应用 OLS 法所需的假设条件，其中大部分是有关扰动项的统计假设，它们是：

（1）$E(u_t)=0(t=1, 2, \cdots, n)$，即扰动项均值为零。

（2）$\mathrm{Cov}(u_i, u_j)=E(u_iu_j)=0(i\neq j)$，即各观测值扰动项相互独立或互不相关。

（3）$\mathrm{Var}(u_t)=E(u_t^2)=\sigma^2(t=1, 2, \cdots, n)$，即常数方差或同方差性。

（4）$u_t\sim N(0, \sigma^2)$，即正态性（构造检验统计量需此假设）。

对于第（1）条假设，即扰动项均值为零，可论证其合理性。因为扰动项指的是那些不能包括在模型的确定部分中的其他微小影响和纯粹的随机因素，它们的均值（期望值）应该为零。如果扰动项均值不为零，就意味着扰动项中存在着某种系统性的影响，它们应当包括在模型的确定部分之中。这种情况可能反映了模型的误设定，即模型的设定出了问

题，而不是扰动项均值为零的假设有问题。例如，设每个扰动因子都有相同的非零均值μ，则

$$Y_t=\alpha+\beta X_t+u_t$$

$$E(u_t)=\mu$$

将模型变换为

$$Y_t=(\alpha+\mu)+\beta X_t+(u_t-\mu)$$

则新的扰动项（$u_t-\mu$）的均值为零，假设条件得以满足。当然，在这种情况下，要把α和μ分别估计出来是不可能的。但截距项通常不是一个有实际意义的经济参数，所以这几乎不会成为一个真正的问题。

而第（4）条，即扰动项正态性的假设，也没有多大问题。在大样本的情况下，假定扰动项近似服从正态分布是完全合理的。

对于剩下的第（2）、（3）两条，即各观测值扰动项相互独立和常数方差的假设，我们无法论证其合理性。事实上，在实际问题中，这两条不成立的情况比比皆是。下面将讨论它们不成立的情况，即自相关和异方差的情形。

一、异方差性及其后果

1. 定义

若 $\text{Var}(u_i)=\sigma^2=$常数的假设不成立，即 $\text{Var}(u_i)=\sigma_i^2\neq$常数，则称扰动项具有异方差性。

2. 什么情况下可能发生异方差性

解释变量取值变动幅度大时，常数方差的假设往往难以成立。异方差性主要发生在横截面数据的情况。

例 5.4　$Y_i=\alpha+\beta X_i+u_i$

式中，Y 为指定规模和组成的家庭的每月消费支出；X 为这样的家庭的每月可支配收入。

设 X 的 N 个观测值取自一个家庭可支配收入的横截面样本。某些家庭接近于勉强维持生存的水平，另一些家庭则有很高的收入。不难设想，低收入家庭的消费支出不大可能离它们的均值 $E(Y)$ 过远，若太高，则无法支持，若太低，则消费将处于维持生存的水平之下。因此，低收入家庭消费支出额的波动应当较小，因而扰动项具有较小的方差。而高收入家庭则没有这种限制，其扰动项可能有大得多的方差。这就意味着异方差性。

3. 异方差性的后果

我们来研究异方差性的后果，也就是异方差性的存在对 OLS 估计量的影响。以简单线性模型为例，式（3.16）$\left(\hat{\beta}=\beta+\dfrac{\sum x_t u_t}{\sum x_t^2}\right)$ 给出的 OLS 估计量 $\hat{\beta}$（$\hat{\beta}_{\text{OLS}}$）仍然是无偏且一致的，这是因为这些性质不依赖于常数方差的假设。可是，$\hat{\beta}_{\text{OLS}}$ 的方差则不同。在异方差的情况下，$\hat{\beta}_{\text{OLS}}$ 的方差是

$$\mathrm{Var}(\hat{\beta}_{\mathrm{OLS}})=\mathrm{Var}(\sum k_i u_i)=\sum k_i^2\sigma_i^2=\sum x_i^2\sigma_i^2/(\sum x_i^2)^2$$

而同方差情况下的方差公式是 $\mathrm{Var}(\hat{\beta}_{\mathrm{OLS}})=\sigma^2/\sum x_i^2$，二者显然不同。因此，回归软件包所报告的 $s^2/\sum x_i^2\left(s^2=\frac{\sum e_i^2}{n-2}\right)$ 在同方差性的情况下是 $\hat{\beta}_{\mathrm{OLS}}$ 的方差的无偏估计值，而在异方差情况下，使用 $s^2/\sum x_i^2$ 作为 $\mathrm{Var}(\hat{\beta}_{\mathrm{OLS}})$ 的估计值显然会造成偏差。由于系数的置信区间和假设检验结果都依赖于系数方差的估计值，事实上，二者都直接依赖于系数标准差的估计值，这就造成了异方差情况下置信区间和假设检验结果不可信赖。

由上面关于简单线性模型异方差性对 OLS 估计量影响的说明不难得到下面有关异方差后果的一般结论。

（1）参数的 OLS 估计量不再具有最小方差的性质。异方差性不破坏 OLS 估计量的无偏性和一致性（证明无偏性和一致性不需要常数方差的假设，用到的是扰动项均值为零和 X 为非随机量的假设），但不再是有效的。这是因为 OLS 估计量方差的公式

$$\mathrm{Var\text{-}Cov}(\hat{\boldsymbol{\beta}})=(\boldsymbol{X}'\boldsymbol{X})^{-1}\sigma^2$$

不再成立（在第四章中推导此公式时用到了常数方差的假设），从而最小方差的性质不再成立，OLS 估计量不再是最佳线性无偏估计量（BLUE）。事实上，异方差性的存在导致 OLS 估计量既不是有效的，也不具有渐近有效性。这有两层含义：首先，小样本性质——BLUE 的丧失意味着存在另外的线性无偏估计量，其抽样方差小于 OLS 估计量的方差；其次，渐近有效性这一大样本性质的丧失意味着存在另外的一致估计量，其抽样分布当样本容量增大时向被估计的回归参数收缩的速度要比 OLS 估计量快。

（2）系数的显著性检验结果不可信赖。更为严重的是，在异方差性的情况下，矩阵 $(\boldsymbol{X}'\boldsymbol{X})^{-1}\hat{\sigma}^2$ 的主对角线元素不再是 OLS 估计量方差的无偏估计量，从而导致系数的置信区间和假设检验结果不可信赖。

在存在异方差性的情况下，系数估计量的方差的 OLS 估计量既有可能低估，也有可能高估真实方差，这两种情况都会产生检验结果的误导。例如在双变量模型中，如果 $\hat{\sigma}^2/\sum x^2$ 倾向于低估 $\hat{\beta}$ 的真实方差，则置信区间可能要比实际的窄，这给了我们一个错误信息，好像得到的点预测值很精确。同样，在存在异方差性的情况下，假设检验也会以错误的结果将我们带入歧途。例如，被检验的系数实际上不是统计上显著的，然而由于矩阵 $(\boldsymbol{X}'\boldsymbol{X})^{-1}\hat{\sigma}^2$ 的主对角线元素低估了 OLS 估计量的相应方差，检验结果却表明其显著。

二、异方差性的检验

异方差性后果的严重性意味着我们在实践中必须了解是否存在异方差性，这就提出了异方差性的检验问题。

有很多检验异方差性的方法，如：帕克检验法（Park test）、格里瑟检验法（Glesjer test）、怀特检验法（White test）、戈德费尔德-匡特检验法（Goldfeld-Quandt test）、布鲁奇-帕根检验法（Breusch-Pagan test）等。这里重点介绍怀特检验法和布鲁奇-帕根检验法。

1. 怀特检验法

怀特（White）提出的检验异方差性的方法在实践中应用起来很方便，下面用一个三变量线性模型扼要说明其检验步骤。设模型如下：

$$Y_i=\beta_0+\beta_1X_{1i}+\beta_2X_{2i}+u_i$$

怀特检验法的步骤如下：

（1）用 OLS 法估计原模型，得到残差 e_i。

（2）进行如下辅助回归：

$$e_i^2=\alpha_0+\alpha_1X_{1i}+\alpha_2X_{2i}+\alpha_3X_{1i}^2+\alpha_4X_{2i}^2+\alpha_5X_{1i}X_{2i}+v_i$$

即残差平方对所有原始变量、变量的平方以及变量的交叉积回归，得到 R^2 值。

（3）进行假设检验。

H_0：不存在异方差性（即辅助回归方程的全部斜率系数均为零）

H_1：存在异方差性（即 H_0 不成立）

怀特证明了下面的命题：

在原假设 H_0 成立的情况下，从辅助回归方程得到的 R^2 值与观测值数目（n）的乘积（$n\times R^2$）服从自由度为 k 的 χ^2 分布，自由度 k 为辅助回归方程中解释变量的个数，即

$$n\cdot R^2\sim\chi^2(k)$$

因此，怀特检验的检验统计量就是 $n\cdot R^2$，其抽样分布是自由度为 k 的 χ^2 分布。

检验步骤类似于 t 检验和 F 检验。

2. 布鲁奇-帕根检验法

设模型

$$Y=\beta_0+\beta_1X_1+\cdots+\beta_kX_k+u \tag{5.7}$$

满足扰动项均值为 0 的假设，因而 OLS 估计量无偏且一致。检验该模型是否存在异方差性的原假设为

$$H_0:\ \mathrm{Var}(u)=\sigma^2$$

即

$$H_0:\ E(u^2)=\sigma^2 \tag{5.8}$$

检验的思路是将对异方差性的检验转换为对 u^2 是否与一个或多个解释变量相关的检验。如果 H_0 不成立，则 u^2 的期望值可以表示为各解释变量的函数，简单的方法是假定线性函数：

$$u^2=\delta_0+\delta_1X_1+\cdots+\delta_kX_k+v \tag{5.9}$$

其中，v 是均值为 0 的扰动项。这里的因变量 u^2 是原回归方程（5.7）中扰动项的平方。

同方差性的原假设式（5.8）转换为

$$H_0:\ \delta_1=\delta_2=\cdots=\delta_k=0 \tag{5.10}$$

要检验此假设，可利用我们在第四章中介绍的检验全部斜率系数为 0 的 F 检验，唯一

的问题是无法观测作为因变量的 u^2，可以用原模型式（5.7）回归得到的 OLS 残差平方 e^2 代替，要估计的方程变为

$$e^2=\delta_0+\delta_1 X_1+\cdots+\delta_k X_k+v \tag{5.11}$$

相应的检验统计量为

$$F=\frac{R_*^2/k}{(1-R_*^2)/(n-k-1)}\sim F(k,\ n-k-1)$$

其中，R_*^2 是式（5.11）回归得到的决定系数，以区别于原方程（5.7）回归的决定系数 R^2。

我们也可以计算 LM 检验统计量来检验原假设式（5.10）：

$$LM=n\cdot R_*^2\sim\chi^2(k)$$

此检验通常称为**布鲁奇-帕根异方差性检验（BP 检验）**。下面总结一下 BP 检验的步骤：

（1）用 OLS 法估计模型（5.7），得到 OLS 残差序列 e_i，$i=1,\ 2,\ \cdots,\ n$，计算 e_i^2 序列。

（2）对方程（5.11）进行 OLS 回归，保存该回归的 R^2 值 R_*^2。

（3）计算 F 或 LM 统计量，若大于临界值，则拒绝原假设，判断存在异方差性。

三、广义最小二乘法

1. 消除异方差性的思路

基本思路：变换原模型，使变换后的模型具有同方差性，然后用 OLS 法进行估计。

对于模型

$$Y_t=\beta_0+\beta_1 X_{1t}+\cdots+\beta_k X_{kt}+u_t \tag{5.12}$$

若扰动项满足 $E(u_t)=0, E(u_i u_j)=0(i\neq j)$，但 $E(u_t^2)=\sigma_t^2\neq$常数，也就是说，该模型只有同方差性这一个条件不满足，则若能将具有异方差性的扰动项的方差表示成如下形式：

$$\mathrm{Var}(u_t)=\sigma_t^2=\sigma^2\lambda_t^2,\quad t=1,\ 2,\ \cdots,\ n$$

式中，σ^2 为一未知常数，λ_t^2 为一组已知数值，用 λ_t 去除模型各项，就可得变换模型

$$\frac{Y_t}{\lambda_t}=\frac{\beta_0}{\lambda_t}+\beta_1\frac{X_{1t}}{\lambda_t}+\cdots+\beta_k\frac{X_{kt}}{\lambda_t}+\frac{u_t}{\lambda_t} \tag{5.13}$$

由于

$$\mathrm{Var}\left(\frac{u_t}{\lambda_t}\right)=\frac{1}{\lambda_t^2}\mathrm{Var}(u_t)=\frac{1}{\lambda_t^2}\sigma^2\lambda_t^2=\sigma^2$$

所以变换后的扰动项的方差为常数，可以应用 OLS 法进行估计，得到的参数估计量为 BLUE。但这里得到的 OLS 估计量是变换后模型（5.13）的 OLS 估计量。对于原模型（5.12）而言，它已不是 OLS 估计量，称为**广义最小二乘估计量**（GLS 估计量）。

2. 广义最小二乘法（generalized least squares，GLS 法）

下面用矩阵形式的模型来推导 GLS 估计量的一般计算公式。

设 GLS 模型为

$$\boldsymbol{Y}=\boldsymbol{X\beta}+\boldsymbol{u} \tag{5.14}$$

满足 $E(\boldsymbol{u})=\mathbf{0}$，$E(\boldsymbol{uu}')=\sigma^2\boldsymbol{\Omega}$，$\boldsymbol{X}$ 非随机，$\text{rank}(\boldsymbol{X})=k+1<n$。式中，$\boldsymbol{\Omega}$ 为正定矩阵。

根据矩阵代数知识可知（见第四章附录），对于任一正定矩阵 $\boldsymbol{\Omega}$，存在着一个满秩（非退化、非奇异）矩阵 $\boldsymbol{P}$，使得

$$\boldsymbol{\Omega}=\boldsymbol{PP}', \quad \boldsymbol{\Omega}^{-1}=(\boldsymbol{P}^{-1})'\boldsymbol{P}^{-1}$$

用 $\boldsymbol{P}^{-1}$ 左乘原模型（5.14）（对原模型进行变换），有

$$\boldsymbol{P}^{-1}\boldsymbol{Y}=\boldsymbol{P}^{-1}\boldsymbol{X\beta}+\boldsymbol{P}^{-1}\boldsymbol{u}$$

令 $\boldsymbol{Y}_*=\boldsymbol{P}^{-1}\boldsymbol{Y}$，$\boldsymbol{X}_*=\boldsymbol{P}^{-1}\boldsymbol{X}$，$\boldsymbol{u}_*=\boldsymbol{P}^{-1}\boldsymbol{u}$，得到

$$\boldsymbol{Y}_*=\boldsymbol{X}_*\boldsymbol{\beta}+\boldsymbol{u}_* \tag{5.15}$$

我们有

$$\begin{aligned}E(\boldsymbol{u}_*\boldsymbol{u}_*')&=E(\boldsymbol{P}^{-1}\boldsymbol{uu}'(\boldsymbol{P}^{-1})')\\&=\boldsymbol{P}^{-1}E(\boldsymbol{uu}')(\boldsymbol{P}^{-1})'\\&=\boldsymbol{P}^{-1}(\sigma^2\boldsymbol{\Omega})(\boldsymbol{P}^{-1})'\\&=\sigma^2\boldsymbol{P}^{-1}(\boldsymbol{PP}')(\boldsymbol{P}^{-1})'\\&=\sigma^2(\boldsymbol{P}^{-1}\boldsymbol{P})(\boldsymbol{P}^{-1}\boldsymbol{P})'\\&=\sigma^2\boldsymbol{I}\end{aligned}$$

这表明，模型（5.15）中的扰动项 $\boldsymbol{u}_*$ 满足 OLS 法的基本假设，可直接用 OLS 法估计，估计量向量

$$\begin{aligned}\hat{\boldsymbol{\beta}}&=(\boldsymbol{X}_*'\boldsymbol{X}_*)^{-1}\boldsymbol{X}_*'\boldsymbol{Y}_*\\&=(\boldsymbol{X}'(\boldsymbol{P}^{-1})'\boldsymbol{P}^{-1}\boldsymbol{X})^{-1}\boldsymbol{X}'(\boldsymbol{P}^{-1})'\boldsymbol{P}^{-1}\boldsymbol{Y}\\&=(\boldsymbol{X}'\boldsymbol{\Omega}^{-1}\boldsymbol{X})^{-1}\boldsymbol{X}'\boldsymbol{\Omega}^{-1}\boldsymbol{Y}\end{aligned} \tag{5.16}$$

这就是 $\hat{\boldsymbol{\beta}}$ 的广义最小二乘估计量（GLS 估计量）的公式，该估计量是 BLUE。

从上述证明过程可知，可将 GLS 法应用于 $\boldsymbol{\Omega}$ 为任意正定矩阵的情形。

如果只存在异方差性，则

$$E(\boldsymbol{uu}')=\sigma^2\boldsymbol{\Omega}$$
$$=\sigma^2\begin{pmatrix}\lambda_1^2 & 0 & 0 & \cdots & 0\\ 0 & \lambda_2^2 & 0 & \cdots & 0\\ \vdots & \vdots & \vdots & & \vdots\\ 0 & 0 & 0 & \cdots & \lambda_n^2\end{pmatrix}$$

式中，$\lambda_t^2>0$，$t=1, 2, \cdots, n$。

因而显然有

$$\boldsymbol{P}=\begin{pmatrix}\lambda_1 & 0 & 0 & \cdots & 0\\ 0 & \lambda_2 & 0 & \cdots & 0\\ \vdots & \vdots & \vdots & & \vdots\\ 0 & 0 & 0 & \cdots & \lambda_n\end{pmatrix}=\boldsymbol{P}'$$

$$P^{-1}=\begin{pmatrix}\frac{1}{\lambda_1} & 0 & 0 & \cdots & 0\\ 0 & \frac{1}{\lambda_2} & 0 & \cdots & 0\\ \vdots & \vdots & \vdots & & \vdots\\ 0 & 0 & 0 & \cdots & \frac{1}{\lambda_n}\end{pmatrix}=(P^{-1})'$$

$$\Omega^{-1}=\begin{pmatrix}\frac{1}{\lambda_1^2} & 0 & 0 & \cdots & 0\\ 0 & \frac{1}{\lambda_2^2} & 0 & \cdots & 0\\ \vdots & \vdots & \vdots & & \vdots\\ 0 & 0 & 0 & \cdots & \frac{1}{\lambda_n^2}\end{pmatrix}$$

四、解决异方差性问题的方法

1. 可行广义最小二乘法（FGLS 法）

广义最小二乘法从理论上解决了在扰动项存在异方差性的情况下模型的估计问题，但在实践中是否可行呢？从 GLS 估计量的公式可知，要计算 GLS 估计值，我们必须知道 $\boldsymbol{\Omega}$ 矩阵。而实际问题中 $\boldsymbol{\Omega}$ 矩阵极少为已知。因此，在实践中直接应用 GLS 法基本上不可行。

但在很多情况下，我们可以根据实际问题提供的信息估计 $\boldsymbol{\Omega}$ 矩阵，再应用 GLS 法，这种方法称为**可行广义最小二乘**（feasible generalized least squares，FGLS）**法**。例如，在仅存在异方差性的情况下，如果在实际问题中研究人员确信可以准确估计异方差性的结构，如扰动项方差与某个解释变量成正比，就可以采用 FGLS 法。由于 FGLS 法的核心是估计 $\boldsymbol{\Omega}$ 矩阵，因此亦称为**估计的广义最小二乘**（estimated generalized least squares，EGLS）**法**。

FGLS 法的第一步是确定异方差性的具体形式，也就是找出决定扰动项方差与某组已知数值之间关系的函数形式，然后用这个关系得到每个扰动项方差的估计值，从而得到 $\boldsymbol{\Omega}$ 矩阵的估计值 $\hat{\boldsymbol{\Omega}}$，最后计算 FGLS 估计量 $\hat{\boldsymbol{\beta}}_{\mathrm{FGLS}}$：

$$\hat{\boldsymbol{\beta}}_{\mathrm{FGLS}}=(\boldsymbol{X}'\hat{\boldsymbol{\Omega}}^{-1}\boldsymbol{X})^{-1}\boldsymbol{X}'\hat{\boldsymbol{\Omega}}^{-1}\boldsymbol{Y}$$

对于仅存在异方差性的实际问题，$\boldsymbol{\Omega}$ 矩阵是一个对角矩阵，即

$$\boldsymbol{\Omega}=\begin{pmatrix}\lambda_1^2 & 0 & 0 & \cdots & 0\\ 0 & \lambda_2^2 & 0 & \cdots & 0\\ \vdots & \vdots & \vdots & & \vdots\\ 0 & 0 & 0 & \cdots & \lambda_n^2\end{pmatrix}$$

现在的问题是，λ_t^2 的值为已知这一假设是否现实，也就是我们能否根据实际问题，提出有关扰动项方差的某种合理的设想（即估计 $\boldsymbol{\Omega}$ 矩阵），使得

$$\sigma_t^2=\sigma^2\lambda_t^2,\quad \sigma^2 \text{ 为未知常数，} \lambda_t^2 \text{ 为已知数值}$$

下面通过例子说明这一问题。

例 5.5　$Y_t=\beta_1+\beta_2X_t+u_t,\quad t=1, 2, \cdots, n$

式中，Y 为家庭消费支出；X 为家庭可支配收入。

我们在前面已分析过，高收入家庭有较大的扰动项方差，因此不妨假定扰动项方差与可支配收入成正比，即

$$\mathrm{Var}(u_t)=\delta X_t,\quad t=1, 2, \cdots, n$$

式中，δ 为一未知常数。由于 X_t 为已知，相当于 λ_t^2，而 δ 相当于 σ^2，因此

$$\hat{\boldsymbol{\Omega}}=\begin{pmatrix} X_1 & 0 & 0 & \cdots & 0 \\ 0 & X_2 & 0 & \cdots & 0 \\ \vdots & \vdots & \vdots & & \vdots \\ 0 & 0 & 0 & \cdots & X_n \end{pmatrix}$$

应用 FGLS 法，即可得出 $\boldsymbol{\beta}$ 的 FGLS 估计量。

在上例中我们假设扰动项方差与解释变量的取值成正比，这种假设是否真正合理？虽然根据经验和分析作出的这种假设有一定道理，但未免过于武断，在这方面还可做一些比较细致的工作。格里瑟检验法不仅可检验异方差性的存在，还可提供有关异方差形式的进一步信息，对于确定 $\boldsymbol{\Omega}$ 矩阵很有用。下面扼要说明格里瑟检验法的步骤。

格里瑟检验法的思路是假定扰动项方差与解释变量之间存在幂次关系，方法是用 $|e_t|$ 对被认为与扰动项方差有关的解释变量回归，确定 $|e_t|$ 和该解释变量的关系。由于 $|e_t|$ 与该解释变量之间关系的实际形式是未知的，因此需要用该解释变量的不同幂次进行试验，选出最佳拟合形式。具体步骤如下：

(1) 因变量 Y 对所有解释变量回归，计算残差 $e_t(t=1, 2, \cdots, n)$。

(2) $|e_t|$ 对所选择的解释变量的各种形式回归，如

$$|e_t|=\beta_0+\beta_1X_{jt}^2+u_t$$

$$|e_t|=\beta_0+\beta_1X_{jt}+u_t$$

$$|e_t|=\beta_0+\beta_1\sqrt{X_{jt}}+u_t$$

$$|e_t|=\beta_0+\beta_1\frac{1}{X_{jt}}+u_t$$

……

然后利用决定系数，选择拟合最佳的函数形式。

(3) 对 β_1 进行显著性检验，若显著异于零，则表明存在异方差性，否则再试其他形式。

格里瑟检验法的最大优点是能够提供有关异方差性形式的信息，为 FGLS 法提供 $\hat{\boldsymbol{\Omega}}$ 矩阵；缺点是太烦琐。因此建议用其他方法检验异方差性的存在，然后用格里瑟法确定异方差性的具体形式，进而应用 FGLS 法。

例 5.6　$Y_t=\beta_1+\beta_2X_{1t}+\cdots+\beta_kX_{kt}+u_t$

假设我们根据经验知道扰动项方差与 X_{jt} 有关，用格里瑟法试验，得出

$$\sigma_t^2=\delta\sqrt{X_{jt}}$$

则

$$\hat{\boldsymbol{\Omega}}=\begin{bmatrix}\sqrt{X_{j1}} & 0 & 0 & \cdots & 0\\ 0 & \sqrt{X_{j2}} & 0 & \cdots & 0\\ \vdots & \vdots & \vdots & & \vdots\\ 0 & 0 & 0 & \cdots & \sqrt{X_{jn}}\end{bmatrix}$$

在大多数应用中，由于通过矩阵运算计算 $\hat{\boldsymbol{\beta}}_{\mathrm{FGLS}}$ 相对复杂，因而对于仅存在异方差性的问题，通常采用另一种等价的方法——**加权最小二乘法**（weighted least squares（WLS）法）。

WLS 法的做法实际上等价于在代数形式的原模型 $Y_t=\beta_0+\beta_1X_{1t}+\cdots+\beta_kX_{kt}+u_t$ 的两端除以 λ_t，得到变换模型

$$\frac{Y_t}{\lambda_t}=\frac{\beta_0}{\lambda_t}+\beta_1\frac{X_{1t}}{\lambda_t}+\cdots+\beta_k\frac{X_{kt}}{\lambda_t}+\frac{u_t}{\lambda_t}$$

我们已在前面验证，此变换模型的扰动项满足同方差性的条件，因而可以应用 OLS 法进行估计。

这种做法相当于在回归中给因变量和解释变量的每个观测值都赋予一个与相应扰动项的方差相联系的权数（$\frac{1}{\lambda_t}$，$t=1$，2，…，n），然后用加权后的数据进行 OLS 回归。因为这种做法相当于每个观测值都以相应扰动项的标准差的估计值 $\hat{\sigma}_t$ 的倒数（即$\frac{1}{\lambda_t}$）为权数，因而被称为**加权最小二乘法**。加权最小二乘法是可行广义最小二乘法的一个特例，在 $\boldsymbol{\Omega}$ 矩阵为对角矩阵这种特殊情形下，我们既可以直接应用矩阵形式的可行广义最小二乘估计量公式得到 FGLS 估计值，亦可避开矩阵运算，采用加权最小二乘法得到其 WLS 估计值。两者结果完全相同，无论称之为 FGLS 估计值还是 WLS 估计值，都是一回事。

例 5.7 $Y_i=\beta_1+\beta_2X_i+u_i$ (5.17)

式中，Y 为 R&D 支出；X 为销售额。

采用美国 1988 年 18 个行业的数据，用 OLS 法估计上述方程，结果如下（括号中的数字为 t 值）：

$$\hat{Y}_i=192.99+0.031\,9X_i \qquad R^2=0.478\,3$$
$$(0.194\,8)\;(3.843\,4)$$

这里是横截面数据，由于行业之间的差别，可能存在异方差性。应用格里瑟法试验，得到异方差性的形式为

$$\sigma_i^2=\delta X_i$$

将原模型（5.17）的两端除以$\sqrt{X_i}$，得

$$\frac{Y_i}{\sqrt{X_i}}=\beta_1\frac{1}{\sqrt{X_i}}+\beta_2\sqrt{X_i}+\frac{u_i}{\sqrt{X_i}} \qquad (5.18)$$

用 OLS 法估计式（5.18），结果如下（括号中的数字为 t 值）：

$$\frac{\hat{Y}_i}{\sqrt{X_i}}=-246.68\frac{1}{\sqrt{X_i}}+0.0368\sqrt{X_i} \qquad R^2=0.6258$$

$$(-0.647) \qquad\qquad (5.172)$$

与采用 OLS 法的结果相比，两个方程斜率系数的估计值相差不大，但采用 WLS 法估计的 $\hat{\beta}_2$ 比直接用 OLS 法估计的系数更为显著。

2. 仍采用 OLS 法估计系数，但采用 OLS 估计量标准误差的异方差性一致估计值代替其 OLS 估计值

怀特(H. White) 在 1980 年提出的产生 OLS 估计量的异方差性一致标准误差的方法为解决异方差性问题提供了另一种途径。

怀特的贡献是解决了异方差性造成系数的置信区间和假设检验结果不可信赖的问题，该后果是由于方差的 OLS 估计量不再是无偏估计量造成的。

我们用简单线性回归模型对怀特方法作一说明。在异方差的情况下，$\hat{\beta}_{OLS}$ 的方差是

$$\mathrm{Var}(\hat{\beta}_{OLS})=\mathrm{Var}(\sum k_i u_i)=\sum k_i^2\sigma_i^2=\sum x_i^2\sigma_i^2/(\sum x_i^2)^2 \tag{5.19}$$

注意到若 $\sigma_i^2=\sigma^2$，则上式回到 $\sigma^2/\sum x_i^2$，即同方差情况下的 $\mathrm{Var}(\hat{\beta}_{OLS})$ 的常规公式。此外可以证明，$E(s^2)=E(\sum e_i^2/(n-2))$ 将涉及所有的 σ_i^2，而不是一个共同的 σ^2。这意味着回归软件包所报告的 $s^2/\sum x_i^2$ 作为 $\hat{\beta}_{OLS}$ 的方差估计值有两个错误：第一，它用的不是方差的正确公式(5.19)；第二，它用 s^2 估计一个共同的 σ^2，而事实上诸 σ_i^2 是不同的。由于使用 $s^2/\sum x_i^2$ 作为 $\mathrm{Var}(\hat{\beta}_{OLS})$ 的估计值而造成的偏差依赖于异方差的性质和解释变量，事实上，如果 σ_i^2 与 x_i^2 正相关，可以证明 $s^2/\sum x_i^2$ 低估了真实方差。在这种情况下，t 统计量是有偏的，倾向于拒绝 H_0：$\beta=0$，即当相应的回归系数实际上不显著时，假设检验可能显示其显著。

怀特的方法是在式(5.19) 中用 e_i^2 取代 σ_i^2，这里 e_i 是第 i 个 OLS 残差，即

$$\text{White's}\quad \mathrm{Var}(\hat{\beta}_{OLS})=\sum x_i^2e_i^2/(\sum x_i^2)^2 \tag{5.20}$$

请注意，我们并不能用 e_i^2 得到 σ_i^2 的一致估计量，因为在这种情况下，每个要估计的参数仅有一个观测值，当样本增大时，未知的 σ_i^2 的数目也在同步增加。怀特得到的是 $\mathrm{Var}(\hat{\beta}_{OLS})$ 的一致估计量，它是 e_i^2 的加权平均。同样的分析适用于多元回归 OLS 估计量的情况，在这种情况下，用怀特方法得到的第 k 个 OLS 回归系数 β_k 的方差的异方差性一致估计值由下式给出：

$$\text{White's}\quad \mathrm{Var}(\hat{\beta}_k)=\sum_{i=1}^{n}\hat{\upsilon}_{ki}^2e_i^2/(\sum_{i=1}^{n}\hat{\upsilon}_{ki}^2)^2$$

其中 $\hat{\upsilon}_k^2$ 是从 X_k 对方程中所有其他解释变量回归得到的 OLS 残差的平方，e_i 为原多元回归模型的第 i 个 OLS 残差。很多回归软件包提供诸方差的怀特异方差性一致估计值以及对应的稳健 t 统计量（robust t-statistic）。例如，使用 EViews，先点击“Quick”，选择“Estimate Equation”，再点击“Options”，从下拉菜单中选其中的一个选项“White”，即可得到诸方差的异方差性一致估计值。

通过用诸方差的怀特异方差性一致估计值代替其 OLS 估计值，我们解决了异方差性造成的系数的置信区间和假设检验结果不可信赖的问题，从而也就解决了在存在异方差性的情况下能否使用 OLS 法估计方程的问题。结论是我们仍可用 OLS 法估计方程的系数，因为尽管存在异方差性，但系数的 OLS 估计量毕竟还是无偏和一致的，应该说仍是具有良好性质的估计量。只不过方差 — 协方差矩阵不能再用 OLS 法估计，而要采用怀特之类的方法，得到一致估计量，如怀特的异方差性一致估计量。这类估计量的性质不是“最好的”，但它们对于某些假设条件（在这里是同方差性）的违背不敏感，这类估计量称为**稳健估计量**（robust estimators）。

与我们前面介绍的 FGLS 法相比，这里介绍的解决异方差性的方法的优越之处在于，不需要知道异方差性的具体形式。因此， 在异方差性的基本结构未知的情况下，建议仍采用 OLS 法估计系数，系数的方差 — 协方差矩阵的估计则采用稳健估计量，如怀特的异方差性一致估计量，从而解决假设检验结果不可信赖的问题。

五、实例

表 5 - 4 给出了 31 个国家 2008 年居民人均消费支出和人均国民收入的数据（以 2000 年价格计算）。

表 5 - 4　　2008 年 31 个国家居民人均消费支出和人均国民收入

国家	人均消费支出（2000 年价格，美元）C	人均国民收入（2000 年价格，美元）Y
阿根廷	6 561.0	3 393.1
埃及	1301.0	965.7
澳大利亚	14 938.0	32 624.6
巴西	2 904.0	4 334.5
巴基斯坦	446.0	525.4
波兰	3 801.0	9 563.1
德国	13 926.0	37 056.3
俄罗斯	1 877.0	3 541.3
法国	13 761.0	36 183.5
菲律宾	861.0	1 096.8
哈萨克斯坦	1 568.0	3 108.9
韩国	8 025.0	16 695.0
荷兰	12 813.0	41 133.5
捷克	3 811.0	13 293.5
老挝	285.0	382.8
孟加拉国	324.0	323.6
墨西哥	4 762.0	6 944.4
南非	2 485.0	3 668.8
泰国	1 431.0	2 910.4
土耳其	3 610.0	2 049.8
委内瑞拉	4 096.0	2 028.3
乌克兰	986.0	1 417.8
西班牙	9 727.0	25 143.1

续表

国家	人均消费支出（2000年价格，美元）C	人均国民收入（2000年价格，美元）Y
伊朗	1 219.0	1 332.9
以色列	11 861.0	21 192.1
意大利	11 594.0	29 188.1
印度	528.0	732.2
印度尼西亚	622.0	970.1
英国	19 402.0	36 597.9
越南	439.0	514.1
中国	727.0	2 541.5

资料来源：世界银行 WDI 数据库。

使用表 5－4 中的数据回归如下方程：

$$C_i=\beta_0+\beta_1 Y_i+u_i$$

OLS 回归结果如下（括号中的数字为标准误差）：

$$\hat{C}_i=1\,004.553+0.379Y_i \qquad R^2=0.900$$
$$(407.83) \qquad (0.023)$$

由于是各国的横截面数据，故有可能存在异方差性，我们用本节介绍的几种方法检验之。

1. 怀特检验

在本例中，该检验基于 e_i^2 对 Y、Y^2 回归，其 EViews 结果如表 5－5 所示：

表 5－5　　怀特检验结果

F-statistic	3.418 233	Prob. F(2，28)	0.047 0
Obs * R-squared	6.083 581	Prob. Chi-Square(2)	0.047 7

Test Equation：
Dependent Variable：RESID^2
Method：Least Squares
Sample：1 31
Included observations：31

Variable	Coefficient	Std. Error	t-Statistic	Prob.
C	1 986 435.	1 376 909.	1.442 677	0.160 2
Y	−141.282 2	290.431 9	−0.486 456	0.630 4
Y^2	0.008 123	0.007 721	1.052 053	0.301 8

R-squared	0.196 245	Mean dependent var	2 894 355.
Adjusted R-squared	0.138 833	S. D. dependent var	5 290 160.
S. E. of regression	4 909 219.	Akaike info criterion	33.742 89
Sum squared resid	6.75E+14	Schwarz criterion	33.881 67
Log likelihood	−520.014 8	Hannan-Quinn criter.	33.788 13
F-statistic	3.418 233	Durbin-Watson stat	1.654 497
Prob（F-statistic）	0.046 961		

由表中第二行可看出，检验统计量为 $nR^2=6.0836$，服从自由度为 2 的 χ^2 分布，对应的 P 值为 0.047 7，在 5%的显著性水平上拒绝同方差性的原假设。

2. 布鲁奇-帕根检验

在本例中，该检验基于 e_i^2 对 Y 回归，其 EViews 结果如表 5－6 所示：

表 5－6　布鲁奇-帕根检验结果

Heteroskedasticity Test：Breusch-Pagan-Godfrey				
F-statistic	5.708 626	Prob. F(1，29)	0.023 6	
Obs * R-squared	5.098 657	Prob. Chi-Square(1)	0.023 9	
Test Equation：				
Dependent Variable：RESID^2				
Method：Least Squares				
Sample：1 31				
Variable	Coefficient	Std. Error	t-Statistic	Prob.
C	1 171 321.	1 140 333.	1.027 174	0.312 8
Y	156.431 6	65.472 45	2.389 273	0.023 6
R-squared	0.164 473	Mean dependent var		2 894 355.
Adjusted R-squared	0.135 662	S. D. dependent var		5 290 160.
S. E. of regression	4 918 251.	Akaike info criterion		33.717 15
Sum squared resid	7.01E+14	Schwarz criterion		33.809 66
Log likelihood	−520.615 8	Hannan-Quinn criter.		33.747 30
F-statistic	5.708 626	Durbin-Watson stat		1.612 876
Prob（F-statistic）	0.023 606			

由输出结果可知，检验统计量为 $nR^2=5.099$，服从自由度为 1 的 χ^2 分布，对应的 P 值为 0.024，在 5%的显著性水平上拒绝同方差性的原假设。

上面的检验结果都拒绝同方差性的原假设，因而表明模型存在异方差性。

3. 怀特异方差性一致标准误差估计值

由于异方差性的存在，采用 OLS 法估计方程，得到的方差估计值不再是无偏的，从而导致系数的置信区间和假设检验结果不可信赖。为解决这个问题，我们采用怀特异方差性一致标准误差估计值代替之。应用 EViews，得到如表 5－7 所示的结果：

表 5－7　怀特异方差性一致标准误差

Dependent Variable：CC

Method：Least Squares

Included observations：31

White Heteroskedasticity-Consistent Standard Errors & Covariance

Variable	Coefficient	Std. Error	t-Statistic	Prob.
C	1 004.553	336.806 8	2.982 580	0.005 7
Y	0.379 407	0.033 043	11.482 26	0.000 0

R-squared	0.900 529	Mean dependent var	5 183.581
Adjusted R-squared	0.897 099	S. D. dependent var	5 483.380
S. E. of regression	1 758.967	Akaike info criterion	17.845 18
Sum squared resid	89 725 005	Schwarz criterion	17.937 70
Log likelihood	−274.600 3	Hannan-Quinn criter.	17.875 34
F-statistic	262.542 9	Durbin-Watson stat	1.651 105
Prob (F-statistic)	0.000 000		

据此写出方程的回归结果如下：

$$\hat{C}_i = 1\,004.553 + 0.379Y_i \qquad R^2 = 0.900$$
$$(336.80) \qquad (0.033)$$

不难看出，解释变量的异方差性一致标准误差大于用 OLS 法估计的标准误差，但这并不是必然的，对于其他数据集来说，未必如此。

4. 加权最小二乘法

先应用格里瑟法得到权重，过程如下：

我们用上面的 OLS 回归得到的残差的绝对值对解释变量的不同幂次回归，得到下列结果（括号中的数字为 t 值）：

$$|\hat{e}_i| = 845.64 + 0.037Y_i \qquad R^2 = 0.191$$
$$(3.41) \qquad (2.61)$$

$$|\hat{e}_i| = 1\,511.41 - 415\,716.6(Y_i)^{-1} \qquad R^2 = 0.081$$
$$(5.812) \qquad (-1.60)$$

$$|\hat{e}_i| = 1\,829.85 - 28\,286.01(Y_i)^{-0.5} \qquad R^2 = 0.123$$
$$(5.27) \qquad (-2.02)$$

$$|\hat{e}_i| = 578.28 + 7.97(Y_i)^{0.5} \qquad R^2 = 0.183$$
$$(1.76) \qquad (2.55)$$

不难看出，在这些回归中，第一个方程的拟合程度较高，且斜率系数的 t 值的绝对值均大于 2，故模型的异方差形式设为

$$\sigma_i^2 = \delta Y_i^2$$

将原模型两端除以 Y，回归结果如下（括号中的数字为标准误差）：

$$\frac{\hat{C}}{Y} = 0.637 + 153.40\,\frac{1}{Y} \qquad R^2 = 0.57$$
$$(0.102)\ (102.12)$$

对上述回归结果进行怀特检验，得到检验统计量 $nR^2 = 0.958$，对应的 P 值为 0.620，故接受同方差性的原假设，说明模型已消除异方差性。

第四节　自相关

一、定义

若 $\mathrm{Cov}(u_i, u_j)=E(u_iu_j)=0(i\neq j)$ 不成立，即线性回归模型扰动项的方差—协方差矩阵的非主对角线元素不全为零，则称为扰动项**自相关**，或**序列相关**（serial correlation）。

二、自相关的原因及后果

1. 原因

自相关主要发生在时间序列数据的情形，因而亦称为序列相关，主要有以下两种原因。

（1）冲击的延期影响（惯性）。在时间序列数据的情况下，随机冲击（扰动）的影响往往持续不止一个时期。例如，地震、洪水、罢工或战争等将在发生期的后续若干期中影响经济运行。

微观经济中的问题也与此类似，例如一个工厂的产量，由于某种外部偶然因素的影响（如某种原材料的供应出了问题），该厂某周产量低于正常水平，那么，在随后的一周或几周中，由于这种影响的存在或延续，产量也很可能低于正常水平（即扰动项为负）。

不难看出，观测的周期越长，这种延期影响的严重性就越小。因此，年度数据与季度数据相比，存在序列相关问题的可能性要小。

（2）误设定。如果忽略了一个有关的解释变量，而该变量是自相关的，则将使扰动项自相关，不正确的函数形式也可能导致同样的后果。在这些情况下，解决方法是纠正误设定。本章后面将介绍的纠正自相关的方法都不适用于这种情况的自相关。

2. 后果

扰动项自相关对 OLS 估计量有什么影响呢？与异方差性的情况类似，OLS 估计量仍然是无偏且一致的，这是因为这些性质不依赖于扰动项互不相关的假设，而只是取决于扰动项均值为零和解释变量非随机的假设。可是，OLS 估计量的方差则不同。以简单线性模型为例，在扰动项自相关的情况下，由第三章的结果，$\hat{\beta}_{\mathrm{OLS}}$ 的方差是

$$\begin{aligned}\mathrm{Var}(\hat{\beta}_{\mathrm{OLS}})&=E(\hat{\beta}-\beta)^2\\&=\frac{1}{(\sum x_i^2)^2}\Big(\sum x_i^2E(u_i^2)+\sum_{i\neq j}x_ix_jE(u_iu_j)\Big)\\&=\frac{1}{(\sum x_i^2)^2}\Big(\sum x_i^2\sigma^2+\sum_{i\neq j}x_ix_jE(u_iu_j)\Big)\\&=\frac{\sigma^2}{\sum x_i^2}+\frac{\sum_{i\neq j}x_ix_jE(u_iu_j)}{(\sum x_i^2)^2}\end{aligned}$$

其中第三个等号成立是因为这里同方差性的假设仍成立。注意到若 $E(u_iu_j)=0$，$i\neq j$，也就是扰动项互不相关，则上式回到 $\sigma^2/\sum x_i^2$，即不存在自相关情况下的 $\mathrm{Var}(\hat{\beta}_{\mathrm{OLS}})$ 的常

规公式。但在自相关的情况下，上式第二项不等于 0。因此，回归软件包所计算的 $s^2/\sum x_i^2$ 是 $\hat{\beta}_{OLS}$ 方差的有偏估计值。

由上面的说明可知自相关的后果与异方差性的后果类似。

(1) 在扰动项自相关的情况下，尽管 OLS 估计量仍为无偏和一致的，但不再具有最小方差的性质，即不是 BLUE。

(2) OLS 估计量的标准误差不再是真实标准误差的无偏估计量，这使得在自相关的情况下，无法再信赖回归参数的置信区间或假设检验的结果。

三、自相关的检验

1. 检验一阶自相关的德宾-沃森检验法

(1) 一阶自相关。自相关的最简单模式为

$$u_t=\rho u_{t-1}+\varepsilon_t,\quad t=1,2,\cdots,n \tag{5.21}$$

式中，ρ 为自相关系数（$-1\leqslant\rho\leqslant1$）。这种扰动项的自相关称为一阶自相关，即扰动项仅与其前一期的值有关。根据 ρ 值的不同，可分为以下三种情况：

$\rho>0$：　正自相关

$\rho<0$：　负自相关

$\rho=0$：　无自相关

在一阶自相关模式中，假定 ε_t 具有以下性质：

$$E(\varepsilon_t)=0,\ E(\varepsilon_t^2)=\sigma^2=\text{常数},\ E(\varepsilon_i\varepsilon_j)=0(i\neq j),\ \varepsilon_t\text{ 服从正态分布}$$

在计量经济学中，具备上述性质的量称为**白噪声**（white noise），表示为

$$\varepsilon_t=\text{白噪声}$$

(2) 德宾-沃森检验法。

检验一阶自相关的最著名的方法是德宾-沃森检验法（DW 法）。DW 法要检验的原假设是 H_0：$\rho=0$。若 H_0 为真，则 $u_t=\varepsilon_t$，所检验的模型不存在扰动项的自相关；若拒绝原假设，则结论是存在自相关。使用的检验统计量是 DW（或 d）统计量，该统计量是从 OLS 回归的残差中计算出来的，它被用于一阶自相关的检验，计算公式为

$$DW=\frac{\sum_{t=2}^{n}(e_t-e_{t-1})^2}{\sum_{t=1}^{n}e_t^2} \tag{5.22}$$

式中，$e_t=Y_t-\hat{Y}_t$，$t=1,2,\cdots,n$。

我们这里实际上是用最小二乘残差 e_t 作为扰动项 u_t 的估计值，因为 u_t 是不可观测的，这和我们在检验异方差性时的处理方法类似。下面简单分析一下 DW 检验的原理。

DW 统计量的分子是 $\sum_{t=2}^{n}(e_t-e_{t-1})^2$，即残差变动的平方和。如果相继两期的扰动项存在正自相关性，则它们的值一般符号相同，因而 $\sum_{t=2}^{n}(u_t-u_{t-1})^2$ 应该很小。极端情况是

$\rho=1$，这时 $u_t=u_{t-1}$，从而 $\sum_{t=2}^{n}(u_t-u_{t-1})^2=0$，$\sum_{t=2}^{n}(e_t-e_{t-1})^2$ 也应该约等于零。另外，如果相继两期的扰动项存在负自相关性，则它们的值一般符号相反，因而 $\sum_{t=2}^{n}(u_t-u_{t-1})^2$ 应该大，极端情况是 $\rho=-1$，这时 $u_t=-u_{t-1}$，从而

$$\frac{\sum_{t=2}^{n}(u_t-u_{t-1})^2}{\sum_{t=1}^{n}u_t^2}\approx 4 \quad (\text{当 } n \text{ 较大时})$$

相应地有

$$\frac{\sum_{t=2}^{n}(e_t-e_{t-1})^2}{\sum_{t=1}^{n}e_t^2}\approx 4$$

将 DW 统计量的分子展开，我们有

$$\begin{aligned}\sum_{t=2}^{n}(e_t-e_{t-1})^2&=\sum_{t=2}^{n}(e_t^2-2e_te_{t-1}+e_{t-1}^2)\\&=\sum_{t=2}^{n}e_t^2+\sum_{t=2}^{n}e_{t-1}^2-2\sum_{t=2}^{n}e_te_{t-1}\\&=(\sum_{t=1}^{n}e_t^2-e_1^2)+(\sum_{t=1}^{n}e_t^2-e_n^2)-2\sum_{t=2}^{n}e_te_{t-1}\\&=2\sum_{t=1}^{n}e_t^2-2\sum_{t=2}^{n}e_te_{t-1}-(e_1^2+e_n^2)\end{aligned}$$

故

$$DW=\frac{\sum_{t=2}^{n}(e_t-e_{t-1})^2}{\sum_{t=1}^{n}e_t^2}=2\left(1-\frac{\sum_{t=2}^{n}e_te_{t-1}}{\sum_{t=1}^{n}e_t^2}\right)-\frac{e_1^2+e_n^2}{\sum_{t=1}^{n}e_t^2} \tag{5.23}$$

当 n 充分大时，最后一项可以认为约等于零，因此有

$$DW\approx 2\left(1-\frac{\sum_{t=2}^{n}e_te_{t-1}}{\sum_{t=1}^{n}e_t^2}\right) \tag{5.24}$$

另外，用 OLS 法估计 $e_t=\rho e_{t-1}+\varepsilon_t(t=2，3，\cdots，n)$，得出

$$\hat{\rho}=\frac{\sum_{t=2}^{n}e_te_{t-1}}{\sum_{t=2}^{n}e_{t-1}^2}=\frac{\sum_{t=2}^{n}e_te_{t-1}}{\sum_{t=1}^{n-1}e_t^2} \tag{5.25}$$

式中，$\hat{\rho}$ 为一阶自相关系数 ρ 的估计值。

比较式（5.24）和式（5.25），容易看出，DW 和一阶自相关系数 ρ 的估计值 $\hat{\rho}$ 之间存在以下近似关系：

$$DW \approx 2-2\hat{\rho}$$

$$\hat{\rho} \approx 1-\frac{DW}{2}$$

由于 $-1 \leqslant \rho \leqslant 1$，因而 $0 \leqslant DW \leqslant 4$。

由上述关系，我们有

$\rho=1 \Rightarrow DW \approx 0$，正自相关

$\rho=0 \Rightarrow DW \approx 2$，无自相关

$\rho=-1 \Rightarrow DW \approx 4$，负自相关

不难看出，直观的判断准则是，当 DW 统计量接近 2 时，无自相关；DW 值离 2 越远，自相关存在的可能性越大。

我们当然期望能够有一张给出相应的 n，k 和 α 值下各种 DW 临界值的表（就像 t 检验、F 检验一样），使得我们可以像常规假设检验那样根据临界值作出判断。这样的表是根据检验统计量在原假设成立的情况下的抽样分布编制的。遗憾的是，DW 统计量的分布依赖于解释变量的具体观测值（即依赖于 $\mathbf{X}$ 矩阵），因此不像 t 检验、F 检验那样，有一张能够给出 DW 临界值的表。

为解决这个问题，德宾和沃森证明，DW 统计量的真实分布位于两个极限分布之间，这两个分布分别称为下分布和上分布，如图 5－1 所示。

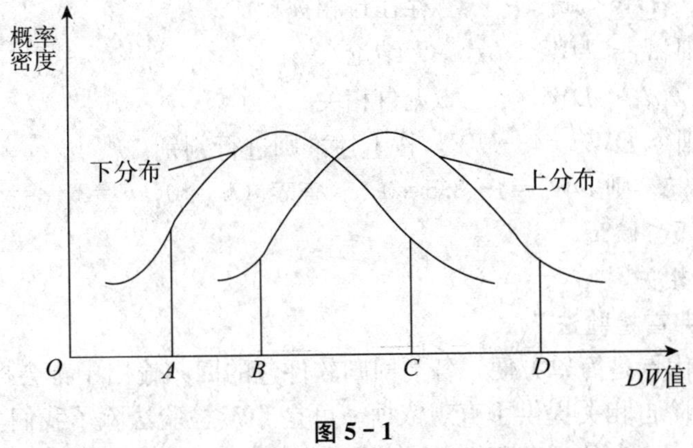

图 5－1

每个分布的 95%的临界值用 A，B，C，D 表示。

现假设 DW 统计量的值位于 A 的左侧，则不管这种情况下的 DW 统计量服从何种分布（上、下或中间），无自相关的原假设都将被拒绝。与此类似，若 DW 统计量的值位于 D 的右侧，则亦可拒绝无自相关的原假设。若 DW 统计量的值位于 B 和 C 之间，则可接受原假设。而若 DW 统计量的值位于 A 和 B 之间或 C 和 D 之间，则无法得出结论。上述分析可以概括为：

$DW<A$ 或 $DW>D$，存在自相关

$B<DW<C$，无自相关

$A<DW<B$ 或 $C<DW<D$，无结论

无结论区的存在是 DW 法的最大缺陷。

德宾和沃森据此导出了一个下界 d_L 和一个上界 d_U 来检验自相关，d_L 和 d_U 仅依赖于观测值的数目 n、解释变量的个数 k 以及显著性水平 α，而不依赖于解释变量所取的值（请参阅 DW 统计量的临界值表）。

实际的检验程序可用示意图 5-2 说明。

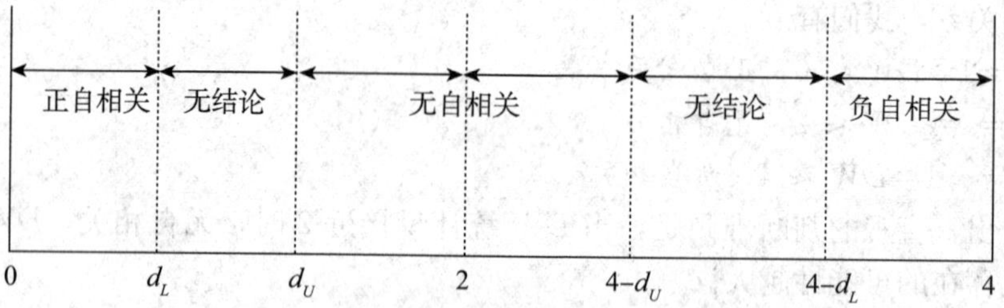

图 5-2

检验程序如下：

(1) 用 OLS 法对原模型进行回归，得到残差 $e_t(t=1, 2, \cdots, n)$。

(2) 计算 DW 值（大多数计算机程序都会给出 DW 值）。

(3) 用 n，k 和 α 查表得 d_L，d_U。

(4) 判别。

$$若\ DW<2，则\begin{cases} DW<d_L， & 存在自相关 \\ d_L<DW<d_U， & 无结论 \\ d_U<DW， & 无自相关 \end{cases}。$$

若 $DW>2$，则令 $DW'=4-DW$，按上述准则进行判别。

例如，$DW=3.5$，则 $DW'=4-3.5=0.5$。查表（$n=30$，$k=2$，$\alpha=5\%$）得 $d_L=1.28$，

$DW'=0.5<1.28$

结论：存在自相关。

2. 布鲁奇-戈弗雷检验法

DW 检验法的优点是简单方便，各类回归软件包的回归输出中都会提供 DW 值，通常为判断是否存在一阶自相关提供了直观依据。可是 DW 检验法除了我们上面讨论过的存在无结论区的缺陷外，还有使用范围上的一些限制：(1) 只能检验一阶自相关；(2) 当方程的解释变量中包括滞后因变量（如 Y_{t-1}，Y_{t-2} 等）时，用 DW 法容易产生偏差；(3) 当回归中无常数项时，也不宜采用 DW 法。

针对 DW 检验法的上述缺陷和限制，计量经济学家提出了不少检验扰动项自相关的方法，其中用得最广泛的是布鲁奇（T. S. Breusch）和戈弗雷（L. G. Godfrey）在 20 世纪 70 年代末期提出的方法，该方法也被称为拉格朗日乘数法（LM 法）。

布鲁奇和戈弗雷的思路是在一阶自相关情况下用原模型的 OLS 残差 e_t 对 e_{t-1} 以及原模型中的诸解释变量进行回归，检验统计量是 $(n-1)R^2$，它在原假设（e_{t-1} 的系数为 0）

下的分布是自由度为 1 的 χ^2 分布（$\chi^2(1)$）。

布鲁奇-戈弗雷检验法弥补了DW法的缺陷，解决了DW法的限制，用起来也不复杂。该方法的优势在于它不仅可检验一阶自相关，而且很容易推广到高阶自相关的检验。

考虑回归模型：

$$\text{A:}\quad Y_t=\sum_{i=1}^{k}X_{it}\beta_i+u_t,\ t=1,\ 2,\ \cdots,\ n$$

$$\text{B:}\quad u_t=\rho_1u_{t-1}+\rho_2u_{t-2}+\cdots+\rho_pu_{t-p}+\varepsilon_t,\ \varepsilon_t=\text{白噪声}$$

A式中诸 X 也可以包括滞后因变量。我们要检验的是：H_0：$\rho_1=\rho_2=\cdots=\rho_p=0$，即扰动项不存在任何阶数的自相关。

LM检验步骤如下：

（1）用OLS法估计A式，得到最小二乘残差 e_t。

（2）估计下面的方程：

$$\text{C:}\quad e_t=\sum_{i=1}^{k}X_{it}\gamma_i+\sum_{i=1}^{p}e_{t-i}\rho_i+\eta_t,\ t=p+1,\ p+2,\ \cdots,\ n$$

计算 R^2 值。

（3）检验是否所有 e_{t-i} 的系数都等于0。这里通常不用 F 检验而是用 χ^2 检验，因为LM检验是大样本检验。检验统计量为 $(n-p)R^2$，该统计量服从自由度为 p 的 χ^2 分布，即

$$(n-p)R^2\sim\chi^2(p)$$

LM检验的缺点是：滞后长度 p 不能先验地确定，需要反复尝试，可以考虑用赤池和施瓦茨信息准则来选择滞后长度。

四、消除自相关的方法

从自相关的定义和所造成的后果来看，自相关与异方差性有很多类似之处。这不是偶然的，它们都涉及扰动项的方差—协方差矩阵等于 $\sigma^2\boldsymbol{I}_n$ 的假设条件遭到了破坏。因此可以将它们归为同一类问题：**非球形扰动项**（non-spherical disturbances）。由于这个原因，消除自相关的方法也与异方差性的类似：一是采用FGLS法；二是仍用OLS法，但使用方差—协方差矩阵的稳健估计值。

1. FGLS法

我们在上一节介绍时提到，FGLS法的核心是估计 $\boldsymbol{\Omega}$ 矩阵。对于单纯异方差性的情况，只涉及主对角线元素的估计，结合实际问题提供的有关异方差性基本结构的信息，就有可能估计出 $\boldsymbol{\Omega}$ 矩阵。在自相关的情况下，需要估计的元素要多得多，事实上，由于 $\boldsymbol{\Omega}$ 是对称矩阵，要估计的元素个数是 $n\times(n-1)/2$。在只有 n 个观测值的情况下，不存在可行的估计方法。因此，需要做某种假设以简化问题，使得我们可以用很少的参数来表示 $\boldsymbol{\Omega}$ 矩阵中的各协方差，估计出这些参数后，也就估计出了 $\boldsymbol{\Omega}$ 矩阵。其中最著名的是假设扰动项的自相关模式为一阶自相关，下面我们就来讨论消除一阶自相关的方法。

如果实际问题的自相关模式为一阶自相关，则只要知道 ρ，就可以完全消除自相关，

下面用双变量模型来说明，但同样的原理适用于多个解释变量的情形。

设 $Y_t = \alpha + \beta X_t + u_t$ (5.26)

$$u_t = \rho u_{t-1} + \varepsilon_t$$

式中，ε_t 为白噪声，且 $\rho \neq 0$。

式（5.26）两端取一期滞后，得

$$Y_{t-1} = \alpha + \beta X_{t-1} + u_{t-1} \tag{5.27}$$

式（5.27）两端乘以 ρ，得

$$\rho Y_{t-1} = \alpha\rho + \beta\rho X_{t-1} + \rho u_{t-1} \tag{5.28}$$

式（5.26）减去式（5.28），得

$$Y_t - \rho Y_{t-1} = \alpha(1-\rho) + \beta(X_t - \rho X_{t-1}) + (u_t - \rho u_{t-1}) \tag{5.29}$$

式（5.29）中的扰动项为 $u_t - \rho u_{t-1} = \varepsilon_t$，从而满足标准假设条件。

令 $Y_t' = Y_t - \rho Y_{t-1}$，$X_t' = X_t - \rho X_{t-1}$，$\alpha' = \alpha(1-\rho)$，有

$$Y_t' = \alpha' + \beta X_t' + \varepsilon_t \tag{5.30}$$

若 ρ 为已知，就可用 OLS 法直接估计式（5.30），否则需要先估计 ρ。

在 ρ 未知的情况下，通常用下列两种方法。

（1）科克伦-奥克特（Cochrane-Orcutt）法。

科克伦-奥克特法是一个迭代过程，步骤如下：

1）估计原模型，计算 OLS 残差 $e_t (t=1, 2, \cdots, n)$。

2）e_t 对 e_{t-1} 回归，即估计 $e_t = \rho e_{t-1} + \varepsilon_t$，得到 ρ 的估计值 $\hat{\rho}$。

3）用 $\hat{\rho}$ 产生

$$Y_t' = Y_t - \hat{\rho} Y_{t-1}, \quad X_t' = X_t - \hat{\rho} X_{t-1}$$

然后估计 $Y_t' = \alpha' + \beta X_t' + \varepsilon_t$，得到 α 和 β 的估计值 $\hat{\alpha}$ 和 $\hat{\beta}$。

4）重新计算残差，返回第 2）步。

此过程不断修改 $\hat{\rho}$ 和 $\hat{\alpha}$，$\hat{\beta}$，直至收敛。

（2）希尔德雷斯-卢（Hildreth-Lu）法。

此方法实际上是一种格点搜索（grid search）法，即在 ρ 的预先指定范围（如 $-1 \sim 1$）内指定格点之间的距离（如 0.01），然后用这样产生的全部 ρ 值（-1.00，-0.99，$\cdots$，1.00），产生

$$Y_t' = Y_t - \rho Y_{t-1}, \quad X_t' = X_t - \rho X_{t-1}$$

从而估计

$$Y_t' = \alpha' + \beta X_t' + \varepsilon_t$$

用产生最小标准误差的 ρ 值作为 ρ 的估计值，用该 ρ 值得到的 $\hat{\alpha}$ 和 $\hat{\beta}$ 即原模型的系数估计值。

2. 仍用 OLS 法估计系数，但使用方差—协方差矩阵的稳健估计值

1987 年 Newey 和 West 给出了 OLS 估计量的一个简单的异方差性和自相关一致方差—协方差矩阵，无须规定序列相关的函数形式。该方法在怀特用 OLS 残差平方 e_i^2 替代方差的思路的基础上进行了拓展，加上了 OLS 残差的积 $e_t e_{t-s}$，$s=0, \pm 1, \cdots, \pm p$，其中 p 是我们希望假定的序列相关的最大阶数。此方法的一致性依赖于 p，而 p 相对观测值的数目 n 而言非常小。这是因为前面各期扰动项对当期扰动项的影响是迅速衰减的。Newey 和 West 方法允许给高阶的协方差项赋予递减的权重。

EViews 中也提供了 Newey 和 West 方法。

五、实例

表 5-8 给出了我国 1985—2009 年农村居民人均消费支出、人均纯收入及农村居民消费价格指数的数据。

表 5-8　1985—2009 年农村居民人均消费支出、人均纯收入及农村居民消费价格指数

年份	农村居民人均消费支出(元) C	农村居民人均纯收入(元) Y	农村居民消费价格指数 P
1985	317.4	397.6	100.0
1986	357.0	423.8	106.1
1987	398.3	462.6	112.7
1988	476.7	544.9	132.4
1989	535.4	601.5	157.9
1990	584.6	686.3	165.1
1991	619.8	708.6	168.9
1992	659.2	784.0	176.8
1993	769.7	921.6	201.0
1994	1 016.8	1 221.0	248.0
1995	1 310.4	1 577.7	291.4
1996	1 572.1	1 926.1	314.4
1997	1 617.2	2 090.1	322.3
1998	1 590.3	2 162.0	319.1
1999	1 577.4	2 210.3	314.3
2000	1 670.1	2 253.4	314.0
2001	1 741.1	2 366.4	316.5
2002	1 834.3	2 475.6	315.2
2003	1 943.3	2 622.2	320.2
2004	2 184.7	2 936.4	335.6
2005	2 555.4	3 254.9	343.0
2006	2 829.0	3 587.0	348.1
2007	3 223.9	4 140.4	366.9
2008	3 660.7	4 760.6	390.7
2009	3 993.5	5 153.2	389.5

资料来源：中国统计年鉴 2010. 北京：中国统计出版社，2010.

OLS 回归结果如下（括号中的数字为标准误差）：

$$\hat{CR}_t = 23.72 + 0.87YR_t - 0.23P_t - 0.15DP_t \qquad R^2 = 0.994$$
$$(13.973)\ (0.035) \qquad (0.076) \qquad (0.042) \qquad DW = 0.839$$

其中，CR ＝农村居民人均消费支出的不变价（1985 年＝100）；

YR ＝农村居民人均纯收入的不变价（1985 年＝100）；

P ＝农村居民消费价格指数；

$$D=\begin{cases}0，1999\text{ 年以前}\\1，1999\text{ 年及以后}\end{cases}$$。

下面对模型进行自相关的检验。

1. DW 检验

模型的 DW 值为 0.839，查临界值表（$n=25$，$k=3$，$\alpha=5\%$）得 $d_L=0.906$，由于 $DW=0.839<d_L$，故存在一阶自相关。下面我们再检验是否存在高阶自相关。

2. 布鲁奇-戈弗雷检验（LM 检验）

采用布鲁奇-戈弗雷法检验自相关，先检验一阶自相关，回归结果如表 5－9 所示。

表 5－9　LM 法检验结果

F-statistic	10.647 36	Prob. F(1，20)	0.003 9
Obs * R-squared	8.685 379	Prob. Chi-Square(1)	0.003 2

Test Equation：

Dependent Variable：RESID

Method：Least Squares

Sample：1985 2009

Included observations：25

Variable	Coefficient	Std. Error	t-Statistic	Prob.
C	16.937 91	12.678 01	1.336 007	0.196 6
YR	－0.036 725	0.031 179	－1.177 872	0.252 7
P	－0.007 728	0.063 181	－0.122 314	0.903 9
D * P	0.066 196	0.040 604	1.630 275	0.118 7
RESID(－1)	0.684 101	0.209 652	3.263 029	0.003 9

R-squared	0.347 415	Mean dependent var	5.74E－14
Adjusted R-squared	0.216 898	S. D. dependent var	16.254 75
S. E. of regression	14.384 33	Akaike info criterion	8.347 012
Sum squared resid	4 138.177	Schwarz criterion	8.590 787
Log likelihood	－99.337 65	Hannan-Quinn criter.	8.414 625
F-statistic	2.661 839	Durbin-Watson stat	1.556 208
Prob(F-statistic)	0.062 673		

根据表 5－9 中的结果有：检验统计量 $LM=8.685$，由于相应的 P 值为 0.003 2，因而拒绝无序列相关的原假设。接着进行二阶自相关的检验，结果如表 5－10 所示。

表 5-10　LM 法检验结果

F-statistic	5.591 577	Prob. F(2，19)	0.012 3
Obs * R-squared	9.262 744	Prob. Chi-Square(2)	0.009 7

Test Equation：
Dependent Variable：RESID
Method：Least Squares
Sample：1985 2009
Included observations：25
Presample missing value lagged residuals set to zero.

Variable	Coefficient	Std. Error	t-Statistic	Prob.
C	10.212 94	15.102 42	0.676 245	0.507 0
YR	−0.022 024	0.036 015	−0.611 505	0.548 1
P	−0.005 354	0.063 728	−0.084 012	0.933 9
D * P	0.040 570	0.051 149	0.793 173	0.437 5
RESID(−1)	0.729 390	0.218 111	3.344 121	0.003 4
RESID(−2)	−0.222 386	0.266 360	−0.834 906	0.414 1

R-squared	0.370 510	Mean dependent var	5.74E−14
Adjusted R-squared	0.204 854	S. D. dependent var	16.254 75
S. E. of regression	14.494 52	Akaike info criterion	8.390 981
Sum squared resid	3 991.729	Schwarz criterion	8.683 511
Log likelihood	−98.887 26	Hannan-Quinn criter.	8.472 116
F-statistic	2.236 631	Durbin-Watson stat	1.742 415
Prob(F-statistic)	0.092 685		

根据表5-10中的结果有：检验统计量$LM=9.263$，由于相应的P值为0.009 7，因而拒绝无序列相关的原假设。根据表 5-9、表 5-10 的检验结果，模型是一阶自相关还是二阶自相关呢？这时就可以用 AIC 或 SC 准则来判断。

表5-9中一阶自相关检验的AIC值为8.347，小于表5-10中二阶自相关检验的AIC值8.391，所以模型存在一阶自相关。

3. 科克伦-奥克特法

现在我们应用科克伦-奥克特法消除原模型的一阶自相关，结果如下：

$$CR_t-0.586\,8CR_{t-1}=22.895+0.841(YR_t-0.586\,8YR_{t-1})-0.287(P_t-0.586\,8P_{t-1})-0.089(DP_t-0.586\,8DP_{t-1})+e_t$$

为了检验变换后模型是否还存在自相关，再应用 LM 法进行一阶自相关检验，结果如下：检验统计量 $LM=2.595$，由于相应的 P 值为 0.107 2，因而接受无序列相关的原假设，表明原模型的自相关已被消除。

4. Newey-West 异方差和自相关一致标准误差

采用 Newey-West 异方差和自相关一致标准误差的输出结果见表 5-11。

表 5-11　　Newey-West 异方差和自相关一致标准误差

Dependent Variable：CR
Method：Least Squares
Sample：1985 2009
Included observations：25
Newey-West HAC Standard Errors & Covariance (lag truncation = 2)

Variable	Coefficient	Std. Error	t-Statistic	Prob.
C	23.721 25	16.304 19	1.454 918	0.160 5
YR	0.870 392	0.024 900	34.955 56	0.000 0
P	−0.224 575	0.108 213	−2.075 300	0.050 4
D∗P	−0.147 767	0.044 944	−3.287 830	0.003 5

R-squared	0.993 589	Mean dependent var	534.618 3
Adjusted R-squared	0.992 673	S. D. dependent var	203.012 5
S. E. of regression	17.377 06	Akaike info criterion	8.693 826
Sum squared resid	6 341.209	Schwarz criterion	8.888 846
Log likelihood	−104.672 8	Hannan-Quinn criter.	8.747 916
F-statistic	1 084.900	Durbin-Watson stat	0.839 154
Prob(F-statistic)	0.000 000		

根据结果，我们有

$$\hat{CR}_t = 23.72 + 0.87YR_t - 0.22P_t - 0.15DP_t \qquad R^2 = 0.994$$
$$(16.30) \quad (0.025) \quad (0.108) \quad (0.045) \qquad DW = 0.839$$

第五节　随机解释变量

本节讨论解释变量为非随机变量的假设不成立的情况。

一、随机解释变量造成的估计问题

为简单起见，我们以双变量模型为例来讨论，结论同样适用于多元线性回归模型。

双变量线性回归模型的统计假设的第(4)条是一个比较强的假设，它表明解释变量 X 是非随机的，即在重复抽样的情况下取固定值，因而与各期扰动项无关。由此，我们证明了最小二乘估计量的无偏性，我们也不难证明最小二乘估计量的一致性。

由统计学可知，一致性(即估计量 $\hat{\theta}$ 是一致估计量）的充分条件是：

$$\lim_{n\to\infty} E(\hat{\theta}) = \theta$$
$$\lim_{n\to\infty} \mathrm{Var}(\hat{\theta}) = 0$$

对于 OLS 估计量，我们有 $E(\hat{\beta}) = \beta$ 对于任何 n 成立，并且当 n 趋向无穷时，有

$$\sum_{t=1}^{n} x_t^2 = \sum_{t=1}^{n} (X_t - \overline{X})^2 \rightarrow \infty$$

$$\therefore \mathrm{Var}(\hat{\beta}) = \frac{\sigma^2}{\sum x_t^2} \rightarrow 0$$

因此，$\hat{\beta}$ 是 β 的一致估计量，记为

$$\operatorname*{plim}_{n \to \infty} \hat{\beta} = \beta \tag{5.31}$$

也就是说，如果满足第(4)条假设，即 X 为非随机变量，则 OLS 估计量既是无偏的，又是一致的。

当 X 为非随机变量的假设条件不成立时情况会怎样呢？我们分三种情况讨论。

(1) 即使解释变量是随机的，只要每一个 X_t 都独立于所有的扰动项 $u_t(t=1, 2, \cdots, n)$，即

$$\mathrm{Cov}(X_s, u_t) = 0, \quad s, t = 1, 2, \cdots, n$$

我们在证明无偏性时所用的式子

$$\hat{\beta} = \beta + \frac{\sum x_t u_t}{\sum x_t^2} = \beta + \sum k_t u_t, \quad t = 1, 2, \cdots, n \tag{5.32}$$

中的权数 k_t 就独立于相应的扰动项 u_t，因而无偏性和一致性仍然成立。

(2) 如果再减弱一点，只有 X_t 独立于相应的扰动项 u_t，即随机解释变量与扰动项同期无关：

$$\mathrm{Cov}(X_t, u_t) = 0, \quad t = 1, 2, \cdots, n$$
$$\mathrm{Cov}(X_t, u_{t-s}) \neq 0 \quad (s \neq 0)$$

则无偏性不再成立，但一致性仍将成立。我们通过一个例子加以说明。

设有一个简单的消费模型，其中当期消费 Y_t 是前期消费 Y_{t-1} 的函数，此模型可用于描述习惯性消费，如香烟消费。回归方程为

$$Y_t = \alpha + \beta Y_{t-1} + u_t, \quad t = 2, \cdots, n \tag{5.33}$$

这里由于滞后失去了一个观测值，显然 Y_t 与 u_t 相关。这里的问题是，Y_{t-1} 是否与 u_t 相关？Y_{t-1} 是这个方程中的解释变量。只要各期扰动项互不相关的假设仍然成立，由于 u_t 是一个新抽取的扰动项，它独立于所有前期的扰动项，从而也就与已经前定的 Y_{t-1} 不相关。β 的 OLS 估计量为

$$\hat{\beta} = \sum y_t y_{t-1} / \sum y_{t-1}^2 = \beta + \sum y_{t-1} u_t / \sum y_{t-1}^2 \tag{5.34}$$

上式的期望值不等于 β，因为一般来说，

$$E\left(\sum y_{t-1} u_t / \sum y_{t-1}^2\right) \neq E\left(\sum y_{t-1} u_t\right) / E\left(\sum y_{t-1}^2\right)$$

即比率的期望值不等于期望值之比。同时，即使 $E\left(\sum Y_{t-1} u_t\right) = 0$，也容易证明

$E(\sum y_{t-1}u_t) \neq 0$。

事实上，$y_{t-1} = Y_{t-1} - \bar{Y}$，$\bar{Y}$ 中包含 Y_t，而我们知道 $E(\sum Y_t u_t) \neq 0$。因此，我们失去了 OLS 的无偏性。可是，$\hat{\beta}$ 是一致估计量，因为

$$\widehat{\text{plim}\beta} = \beta + \text{Cov}(Y_{t-1}, u_t)/\text{Var}(Y_{t-1}) = \beta \tag{5.35}$$

此式由式(5.34)而来，两个等号成立基于下列事实：

$\text{plim}(\sum y_{t-1}u_t/n)$ 就是 $\text{Cov}(Y_{t-1}, u_t)$，后者等于0；

$\text{plim}(\sum y_{t-1}^2/n)$ 就是 $\text{Var}(Y_{t-1})$，后者是有限正数。

(3) 若上述两条都不满足，则存在随机解释变量 X_t 与扰动项 u_t 相关的问题，这就是内生性问题，即

$$\text{Cov}(X_t, u_t) \neq 0$$

此时 OLS 估计量既是有偏的，又是不一致的。这很容易从式(5.32)推出。这意味着OLS不再是一个可以接受的估计量。在这种情况下，需要找出另外的估计量来解决这个问题，工具变量法(IV 法)是此问题的主要解决方案。

二、工具变量

在模型中遗漏解释变量经常会导致内生性问题。例如，在一个收入回归方程中，实际模型是：

$$\ln(income) = \beta_0 + \beta_1 year\_educ + \beta_2 abil + u$$

式中，因变量 $\ln(income)$ 是每年收入的对数项，解释变量有两个：受教育年限 $year\_educ$ 和能力 $abil$，u 是误差项。

但是由于能力 $abil$ 缺乏恰当的度量方式，我们无法获取该变量的数据，所以一个自然的考虑是将 $abil$ 放入误差项中，留下来的就是简单回归模型：

$$\ln(income) = \beta_0 + \beta_1 year\_educ + u$$

很显然，式中的误差项 u 中包含了能力 $abil$。由于一般来说，受教育年限 $year\_educ$ 和能力 $abil$ 是相关的，所以这个简单回归模型不满足零条件均值假定，存在**内生性问题**。此时的 $\hat{\beta}_1$ 不仅包含了受教育年限对收入的直接影响，还包含了由于受教育年限和工作能力相关所带来的工作能力对收入的间接影响。

此时解释变量 $educ\_year$ 被认为是内生解释变量，它与误差项相关。此时，如果用 OLS 回归，就会导致估计量有偏并且不一致。

工具变量法提供了一种解决方法。我们引入一个新的可观测变量 Z，它的特点是：它的变化与 X 的变化相关，但不会直接导致 Y 的变化(除了通过 X 产生的间接变化以外)。这其实相当于要求 Z 和 X 相关，但 Z 与除了 X 以外的影响 Y 的其他因素无关，即 $\text{Cov}(Z, X) \neq 0$ 且 $\text{Cov}(Z, u) = 0$。满足这两个条件时，我们称 Z 是 X 的**工具变量**(instrumental variable, IV)。

*三、工具变量估计：工具变量(IV)法和两阶段最小二乘(TSLS)法

由上文可知，当模型违背经典假设 $\mathrm{Cov}(X_t, u_t)=0$，即解释变量与随机扰动项相关时，用普通最小二乘法得到的参数估计量既不是无偏的，又不是一致的。因此必须寻求一种新的参数估计方法来解决这个问题。工具变量(IV)法就是解决这个问题的方法。

1. IV 法的思路

对于线性回归模型

$$\boldsymbol{Y}=\boldsymbol{X\beta}+\boldsymbol{u} \tag{5.36}$$

设解释变量中有 k_1 个与扰动项不相关的解释变量(外生变量)，而另外 k_2 个与扰动项 u 相关。也就是说，$\boldsymbol{X}$ 矩阵包含 k_1 个与扰动项不相关的外生变量的观测值列，其中第 1 列与截距相对应，所有元素都是 1。$\boldsymbol{X}$ 中还有 k_2 个与扰动项 u 相关的解释变量的观测值列。为了方便下面的说明，我们将与扰动项相关的解释变量称为“问题变量”。

工具变量法的第一步是为每个“问题变量”找到一个“工具”。这个工具必须具备以下两个特征：(1) 与扰动项不相关；(2) 与它作为工具的那个解释变量相关(最好是高度相关)。第二步是找到工具变量之后，用一个涉及所有解释变量和工具变量的公式计算出 IV 估计量(具体推导过程略)。

工具变量法绕过了问题变量与扰动项相关的问题，所得的估计量(IV 估计量)是一致估计量。

2. 两阶段最小二乘(TSLS)法

假设我们有了合适的工具变量，那么该如何引入模型解决内生性问题呢？我们的思路是，首先将随机解释变量 X 分为两部分：一部分是与 u 相关的部分，一部分是与 u 无关的部分。然后把与 u 相关的部分剔除，而将与 u 无关的部分引入原模型，代替 X 进行回归。具体分两步(以一元模型为例)。

第一步：用随机解释变量 X 对工具变量 Z 回归。

$$X_t=\gamma_0+\gamma_1 Z_t+v_t$$

其中 $\gamma_0+\gamma_1 Z_t$ 是 X 中与原方程 u 无关的部分，而 v_t 是 X 中与原方程 u 相关的部分，而我们要做的就是得到 $\gamma_0+\gamma_1 Z_t$，但参数 γ_0 和 γ_1 未知，需进行估计，可以采用 OLS，估计如下：

$$\hat{X}_t=\hat{\gamma}_0+\hat{\gamma}_1 Z_t$$

得到 X_t 的拟合值 $\hat{X}_t$。

第二步：用上一步得到的 $\hat{X}_t$ 代替原方程的 X_t，即

$$Y_t=\alpha+\beta\hat{X}_t+w_t$$

对该方程进行 OLS 回归，得到的 $\hat{\alpha}_{\mathrm{TSLS}}$ 和 $\hat{\beta}_{\mathrm{TSLS}}$ 称为两阶段最小二乘估计量。

3. 工具变量估计的缺点

工具变量法解决了解释变量与随机扰动项相关时的估计问题，但也要付出必要的代价，主要体现在以下两方面：

(1)IV估计量的方差要比OLS估计量的方差大。原因很简单，因为问题变量的变差只有一部分(与工具变量相一致的那部分)被用于产生斜率估计值，用到的信息少，方差自然就大了。这部分变差越大，说明问题变量与其工具变量的相关程度越高，IV估计量的方差就越小，采用工具变量的效果就越好。应该认识到，IV估计量的高方差是为了避免采用OLS法而造成的渐近有偏问题而付出的代价。

(2)如果选取的工具变量与问题变量的相关程度低，则IV估计值不可信赖。这个缺点比仅有高方差更严重。

小　结

一、误设定

误设定包括函数形式的误设定和解释变量的误设定。我们重点介绍了两种类型的误设定。

(1)模型中忽略了有关的解释变量。其后果是使参数估计量产生偏倚，即OLS估计量 $\hat{\boldsymbol{\beta}}$ 不再是无偏估计量。

(2)模型中包括了无关的解释变量。其后果是增大了估计量的方差，但估计量仍无偏。

在实际工作中，我们无法准确地知道模型是否误设定。一般原则是尽量不漏掉与因变量有关的解释变量。本章给出了选择解释变量的四条原则：理论、t 检验、$\bar{R}^2$ 和偏倚，其中理论原则是第一位的。对于是否将一个变量包括在回归方程中的问题，理论是最重要的判断准则。检验模型是否误设定，还可以使用一些比较正规的方法，本章介绍了其中的一种：拉姆齐RESET法。

二、多重共线性

当解释变量之间高度相关时，就会发生多重共线性。

多重共线性虽然不影响参数估计量的无偏性，但会造成参数估计量的方差高、精度差和 t 值低，犯第Ⅱ类错误的可能性增加。

多重共线性可通过回归结果进行判断，可以通过解释变量的相关系数矩阵进行检验，还可利用VIF和条件指数进行检验。

解决多重共线性问题主要从以下两个方面进行：

(1)减少要估计的参数，即利用给定的数据估计较少的参数。

(2)改变数据，即增加信息。

这是一个要在实践中反复摸索的问题。

三、异方差性

若 $\mathrm{Var}(u_t)=\sigma^2=$ 常数的假设不成立，则称扰动项具有异方差性。

异方差性主要发生在横截面数据的情形。

1. 异方差性的后果

（1）虽然 OLS 估计量仍是无偏的，但不再具有最小方差的性质，即不再是有效的。

（2）系数的置信区间和显著性检验结果不可信赖。

2. 异方差性的检验

常用的检验方法有布鲁奇-帕根检验法、怀特检验法和格里瑟检验法。建议采用前两种方法检验异方差性的存在，用第三种方法确定异方差性的形式。

3. 广义最小二乘法（GLS 法）

设 GLS 模型为

$$\boldsymbol{Y}=\boldsymbol{X\beta}+\boldsymbol{u}$$

满足 $E(\boldsymbol{u})=\boldsymbol{0}$，$E(\boldsymbol{uu}')=\sigma^2\boldsymbol{\Omega}$，$\boldsymbol{X}$ 非随机，$\boldsymbol{X}$ 的秩$=k+1<n$，其中 $\boldsymbol{\Omega}$ 为正定矩阵。则 GLS 估计量

$$\hat{\boldsymbol{\beta}}^{\mathrm{GLS}}=(\boldsymbol{X}'\boldsymbol{\Omega}^{-1}\boldsymbol{X})^{-1}\boldsymbol{X}'\boldsymbol{\Omega}^{-1}\boldsymbol{Y}$$

为最佳线性无偏估计量。

4. 解决异方差性问题的途径

实践中有两种处理异方差性问题的方法：一是 FGLS 法；二是仍采用 OLS 法估计系数，但采用 OLS 估计量标准误差的异方差性一致估计值代替其 OLS 估计值。

如果在实际问题中，研究人员确信可以准确估计异方差性的结构，就可以采用 FGLS 法。FGLS 法的具体做法是先估计 $\boldsymbol{\Omega}$ 矩阵，然后应用 GLS 法计算 FGLS 估计量。对于仅存在异方差性（即 $\boldsymbol{\Omega}$ 矩阵为对角矩阵）的问题，通常采用另一种等价的方法——加权最小二乘法（WLS 法）。

在异方差性的基本结构未知的情况下，应仍采用 OLS 法估计系数，而系数的方差—协方差矩阵则采用稳健估计量，如怀特的异方差性一致估计量。

四、自相关

若 $\mathrm{Cov}(u_i, u_j)=E(u_iu_j)=0(i\neq j)$ 不成立，则存在着扰动项的自相关。自相关也称为序列相关。

当应用时间序列数据时，往往会碰到自相关的问题。此外，遗漏有关的解释变量也可能产生自相关的现象。自相关的后果与异方差性的后果类似。

最常用的自相关检验法是 DW（德宾-沃森）检验法。DW 法适用于一阶自相关模型：

$$u_t=\rho u_{t-1}+\varepsilon_t$$

且方程中不包括因变量的滞后项的情形，在 DW 法不适用的情况下，可采用布鲁奇-戈弗雷法（LM 法）。

对于一阶自相关的消除，通常采用科克伦-奥克特法或希尔德雷斯-卢法估计自相关系数 ρ，得到其估计值后，对原模型进行变换，以消除扰动项的自相关，然后用 OLS 法估计变换后的模型，得到原模型参数的估计值。

对于自相关的模式不是一阶自相关的情况，仍可用 OLS 法估计系数，但使用方差—协方差矩阵的稳健估计值，如 Newey 和 West 的异方差性和自相关一致方差—协方差矩阵。

五、随机解释变量

当解释变量为非随机变量的假设条件不成立时，

（1）即使解释变量是随机的，只要每一个 X_s 都独立于所有的扰动项 u_t（s，$t=1$，2，…，n），无偏性和一致性也仍将成立。

（2）X_t 独立于相应的扰动项 u_t，即随机解释变量与扰动项同期无关，则无偏性不再成立，但一致性仍将成立。

（3）若上述两条均不满足，即 X 和 u 相关，则 OLS 估计量既是有偏的，又是不一致的。

习 题

1. 判断题（判断对错；如果错误，说明理由）。

（1）尽管存在严重的多重共线性，普通最小二乘估计量仍然是最佳线性无偏估计量（BLUE）。

（2）如果分析的目的仅仅是预测，则多重共线性并无妨碍。

（3）如果解释变量两两之间的相关系数都低，则一定不存在多重共线性。

（4）如果存在异方差性，通常用的 t 检验和 F 检验是无效的。

（5）当存在自相关时，OLS 估计量既不是无偏的，也不是有效的。

（6）若消除一阶自相关时采用的是一阶差分变换法而不是广义差分，则相当于假定自相关系数必须等于 1。

（7）若模型中包含无关的解释变量，则参数估计量会有偏，并且会增大估计量的方差，即增大误差。

（8）在多元回归中，若全部“斜率”系数各自经 t 检验都不显著，则 R^2 值也高不了。

（9）在存在异方差性的情况下，OLS 法总是高估系数估计量的标准误差。

（10）假如你相信扰动项存在着与解释变量成比例的异方差性，那么你在应用 OLS 法之前会将所有数据都除以 X。如果事实上不存在异方差性，那么你的上述做法将导致 OLS 估计值有偏。

2. 考虑带有随机扰动项的复利增长模型：$Y_t=Y_0(1+r)^t u_t$，Y 表示 GDP，Y_0 是 Y 的基期值，r 是样本期内的年均增长率，t 表示年份，$t=1978$，…，2003。

试问应如何估计 GDP 在样本期内的年均增长率？

3. 检验下列情况下是否存在扰动项的自相关。

（1）$DW=0.81$，$n=21$，$k=3$。

（2）$DW=2.25$，$n=15$，$k=2$。

（3）$DW=1.56$，$n=30$，$k=5$。

4. 有人建立了一个回归模型来研究我国县级教育支出：

$$Y=\beta_0+\beta_1 X_1+\beta_2 X_2+\beta_3 X_3+u$$

式中，Y，X_1，X_2 和 X_3 分别为所研究县的教育支出、居民人均收入、学龄儿童人数和可以利用的各级政府教育拨款。

他打算用遍布我国各省、市、自治区的100个县的数据来估计上述模型。

（1）所用数据是什么类型？

（2）能否采用OLS法进行估计？为什么？

（3）如果不能采用OLS法，你认为应采用什么方法？

5. 试从下列回归结果分析存在的问题及解决方法。

（1）$\hat{Y}_i = 24.7747 + 0.9415X_{2i} - 0.0424X_{3i}$　　$R^2 = 0.9635$

Se：（6.7525）（0.8229）　（0.0807）

式中，Y 为消费；X_2 为收入；X_3 为财产；$i=1, 2, \cdots, 5000$。

（2）$\hat{Y}_t = 0.4529 - 0.0041t$　　$R^2 = 0.5284$

t：　　　　（−3.9606）　$DW = 0.8252$

式中，Y 为劳动在增加值中的份额；t 为时间。

该估计结果是使用1949—1964年数据得到的。

6. 工资模型：

$$W_i = b_0 + b_1 S_i + b_2 E_i + b_3 A_i + b_4 U_i + u_i$$

其中，W_i 为工资；S_i 为学校教育年限；E_i 为工作年限；A_i 为年龄；U_i 为是否参加工会。

在估计上述模型时，你觉得会出现什么问题？如何解决？

7. 你想研究某行业中公司的销售量与其广告宣传费用之间的关系。你很清楚地知道该行业中有一半公司的规模比另一半公司大，你关心的是在这种情况下，什么估计方法比较合理。假定大公司的扰动项方差是小公司扰动项方差的两倍。

（1）若采用普通最小二乘法估计销售量对广告宣传费用的回归方程（假设广告宣传费用是与误差项不相关的解释变量），系数的估计量会是无偏的吗？是一致的吗？是有效的吗？

（2）你会怎样修改估计方法以解决你的问题？

（3）能否对原扰动项方差假设的正确性进行检验？

8. 考虑下面的模型：

$$\text{GNP}_t = \beta_0 + \beta_1 M_t + \beta_2 M_{t-1} + \beta_3 (M_t - M_{t-1}) + u_t$$

其中，GNP为国民生产总值；M 为货币供给。

（1）假设你有估计此模型的数据，你能成功地估计出模型的所有系数吗？说明理由。

（2）如果不能，方程右端合并同类项后，哪些系数可以估计？

（3）如果从模型中去掉 $\beta_2 M_{t-1}$ 这一项，（1）中问题的答案会改变吗？

（4）如果从模型中去掉 $\beta_1 M_t$ 这一项，（1）中问题的答案会改变吗？

9. 利用美国制造业1899—1922年的数据，Dougherty得到如下两个回归结果：

$\ln\hat{Y} = 2.81 - 0.53\ln K + 0.91\ln L + 0.047t$　　$R^2 = 0.97$　　$F = 189.7$　　①

Se：（1.39）（0.34）　（0.14）　（0.021）

$\ln(\hat{Y}/L) = -0.11 + 0.11\ln(K/L) + 0.006t$　　$R^2 = 0.65$　　$F = 19.5$　　②

Se：　（0.03）　（0.15）　　（0.002）

其中，Y 为实际产出指数；K 为实际资本投入指数；L 为实际劳动力投入指数；t 为时间趋势。

（1）回归式①中是否存在多重共线性？你是如何得知的？

（2）回归式①中趋势变量起什么作用？

（3）估计回归式②背后的逻辑是什么？

（4）如果式①中存在多重共线性，那么式②是否减轻了这种现象？你如何得知？

（5）两个回归的 R^2 可比吗？说明理由。

10. 有人估计了下面的模型：

$$C_t=\beta_1+\beta_2 \mathrm{GNP}_t+\beta_3 D_t+u_t \qquad ①$$

其中，C 为私人消费支出；GNP 为国民生产总值；D 为国防支出。假定 $\sigma_1^2=\sigma^2(\mathrm{GNP}_t)^2$，将式①转换成下式：

$$C_t/\mathrm{GNP}_t=\beta_1(1/\mathrm{GNP}_t)+\beta_2+\beta_3(D_t/\mathrm{GNP}_t)+u_t/\mathrm{GNP}_t \qquad ②$$

利用 1946—1975 年数据估计①、②两式，得到如下回归结果（括号中的数字为标准误差）：

$$\hat{C}_t=\underset{(2.73)}{26.19}+\underset{(0.006)}{0.6248}\mathrm{GNP}_t-\underset{(0.0736)}{0.4398}D_t \qquad R^2=0.999$$

$$\hat{C}_t/\mathrm{GNP}_t=\underset{(2.22)}{25.92}(1/\mathrm{GNP}_t)+\underset{(0.0068)}{0.6246}-\underset{(0.0597)}{0.4315}(D_t/\mathrm{GNP}_t) \qquad R^2=0.875$$

（1）关于异方差性，模型估计者作出了什么假定？你认为他的依据是什么？

（2）比较两个回归结果。模型转换是否改进了结果？说明理由。

11. 考虑模型：

$$Y_t=\beta_0+\beta_1 X_t+u_t$$

$$u_t=\rho_1 u_{t-1}+\rho_2 u_{t-2}+\varepsilon_t$$

也就是说，扰动项服从 AR(2) 模式，其中 ε_t 是白噪声。请概述估计此模型所要采取的步骤。

12. 根据第四章习题 11 的回归结果，探讨模型是否存在问题。如果存在问题，是什么问题？如何解决？

第六章

动态经济模型：自回归模型和分布滞后模型

第一节　引　言

很多经济过程的实现需要若干周期，因此需要在计量经济模型中引入一个时间维，通常的做法是将滞后经济变量引入模型。我们用两个简单的例子予以说明。

例 6.1　$Y_t=\alpha+\beta X_{t-1}+u_t$，　$t=1, 2, \cdots, n$

本例中 Y 的现期值与 X 的一期滞后值相联系，比较一般的情况是

$$Y_t=\alpha+\beta_0 X_t+\beta_1 X_{t-1}+\cdots+\beta_s X_{t-s}+u_t, \quad t=1, 2, \cdots, n$$

即 Y 的现期值不仅依赖于 X 的现期值，而且依赖于 X 的若干期滞后值。这类模型称为**分布滞后模型**（distributed lag model），因为 X 变量的影响分布于若干周期。

例 6.2　$Y_t=\alpha+\beta Y_{t-1}+u_t$，　$t=1, 2, \cdots, n$

本例中 Y 的现期值与它自身的一期滞后值相联系，即依赖于它的过去值。一般情况可能是

$$Y_t=f(Y_{t-1}, Y_{t-2}, \cdots, X_{1t}, X_{2t}, \cdots)$$

即 Y 的现期值依赖于它自身若干期的滞后值，还依赖于其他解释变量。

在本例中，滞后的因变量（内生变量）作为解释变量出现在方程右端，这种包含了内生变量滞后项的模型称为**自回归模型**（autoregressive model）。自回归模型是动态模型，是为了考察内生变量在一段时间内如何变化而设计的模型。

上面我们列举了模型中包含滞后经济变量的两种情况：第一种是仅包含滞后外生变量的模型，第二种是包含滞后内生变量的模型。在这两种情况下，都通过一种滞后结构将时间维引入了模型，即实现了动态过程的构模。时间维的引入势必带来模型设定和模型参数估计方面的新问题。本章将讨论这些问题及其解决方法。

第二节　分布滞后模型的估计

在现实的经济环境中，往往有这样一种情况：因变量 Y 的现期值不仅依赖于某个解释变量的现期值，而且依赖于该变量的过去值或滞后值。例如，在简单消费函数中，消费不仅取决于现期的收入，而且由于习惯的原因，取决于过去的收入水平。在这种情况下，需要用模型刻画之，形式如下：

$$Y_t=\alpha+\beta_0 X_t+\beta_1 X_{t-1}+\cdots+\beta_s X_{t-s}+u_t \tag{6.1}$$

在这类模型中，由于在 X 和它的若干期滞后值之间往往存在数据的高度相关，从而导致严重的多重共线性问题，因此，分布滞后模型极少按式（6.1）这样的一般形式被估计。通常采用对模型各系数 β_j 施加某种先验的约束条件的方法来减少待估计的独立参数的数目，从而避免多重共线性问题，或至少将其影响减至最小。这方面最著名的两种方法是**科克方法**和**阿尔蒙方法**。下面首先介绍科克方法。

科克方法简单地假定解释变量的各滞后值的系数（有时称为权数）按几何级数递减，即

$$Y_t=\alpha+\beta X_t+\beta\lambda X_{t-1}+\beta\lambda^2 X_{t-2}+\cdots+u_t,\quad 0<\lambda<1 \tag{6.2}$$

这实际上是假设无限滞后分布，由于 $0<\lambda<1$，故 X 的逐次滞后值对 Y 的影响是逐渐递减的。

式（6.2）中仅有三个参数：α，β 和 λ，但直接估计该式是不可行的。这是因为：首先，估计无限多个系数不可行；其次，从回归结果中不可能推出 β 和 λ 的唯一估计值。你可以从 X_t 的系数得到 β 的一个估计值，还可以用 X_{t-1} 的系数的平方除以 X_{t-2} 的系数得到 β 的另一个估计值，或用 X_{t-2} 的系数的平方除以 X_{t-4} 的系数得到 β 的又一个估计值。这些 β 的估计值往往是互相矛盾的。与此类似，有很多不同的、相互矛盾的求出 λ 的估计值的方法。

幸运的是，我们有同时解决这两方面问题的方法。

1. 非线性最小二乘法

一种方法是使用非线性最小二乘法，这实际上是一种格点搜索法。首先定义 λ 的范围（0～1），指定一个步长（如 0.01），然后每次增加一个步长，依次考虑 0.01，0.02，…，0.99。步长越小，结果的精确度越高，当然计算的时间也越长。不过，目前计算机速度已不是问题，可以很容易达到你要求的精度。对于 λ 的每个值，计算

$$Z_t=X_t+\lambda X_{t-1}+\lambda^2 X_{t-2}+\cdots+\lambda^P X_{t-P} \tag{6.3}$$

选择 P 的准则是，λ^P 充分小，使得 X 的 P 阶以后的滞后值对 Z 无显著影响。

然后回归下面的方程：

$$Y_t=\alpha+\beta Z_t+u_t \tag{6.4}$$

对 λ 的所有取值重复执行上述步骤，选择回归式（6.4）产生最高 R^2 的 λ 值，α 和 β 的估计值即该回归所得到的估计值。

2. 科克变换法

第二个方法是采用科克变换，式（6.2）两端取一期滞后，得

$$Y_{t-1}=\alpha+\beta X_{t-1}+\beta\lambda X_{t-2}+\beta\lambda^2 X_{t-3}+\cdots+u_{t-1}$$

两端乘以 λ，得

$$\lambda Y_{t-1}=\lambda\alpha+\beta\lambda X_{t-1}+\beta\lambda^2 X_{t-2}+\beta\lambda^3 X_{t-3}+\cdots+\lambda u_{t-1} \tag{6.5}$$

式（6.2）减去式（6.5），得

$$Y_t-\lambda Y_{t-1}=\alpha(1-\lambda)+\beta X_t+u_t-\lambda u_{t-1} \tag{6.6}$$

X 的所有滞后项都消掉了，因此

$$Y_t=\alpha(1-\lambda)+\beta X_t+\lambda Y_{t-1}+u_t-\lambda u_{t-1} \tag{6.7}$$

因为因变量的滞后作为解释变量出现在方程右边，故这种模型称为**自回归模型**。这一形式使得我们可以很容易分析该模型的短期（即期）和长期动态特性（短期乘数和长期乘数）。在短期（即期）内，Y_{t-1}可以认为是固定的，X 的变动对 Y 的影响为 β（短期乘数为 β）。从长期看，在忽略扰动项的情况下，如果 X_t 趋向于某一均衡水平 $\bar{X}$，则 Y_t 和 Y_{t-1}也将趋向于某一均衡水平 $\bar{Y}$：

$$\bar{Y}=\alpha(1-\lambda)+\beta\bar{X}+\lambda\bar{Y} \tag{6.8}$$

这意味着

$$\bar{Y}=\alpha+\frac{\beta}{1-\lambda}\bar{X} \tag{6.9}$$

因此，X 对 Y 的长期影响（长期乘数）为 $\beta/(1-\lambda)$，若 λ 位于 0～1 之间，则 $\beta/(1-\lambda)>\beta$，即长期影响大于短期影响。

从实践的观点来看，科克变换模型很有吸引力，一个 OLS 回归就可得到 α、β 和 λ 的估计值（α 的估计值是式（6.7）中的常数项除以 1 与 Y_{t-1}的系数估计值的差值）。这显然比前面介绍的格点搜索法要省时得多，大大简化了计算，这也是它曾经得到广泛应用的原因。

可是，科克变换后模型的扰动项为

$$u_t-\lambda u_{t-1}$$

这带来了自相关问题（这种扰动项称为一阶移动平均扰动项），并且解释变量中包含了 Y_{t-1}，它是一个随机变量，部分地由 u_{t-1}决定，因而与式（6.7）中复合扰动项的一个分量（$-\lambda u_{t-1}$）相关，从而使得高斯-马尔可夫定理的解释变量为非随机量的假设条件不成立。此问题的存在使得 OLS 估计量是一个有偏和不一致的估计量。这可以说是“按下葫芦起了瓢”。在这种情况下，可考虑使用我们后面要介绍的工具变量法或极大似然法，也

可以采用第一种方法——非线性最小二乘法。

下面来看一个案例。

例 6.3 据统计，受冻害、涝灾等的影响，2020 年我国梨主产区均出现了不同程度的减产，从而市面上梨的供给会减少，导致梨的价格上涨。那么梨的供给减少是如何导致梨的价格上涨呢？根据现在的储藏水平，梨可以被储藏很长一段时间。梨的收获季一般在 7～10 月，但在市面上基本一年都能买到新鲜的梨。也就是说，梨的价格不仅受当期供给的影响，还依赖于去年的存储量和对未来供给的预期。可见自然灾害会影响梨的供给，而供给会影响梨的价格。

下面我们来建立自然灾害（每年涝灾的次数）对梨的价格的影响模型。今年涝灾会影响今年的产量，还会影响明年的存储量。如果梨树受到影响，还会影响后面 3～5 年的产量，因为梨树种植后一般 3～5 年结果。假设我们收集了 1996—2019 年某个梨的主产区每年涝灾的天数（X）及梨的价格（P）的数据，运用非线性最小二乘法，得到如下回归：

$$\hat{P}_t = 8 + 2.4X_t + 1.2X_{t-1} + 0.6X_{t-2} + 0.3X_{t-3} + 0.15X_{t-4}$$

从模型可知，这是一个科克分布滞后模型，包含 X 当期及滞后 4 期，各滞后值的系数按 $\lambda=0.5$ 的速度递减。假设每年都没有发生涝灾，则梨的价格为

$$\hat{P}_t = 8 + 2.4\times 0 + 1.2\times 0 + 0.6\times 0 + 0.3\times 0 + 0.15\times 0 = 8(\text{元})$$

下面利用模型对方案进行计算，以便更好地理解模型如何通过滞后结构引入时间维，从而实现动态过程的构建。

方案： 假设 2003 年发生了 1 次涝灾，其他年份没有发生涝灾，然后把 X_t 的数据代入模型计算出价格 P。具体计算如下：

此模型样本起始年份是 1996 年，模型存在 X 的滞后 4 期，故从 2000 年才能计算 $\hat{P}_t$。2000 年没有发生涝灾，即

$$\begin{aligned}\widehat{P_{2000}} &= 8 + 2.4X_{2000} + 1.2X_{1999} + 0.6X_{1998} + 0.3X_{1997} + 0.15X_{1996}\\ &= 8 + 2.4\times 0 + 1.2\times 0 + 0.6\times 0 + 0.3\times 0 + 0.15\times 0 = 8(\text{元})\end{aligned}$$

后面年份的计算与此相同。

当 2003 年发生涝灾时，X_{2003} 为 1，其余 X 为 0，即

$$\begin{aligned}\widehat{P_{2003}} &= 8 + 2.4X_{2003} + 1.2X_{2002} + 0.6X_{2001} + 0.3X_{2000} + 0.15X_{1999}\\ &= 8 + 2.4\times 1 + 1.2\times 0 + 0.6\times 0 + 0.3\times 0 + 0.15\times 0\\ &= 8 + 2.4 = 10.4(\text{元})\end{aligned}$$

到了 2004 年，2003 年涝灾的影响持续，所以

$$\begin{aligned}\widehat{P_{2004}} &= 8 + 2.4X_{2004} + 1.2X_{2003} + 0.6X_{2002} + 0.3X_{2001} + 0.15X_{2000}\\ &= 8 + 2.4\times 0 + 1.2\times 1 + 0.6\times 0 + 0.3\times 0 + 0.15\times 0\\ &= 8 + 1.2 = 9.2(\text{元})\end{aligned}$$

依此类推，就可算出历年价格的结果如表 6－1 和图 6－1 所示。2003 年涝灾对梨的价格的影响从 2003 年影响到 2007 年。

表 6-1

年份	X	P
1996	0	
1997	0	
1998	0	
1999	0	
2000	0	8
2001	0	8
2002	0	8
2003	**1**	**10.4**
2004	0	**9.2**
2005	0	**8.6**
2006	0	**8.3**
2007	0	**8.15**
2008	0	8
2009	0	8
2010	0	8
2011	0	8
2012	0	8
2013	0	8
2014	0	8
2015	0	8
2016	0	8
2017	0	8
2018	0	8
2019	0	8

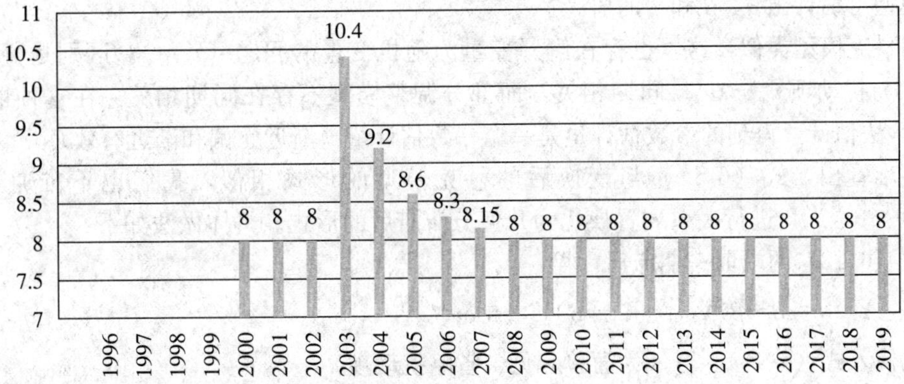

图 6-1

从上述图表可知，由于 2003 年的涝灾，梨的价格在 5 期内产生了动荡，体现了动态的效果。

第三节　部分调整模型和适应预期模型

有两个著名的动态经济模型，它们最终可化成与上一节中的式（6.2）相同的几何分布滞后形式，因此都是科克类型的模型。它们是**部分调整模型**（partial adjustment model）和**适应预期模型**（adaptive expectations model）。

一、部分调整模型

在部分调整模型中，假设行为方程决定的是因变量的理想值（desired value）或目标值 Y_t^*，而不是其实际值 Y_t：

$$Y_t^*=\alpha+\beta X_t+u_t \tag{6.10}$$

由于 Y_t^* 不能直接观测，因而采用"部分调整假说"确定之，即假定因变量的实际变动 (Y_t-Y_{t-1}) 与其理想值和前期值之间的差异 $(Y_t^*-Y_{t-1})$ 成正比：

$$Y_t-Y_{t-1}=\delta(Y_t^*-Y_{t-1}),\quad 0\leqslant\delta\leqslant 1 \tag{6.11}$$

式中，δ 为调整系数。

上式可改写为

$$Y_t=\delta Y_t^*+(1-\delta)Y_{t-1} \tag{6.12}$$

从式（6.12）可以看出，Y_t 是现期理想值和前期实际值的加权平均。δ 的值越高，调整过程越快。若 $\delta=1$，则 $Y_t=Y_t^*$，在一期内实现全调整；若 $\delta=0$，则根本不作调整。

将式（6.10）代入式（6.12），得到

$$Y_t=\alpha\delta+\beta\delta X_t+(1-\delta)Y_{t-1}+\delta u_t \tag{6.13}$$

用此模型可估计出 α，β 和 δ 的值。

与科克模型类似，这里也存在解释变量为随机变量的问题（Y_{t-1}）。区别是科克模型中 Y_{t-1} 与扰动项 $u_t-\lambda u_{t-1}$ 同期相关，而部分调整模型不存在同期相关。在这种情况下，用 OLS 法估计，得到的参数估计量是一个一致估计量（渐近无偏和渐近有效）。

不难看出，式（6.13）与变换后的科克模型的形式相似，我们也不难通过对式（6.13）中的 Y_{t-1} 进行一系列置换化为几何分布滞后的形式。具体做法如下：

式（6.13）两端取一期滞后，得

$$Y_{t-1}=\alpha\delta+\beta\delta X_{t-1}+(1-\delta)Y_{t-2}+\delta u_{t-1} \tag{6.14}$$

将此式代入式（6.13），得（为简单起见，省略扰动项）

$$Y_t=\alpha\delta[1+(1-\delta)]+\beta\delta X_t+(1-\delta)\beta\delta X_{t-1}+(1-\delta)^2Y_{t-2}$$

我们可以用同样的方法置换 Y_{t-2}，以及随后的 Y_{t-3}，Y_{t-4}，…，直至无穷。结果是将 Y_t 表示为 X 的当前值和滞后值的一个滞后结构，系数为科克形式的几何递减权数，具体形式为

$$Y_t=\alpha+\beta\delta[X_t+(1-\delta)X_{t-1}+(1-\delta)^2X_{t-2}+\cdots]+\xi_t$$

式中，$\xi_t=\delta u_t+\delta(1-\delta)u_{t-1}+\delta(1-\delta)^2u_{t-2}+\cdots$。

令 $\lambda=1-\delta$，$\beta'=\beta\delta$，则得

$$Y_t=\alpha+\beta'(X_t+\lambda X_{t-1}+\lambda^2X_{t-2}+\cdots)+\xi_t \tag{6.15}$$

与式（6.2）的形式完全一样。

下面给出一个部分调整模型的应用实例。

例 6.4　林特纳（J. Lintner）的股息调整模型。

林特纳建立的股息调整模型是应用部分调整模型的一个著名实例。在对公司股息行为的研究中，林特纳发现，所有股份公司都将其税后利润的一部分以股息的形式分配给股东，其余部分则用于投资。当利润增加时，股息一般也增加，但通常不会将增加的利润都用于股息分配。这是因为利润的增加可能是暂时的，如果股息增加得太快，以后可能还会被迫掉下来，减少股息通常会损害公司的声誉，因而公司管理层通常对此非常谨慎。不将增加的利润都用于股息分配的另一个原因是可能有很好的投资机会。

为了建立一个描述这种行为的模型，林特纳假设各公司有一个长期的目标派息率 γ，理想的股息 D_t^* 与现期利润 Π_t 有关，其关系为

$$D_t^*=\gamma\Pi_t$$

而实际股息服从部分调整机制

$$\Delta D_t=\lambda(D_t^*-D_{t-1})+u_t$$

式中，u_t 为扰动项。因此

$$D_t-D_{t-1}=\lambda(D_t^*-D_{t-1})+u_t=\gamma\lambda\Pi_t-\lambda D_{t-1}+u_t$$

$$D_t=\gamma\lambda\Pi_t+(1-\lambda)D_{t-1}+u_t$$

使用美国公司部门 1918—1941 年的数据，得到如下回归结果：

$$\hat{D}_t=352.3+0.15\Pi_t+0.70D_{t-1}$$

各系数在 1%的显著性水平下都显著异于零。

从回归结果可知，$(1-\lambda)$ 的估计值为 0.70，因而调整系数 λ 的估计值为 0.30，即调整速度为 0.30。由于 Π_t 的系数是 $\gamma\lambda$ 的估计值，该系数除以 0.30，从而得到长期派息率（γ）的估计值为 0.50。

二、适应预期模型

1. 在模型中考虑预期的重要性

预期（expectation）的建模往往是应用经济学家最重要和最困难的任务，在宏观经济学中更是如此。投资、储蓄等都对有关未来的预期很敏感。初级宏观经济学教科书讨论基本收入决定模型（IS-LM 模型）时，往往假定投资是固定的，或者顶多是利率的简单递减函数，要研究的是政府支出增加对总产出的影响这类问题，并假定总投资仅受利率的影响，这与实际情况相去甚远。实际情况是，不管利率如何变化，当政府实施一项扩张政策时，将影响工商界人士有关未来经济总体状况的预期，特别是关于盈利能力的预期，因而影响他们的计划。

例如，一方面，如果存在很高的失业率，则政府支出增加被认为是有益的，并将刺激投资；另一方面，如果经济接近充分就业，则政府的扩张政策被认为将导致通货膨胀，结果是工商界的信心受挫、投资下降。

由上所述可知在模型中考虑预期的重要性。然而在宏观经济领域，不存在令人满意的直接计量预期的方法。

2. 适应预期模型

作为一种权宜之计，某些模型使用一种称为**适应预期过程**的间接方法。适应预期过程是一种简单的学习过程，其机制是，在每一时期中，将所涉及的变量的当前实际观测值与以前所预期的值相比较，如果实际观测值大，则将预期值向上调整，如果实际观测值小，则将预期值向下调整。调整的幅度是其预测误差的一个比例，即

$$X_t^e - X_{t-1}^e = \gamma(X_t - X_{t-1}^e), \quad 0 \leqslant \gamma \leqslant 1 \tag{6.16}$$

式（6.16）可写成

$$X_t^e = \gamma X_t + (1-\gamma) X_{t-1}^e, \quad 0 \leqslant \gamma \leqslant 1 \tag{6.17}$$

式（6.17）表明，X 的预期值是其当前实际观测值和先前预期值的加权平均。γ 的值越大，预期值向 X 的实际观测值调整的速度越快。

适应预期模型和部分调整模型之间当然有很多明显的类似之处，但从适应预期模型的最初形式导出仅包含可观测变量的模型（可操作模型）不像部分调整模型那么简单。

假设你认为因变量 Y_t 与某个解释变量 X 的预期值 X_t^e 有关，则可写出模型

$$Y_t = \alpha + \beta X_t^e + u_t \tag{6.18}$$

若假定 X_t^e 用适应预期机制确定，这就是一个适应预期模型，其中解释变量 X_t^e 是不可观测的，必须用可观测变量取代。

这里，我们无法直接用式（6.16）或式（6.17）代入式（6.18）来解决这个问题，因为 X_t^e 无法表示成仅由可观测变量组成的表达式。可是，如果式（6.17）成立，则对于 $t-1$ 期也成立，即

$$X_{t-1}^e = \gamma X_{t-1} + (1-\gamma) X_{t-2}^e \tag{6.19}$$

将式（6.19）代入式（6.17），得

$$X_t^e = \gamma X_t + \gamma(1-\gamma) X_{t-1} + (1-\gamma)^2 X_{t-2}^e \tag{6.20}$$

我们可以用类似的方法，消掉式（6.20）中的 X_{t-2}^e，这一过程可无限重复下去，最后得到

$$X_t^e = \gamma[X_t + (1-\gamma) X_{t-1} + (1-\gamma)^2 X_{t-2} + \cdots] \tag{6.21}$$

将式（6.21）代入式（6.18），得

$$Y_t = \alpha + \beta\gamma[X_t + (1-\gamma) X_{t-1} + (1-\gamma)^2 X_{t-2} + \cdots] + u_t \tag{6.22}$$

不难看出，此式与上一节中科克分布式（6.2）的形式相同。该模型的参数可用上一节介绍的非线性方法估计。对式（6.22）施加科克变换将简化模型的数学形式，但由于与科克模型同样的理由，不宜直接用 OLS 法估计，施加科克变换后的适应预期模型为

$$Y_t = \alpha\gamma + \beta\gamma X_t + (1-\gamma) Y_{t-1} + [u_t - (1-\gamma) u_{t-1}]$$

例 6.5　弗里德曼（Friedman）的持久收入假说。

1957 年，弗里德曼对传统消费函数提出批评，提出了自己的消费模型。在他的模型中，第 i 个消费者在第 t 期的消费与持久性收入（permanent income）Y_{it}^{P}有关，而不是与当期的实际收入 Y_{it}有关。持久性收入是一种长期收入概念，它表示在考虑了各种可能的波动的情况下，某人一生中大体上可以依靠的收入。持久性收入是根据最近的经验和有关未来的预期而主观决定的，由于是主观的，因而无法直接计量。任一年中的实际收入可能高于或低于持久性收入，这取决于该年中的特别因素。实际收入和持久性收入之差称为暂时性收入（transitory income），记为Y_{it}^{T}：

$$Y_{it}=Y_{it}^{P}+Y_{it}^{T} \tag{6.23}$$

弗里德曼以同样的方式区分了持久性消费、实际消费和暂时性消费的概念。持久性消费是与持久性收入的水平相对应的消费水平。实际消费可能与持久性消费有差异，原因是出现了某些特殊的未预料到的情况（如未预料到的医疗费用），或者是冲动性购买的结果。二者之差称为暂时性消费，记为 C_{it}^{T}：

$$C_{it}=C_{it}^{P}+C_{it}^{T} \tag{6.24}$$

Y_{it}^{T}和 C_{it}^{T}被假定为具有零均值和常数方差的随机变量，它们相互独立，且与 Y_{it}^{P}和 C_{it}^{P}无关。弗里德曼进一步假定持久性消费与持久性收入成正比：

$$C_{it}^{P}-\beta Y_{it}^{P} \tag{6.25}$$

式中，持久性收入 Y_{it}^{P}不可观测，为解决这一问题，弗里德曼假设持久性收入遵从适应预期过程。也就是说，如果某人的现期收入高于（或低于）其先前的持久性收入，则他将增加（或减少）后者，增加（或减少）的幅度是二者之差乘以 λ，即

$$\Delta Y_{it}^{P}=\lambda(Y_{it}-Y_{i(t-1)}^{P}) \tag{6.26}$$

λ 一般位于 0～1 之间。因此人们在实际收入增加时将调整他们的持久性收入，但不会作全额调整，这是因为认识到实际收入的变动或许有一部分是由于收入的暂时变动。

式（6.26）可改写为

$$Y_{it}^{P}-Y_{i(t-1)}^{P}=\lambda(Y_{it}-Y_{i(t-1)}^{P}) \tag{6.27}$$

即

$$Y_{it}^{P}=\lambda Y_{it}+(1-\lambda)Y_{i(t-1)}^{P} \tag{6.28}$$

此式表明，在第 t 年，消费者将持久性收入估计为实际收入和以前的持久性收入的加权平均。如果 λ 接近于 1，则该消费者将绝大部分权重赋给实际收入，Y^{P} 迅速向 Y 调整；如果 λ 接近于 0，则很小部分权重被赋给实际收入，调整过程将很缓慢。

将式（6.25）代入式（6.24），我们有

$$C_{it}=\beta Y_{it}^{P}+C_{it}^{T} \tag{6.29}$$

至此，我们得到了实际消费和持久性收入之间的关系式，即消费函数的弗里德曼模型。式中，C_{it}^{T}起着扰动项的作用。

为了估计这个模型，弗里德曼用式（6.17）（适应预期机制）将持久性收入表示成实际收入的现期值和各期滞后值：

$$
\begin{aligned}
Y_{it}^{P} &= \lambda Y_{it} + (1-\lambda) Y_{i(t-1)}^{P} \\
&= \lambda Y_{it} + \lambda(1-\lambda) Y_{i(t-1)} + (1-\lambda)^2 Y_{i(t-2)}^{P} \\
&\vdots \\
&= \lambda Y_{it} + \lambda(1-\lambda) Y_{i(t-1)} + \lambda(1-\lambda)^2 Y_{i(t-2)} + \lambda(1-\lambda)^3 Y_{i(t-3)} + \cdots
\end{aligned}
\tag{6.30}
$$

若 $0<\lambda<1$，这就是一个合理的假设。现期收入的权数最大，上一年次之，随着时间往回推，影响逐年衰减。最后，权数变得非常小，使得无须考虑该年之前的那些过去值。

弗里德曼采用的估计方法是我们前面介绍过的非线性方法，即首先尝试位于0～1区间内的大量 λ 值，计算每个 λ 值相应的持久性收入时间序列，然后用消费对每个持久性收入数据集进行回归，根据 R^2 选出最佳 λ 值。

为了与传统消费函数相比较，弗里德曼用美国1905—1951年（战争期间除外）的人均实际消费和人均可支配收入数据进行了回归。在格点搜索计算中，他将持久性收入表示为现期收入和16个滞后收入项的加权平均值，λ 的最优值为0.37，得到消费函数中 β 的估计值为0.88。

第四节　自回归模型的估计

在上两节中，我们讨论了下列三个模型：

（1）科克模型：

$$Y_t = \alpha(1-\lambda) + \beta X_t + \lambda Y_{t-1} + (u_t - \lambda u_{t-1})$$

（2）部分调整模型：

$$Y_t = \alpha\delta + \beta\delta X_t + (1-\delta) Y_{t-1} + \delta u_t$$

（3）适应预期模型：

$$Y_t = \alpha\gamma + \beta\gamma X_t + (1-\gamma) Y_{t-1} + [u_t - (1-\gamma) u_{t-1}]$$

这三个模型具有一种共同的形式，即

$$Y_t = \beta_0 + \beta_1 X_t + \beta_2 Y_{t-1} + v_t \tag{6.31}$$

这种解释变量中包括因变量的滞后值的模型称为**自回归模型**。仅包含因变量一期滞后值的自回归模型是动态经济模型的一种比较简单的形式。由于在解释变量中包含了因变量的滞后值，我们就可以动态地考察该变量在若干周期中的变动，因此称为动态模型。

在自回归模型（6.31）中，由于随机解释变量的存在和序列相关的可能性这双重原因，不能直接应用OLS法，因此必须研究这类模型的估计问题。

一、自回归模型的估计问题

OLS法的应用要求解释变量 X_t 为非随机的。在自回归模型中，由于 Y_{t-1} 作为解释变量这一条件已无法满足，这是因为

$$Y_t = \beta_0 + \beta_1 X_t + \beta_2 Y_{t-1} + v_t$$

因此

$$Y_{t-1}=\beta_0+\beta_1 X_{t-1}+\beta_2 Y_{t-2}+v_{t-1}$$

这表明，Y_{t-1}是随着随机扰动项 v_{t-1}的变动而变动的，即 Y_{t-1}部分地由 v_{t-1}决定，因而 Y_{t-1}是随机变量。

1. 解释变量为随机变量时 OLS 估计量的统计性质

我们在第五章第五节中曾说明，当 X 为非随机变量这一条不满足时：

（1）若每一个 X_s 都独立于所有扰动项 u_t，即

$$\mathrm{Cov}(X_s,u_t)=0,\quad s,\ t=1,\ 2,\ \cdots,\ n$$

则 OLS 估计量仍为无偏估计量。

（2）若解释变量 X_t 独立于相应的扰动因素 u_t，即随机解释变量与扰动项同期无关：

$$\mathrm{Cov}(X_t,u_t)=0,\quad t=1,\ 2,\ \cdots,\ n$$

则 OLS 估计量为一致估计量。

（3）若上述两条均不满足，则 OLS 估计量既是有偏的，又是不一致的。

2. 自回归模型的估计问题

在自回归模型的情况下，第（1）条已无法满足，因为 Y_{t-1} 显然可以表示为 v_{t-1}，v_{t-2}，…，v_1 等的函数，因而依赖于 v_{t-1}和所有早期的扰动因子。

现在我们来看是否有可能满足解释变量与扰动项同期无关的条件，从而得到一个一致估计量。在自回归模型（6.31）的情况下，也就是要求 Y_{t-1}独立于 v_t，或

$$\mathrm{Cov}(Y_{t-1},v_t)=0$$

不难看出，只要扰动项 v_t 是序列独立的（即自回归模型（6.31）的各期扰动项相互独立），就可以假定Y_{t-1}独立于所有未来的扰动因子（包括 v_t）。在这种假定下，Y_{t-1}与 v_t 无关，对式（6.31）应用 OLS 得到的参数估计量是一致估计量。

我们回到本节开始时列出的三个模型，看看关于 Y_{t-1}独立于所有未来的扰动因子特别是 Y_{t-1}与 v_t 无关的假定是否成立。

在科克模型和适应预期模型中，扰动因子序列独立的条件不成立。以科克模型为例，扰动项

$$v_t=u_t-\lambda u_{t-1}$$

假定 u_t 满足标准假设条件，则容易证明

$$\begin{aligned}E(v_t v_{t-1})&=E[(u_t-\lambda u_{t-1})(u_{t-1}-\lambda u_{t-2})]\\&=E(u_t u_{t-1}-\lambda u_t u_{t-2}-\lambda u_{t-1}^2+\lambda^2 u_{t-1}u_{t-2})\\&=-\lambda\sigma^2\end{aligned}$$

该式非零，即 v_t 序列相关，我们也不难证明

$$\begin{aligned}\mathrm{Cov}(Y_{t-1},v_t)&=\mathrm{Cov}(Y_{t-1},u_t-\lambda u_{t-1})\\&=-\lambda\sigma^2\end{aligned}$$

即 Y_{t-1}与 v_t 相关。

适应预期模型的情况与此类似。

因此，对于科克模型和适应预期模型，应用 OLS 法不仅得不到无偏估计量，而且得

不到一致估计量。也就是说，即使样本容量无限增大，参数估计量也不趋向于其总体值。因此，不宜采用 OLS 法估计上述两种模型。

但是，部分调整模型不同，在该模型中，$v_t=\delta u_t$，若 u_t 满足标准假设条件，则 v_t 也满足。因此，可用 OLS 法直接估计部分调整模型，并将产生一致估计值，虽然估计值通常是有偏的（在小样本情况下）。

综上所述，OLS 法可用于部分调整模型的估计，并提供一致估计值。而科克模型和适应预期模型则由于其扰动项存在序列相关，用 OLS 法进行估计得到的估计量既是有偏的，也是不一致的。

二、工具变量法

OLS 法不能应用于科克模型和适应预期模型的原因是解释变量 Y_{t-1} 与扰动项 v_t 相关，如果这种相关能够被消除，就可以用 OLS 法得到一致估计值。如何实现这一点呢？利维顿（N. Liviatan）提出的工具变量法是一种解决方法。

工具变量法的基本思路是，当扰动项 u 与解释变量 X 高度相关时，设法找到另一个变量 Z，Z 与 X 高度相关，而与扰动项 u 不相关。在模型中，用 Z 替换 X，然后用 OLS 法估计，变量 Z 称为**工具变量**（instrumental variable，IV）。

只要工具变量的选取能够保证 Z 与 X 高度相关，而与 u 不相关，得到的 $\hat{\beta}$ 就是一致估计量。Z 与 X 的相关程度越高，这种替代的效果就越好。我们下面回到科克模型和适应预期模型，研究工具变量的选取。

我们的模型为

$$Y_t=\beta_0+\beta_1 X_t+\beta_2 Y_{t-1}+v_t$$

式中，X 是唯一的外生变量，而 Y 的行为部分地依赖于 X 的行为，Y_{t-1} 的取值部分地取决于 X_{t-1} 的数值。因此，这里 X_{t-1} 就是一个比较理想的工具变量，即用滞后外生变量作为滞后内生变量的工具变量：

$$Z_t=X_{t-1},\quad t=1，2，\cdots，n$$

然后来估计

$$Y_t=\beta_0+\beta_1 X_t+\beta_2 Z_t+v_t,\quad t=1，2，\cdots，n$$

为了使用该模型所含的全部观测值，需要 X 的一个附加观测值 X_0。

在实践中，自回归模型还可以用极大似然法估计，得到的估计量是一致估计量。

当然，对于本节所涉及的三种模型，由于它们都是几何滞后模型，因而可以用前面介绍的非线性方法进行估计，该方法尽管费时，但没有估计问题。

第五节　阿尔蒙多项式分布滞后

科克分布假定滞后解释变量的系数按几何级数递减。对于很多应用问题来说，这是一种令人满意的近似，但对于另一些应用问题，这种假设就未必符合现实情况。例如，在某些情况下较现实的假设是，因变量对解释变量变动的响应是开始时小，然后随时间推移而变大，而后再次衰减，如图 6－2 所示。

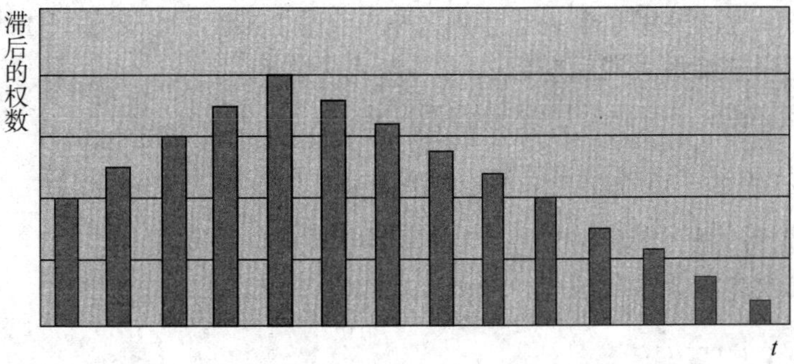

图 6－2

阿尔蒙滞后分布为这类行为的建模提供了灵活的选择，同时使待估计的参数数目大大减少。

基本假设是，如果 Y 依赖于 X 的现期值和若干期滞后值，则权数由一个多项式分布给出。因此，阿尔蒙滞后也称为**阿尔蒙多项式分布滞后**（Almon polynomial distributed lags）。最简单的例子是二次和三次多项式的情况，分别如图 6－3 和图 6－4 所示。

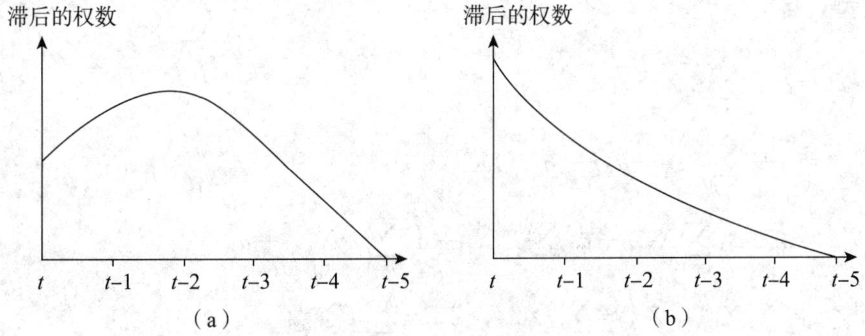

图 6－3　二次函数

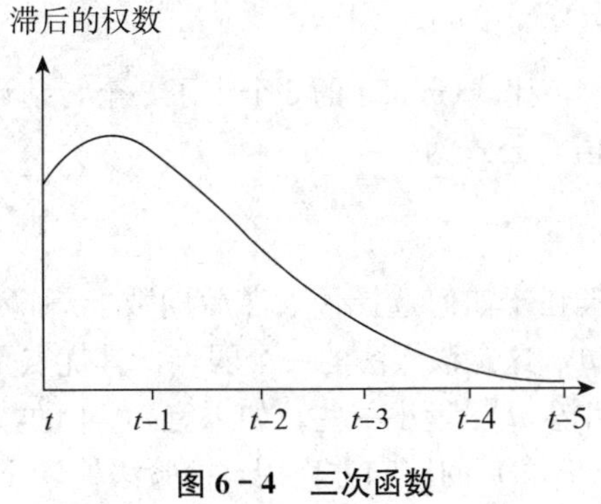

图 6－4　三次函数

一般情况下，在分布滞后模型

$$Y_t=\alpha+\beta_0X_t+\beta_1X_{t-1}+\cdots+\beta_mX_{t-m}+u_t$$

中，设$\beta_i=a_0+a_1i+a_2i^2+\cdots+a_pi^p$，其中 p 为多项式的次数，如图 6－3 中 $p=2$，图 6－4 中 $p=3$。也就是用一个 p 次多项式来拟合分布滞后，该多项式曲线通过滞后分布的所有点。由用户选择最大滞后期数 m 和多项式次数 p。

例 6.6 若你根据一实际问题设定下面的模型：

$$Y_t=\alpha+\beta_0X_t+\beta_1X_{t-1}+\beta_2X_{t-2}+\beta_3X_{t-3}+\beta_4X_{t-4}+u_t \tag{6.32}$$

这表明，你所选择的最大滞后期数 $m=4$，模型中共有 6 个参数。

若决定用二次多项式进行拟合，即 $p=2$，则

$$\beta_i=a_0+a_1i+a_2i^2$$

我们有

$$\begin{aligned}\beta_0&=a_0\\ \beta_1&=a_0+a_1+a_2\\ \beta_2&=a_0+2a_1+4a_2\\ \beta_3&=a_0+3a_1+9a_2\\ \beta_4&=a_0+4a_1+16a_2\end{aligned}$$

代入原模型，得

$$\begin{aligned}Y_t&=\alpha+\sum_{i=0}^{4}\beta_iX_{t-i}+u_t\\ &=\alpha+\sum_{i=0}^{4}(a_0+a_1i+a_2i^2)X_{t-i}+u_t\\ &=\alpha+a_0\sum_{i=0}^{4}X_{t-i}+a_1\sum_{i=0}^{4}iX_{t-i}+a_2\sum_{i=0}^{4}i^2X_{t-i}+u_t\end{aligned}$$

令 $\quad Z_{0t}=\sum X_{t-i}$，$Z_{1t}=\sum iX_{t-i}$，$Z_{2t}=\sum i^2X_{t-i}$

显然，Z_{0t}，Z_{1t} 和 Z_{2t} 可以从现有观测数据中得出，使得我们可用 OLS 法估计下式：

$$Y_t=\alpha+a_0Z_{0t}+a_1Z_{1t}+a_2Z_{2t}+u_t \tag{6.33}$$

式(6.33) 中有 4 个参数，比式(6.32) 的 6 个少了 2 个，估计出 α，a_0，a_1，a_2 的值之后，可以转换为 β_i 的估计值，公式为

$$\hat{\beta}_i=\hat{a}_0+\hat{a}_1i+\hat{a}_2i^2$$

应用阿尔蒙滞后的关键在于如何选择最大滞后期数 m 和多项式的次数 p。在应用阿尔蒙法之前必须确定 m 和 p，这是该方法的一个弱点，其优点是避免了科克方法带来的估计问题。在实践中，人们期望 m 尽量小一些，如果有 10 年的数据，通常滞后取 2～3 期。对于 p，可直接由形如式（6.33）的回归方程用 t 检验法检验 H_0：$a_p=0$，如果接受原假设，就可以去掉 a_p，然后用（$p-1$）次来估计；如果 H_0：$a_p=0$ 被拒绝，我们可以试（$p+1$）次，并检验 H_0：$a_{p+1}=0$；等等。

一般说来，采用高次多项式拟合效果要好一些，但出现多重共线性问题的可能性要比二次、三次多项式大。一般情况下，三次多项式是一个不错的选择。

*第六节　格兰杰因果关系检验

相关并不意味着必定存在因果关系。一个典型的例子是，在某一时期中，教师的收入和白酒的消费之间存在正相关，但二者显然不存在因果关系。

然而，许多经济变量之间存在单向或双向的影响关系。例如，宏观经济学经常会问到的一个问题是：GDP 和货币供给 M，谁是因，谁是果？

格兰杰因果关系检验（Granger causality test）法要检验的就是这类因果关系是否存在，比如说，X 是否为 Y 的因？检验思路是，用当前的 Y 对 Y 的若干期滞后及 X 的若干期滞后进行回归，然后检验 X 的这些滞后变量作为一个整体是否改善了回归结果。如果答案是肯定的，则 X 被称为 Y 的格兰杰原因（X Granger causes Y）。

值得注意的是，这种因果关系往往是双向的，X 是 Y 的格兰杰原因，Y 又是 X 的格兰杰原因。

格兰杰因果关系检验要求进行以下两个回归：

$$Y_t = \sum_{i=1}^{m} \alpha_i X_{t-i} + \sum_{i=1}^{m} \beta_i Y_{t-i} + u_{1t} \tag{6.34}$$

$$X_t = \sum_{i=1}^{m} \lambda_i Y_{t-i} + \sum_{i=1}^{m} \delta_i X_{t-i} + u_{2t} \tag{6.35}$$

下面分四种情形讨论：

（1）如果式（6.35）中诸 Y 滞后项的系数集统计上异于 0，而式（6.34）中诸 X 滞后项的系数集统计上为 0，则表明有从 Y 到 X 的单向因果关系。

（2）如果式（6.34）中诸 X 滞后项的系数集统计上异于 0，而式（6.35）中诸 Y 滞后项的系数集统计上为 0，则表明有从 X 到 Y 的单向因果关系。

（3）如果 X 和 Y 的滞后项的系数集在两个回归中都统计上异于 0，则表明存在 X 与 Y 的双向因果关系。

（4）如果 X 和 Y 的滞后项的系数集在两个回归中都统计上为 0，则表明 X 和 Y 之间不存在因果关系。

格兰杰因果关系检验的具体做法与我们在第四章中介绍的涉及多个系数的联合假设检验类似，即首先进行有约束回归和无约束回归，然后用得到的两个残差平方和计算 F 统计量，进行检验。

例如，假设我们要检验 X 是不是 Y 的格兰杰原因。

原假设 H_0：X 不是 Y 的格兰杰原因；

备择假设 H_1：X 是 Y 的格兰杰原因。

事实上，我们要检验的原假设就是：

H_0：$\alpha_1=\alpha_2=\cdots=\alpha_m=0$

要检验原假设是否成立，我们分别做包含与不包含 X 滞后项的回归（无约束回归与有约束回归），记前者的残差平方和为 RSS_U，后者的残差平方和为 RSS_{UR}，计算 F 统计量：

$$F=\frac{(RSS_{UR}-RSS_U)/m}{RSS_U/(n-k)}$$

式中，m 为 X 的滞后项的个数；n 为观测值的个数；k 为无约束回归中待估计参数的个数。

如果计算的 F 值大于给定的显著性水平 α 下的 F 临界值 $F_\alpha(m,n-k)$，则拒绝原假设，认为 X 是 Y 的格兰杰原因。

小 结

现实的经济模型往往包括经济变量的滞后。有两种类型的滞后变量：滞后的解释变量和滞后的因变量。包含非随机的 X 变量的现期值和滞后值的回归模型称为分布滞后模型，而解释变量中包含因变量的滞后值的模型称为自回归模型。

如果分布滞后模型包含若干期滞后，则采用 OLS 法进行估计，尽管在理论上可行，但在实践中困难很大。这是由于它将消耗过多的自由度，并且一般存在严重的多重共线性问题。解决的方法是对滞后系数施加先验约束条件。广泛使用的一种方法是科克几何分布滞后模型，它假定诸滞后系数按几何级数递减。根据这一假设，包含不确定数目的滞后项的模型可简化为仅以非随机的 X 变量的现期值和因变量的一期滞后值作为解释变量的模型：

$$Y_t=\alpha(1-\lambda)+\beta X_t+\lambda Y_{t-1}+(u_t-\lambda u_{t-1})$$

科克模型大大简化了分布滞后模型，其代价是带来了严重的估计问题，主要是包含了一个随机的解释变量 Y_{t-1}，它与扰动项相关，这使得 OLS 估计量不仅有偏，而且不一致。因此，需采用适当的估计技术。本章介绍了其中的一种，即工具变量法，其思路是用另一个变量来代替滞后的随机解释变量 Y_{t-1}，该变量与 Y_{t-1} 高度相关，而与扰动项不相关。

科克模型尽管在计量经济学中很著名，但它缺乏坚实的理论基础，这一缺陷可由适应预期模型和部分调整模型来弥补。这两个模型研究的是参与经济的各方如何形成它们关于不确定经济事件的预期，以及当它们的预期与现实不符时如何调整预期。这两个模型的最终形式与科克模型相似，分别为：

适应预期模型：

$$Y_t=\alpha\gamma+\beta\gamma X_t+(1-\gamma)Y_{t-1}+[u_t-(1-\gamma)u_{t-1}]$$

部分调整模型：

$$Y_t=\alpha\delta+\beta\delta X_t+(1-\delta)Y_{t-1}+\delta u_t$$

式中，γ 和 δ 为调整系数（$0\leqslant\gamma$，$\delta\leqslant1$）；u_t 为原模型的扰动因子。

相应的调整机制为：

适应预期机制：$X_t^e-X_{t-1}^e=\gamma(X_t-X_{t-1}^e)$

部分调整机制：$Y_t-Y_{t-1}=\delta(Y_t^*-Y_{t-1})$

式中，X^e 和 Y^* 分别为解释变量的预期值和因变量的理想值。

处理分布滞后模型的另一个方法是阿尔蒙多项式分布滞后模型，它假定诸滞后系数可用滞后长度为 i 的一个适当次数的多项式来近似。阿尔蒙法的优点是避免了科克方法带来的估计问题，缺点是多项式次数 p 和最大滞后期数 m 都必须由使用者事先确定，因此往往带有主观色彩。

尽管存在着估计问题，但分布滞后模型和自回归模型在实证经济学中仍然非常有用，这是因为它们使得静态经济理论动态化。这些模型有助于区分解释变量值的单位变动对因变量的短期和长期影响，可用于短期和长期的价格弹性、收入弹性、替代弹性等的估计。

习　题

1. 判断题（判断对错；如果错误，说明理由）。

（1）所有计量经济模型实质上都是动态模型。

（2）如果分布滞后系数有的为正有的为负，则不适合使用科克模型。

（3）若适应预期模型用 OLS 法估计，则估计量将有偏，但一致。

（4）对于小样本，部分调整模型的 OLS 估计量是有偏的。

（5）若回归方程中既包含随机解释变量、扰动项，又自相关，则采用工具变量法将产生无偏且一致的估计量。

（6）在解释变量中包括滞后因变量的情况下，用德宾-沃森 d 统计量来检测自相关是没有实际用处的。

2. 当用 OLS 法分别对科克模型、部分调整模型和适应预期模型进行回归时，得到的 OLS 估计量会有什么性质？

3. 简述科克分布和阿尔蒙多项式分布的区别。

4. 考虑模型

$$Y_t=\alpha+\beta_1X_{1t}+\beta_2X_{2t}+\beta_3Y_{t-1}+\upsilon_t$$

假设 Y_{t-1} 和 υ_t 相关。要解决这个问题，我们采用以下工具变量法：首先用 Y_t 对 X_{1t} 和 X_{2t} 进行回归，得到 Y_t 的估计值 $\hat{Y}_t$，然后进行如下回归：

$$Y_t=\alpha+\beta_1X_{1t}+\beta_2X_{2t}+\beta_3\hat{Y}_{t-1}+\upsilon_t$$

其中，$\hat{Y}_t$ 是在第一步回归（Y_t 对 X_{1t} 和 X_{2t} 回归）中得到的。

（1）这个方法如何消除原模型中 Y_{t-1} 和 υ_t 的相关？

（2）与利维顿采用的方法相比，此方法有何优点？

5. 设

$$M_t=\alpha+\beta_1 Y_t^*+\beta_2 R_t^*+u_t$$

其中，M 为对实际现金余额的需求；Y^* 为预期实际收入；R^* 为预期通货膨胀率。

假设这些预期服从适应预期机制：

$$Y_t^*=\gamma_1 Y_t+(1-\gamma_1)Y_{t-1}^*$$
$$R_t^*=\gamma_2 R_t+(1-\gamma_2)R_{t-1}^*$$

其中，γ_1 和 γ_2 是调整系数，均位于 0～1 之间。

（1）请将 M_t 用可观测量表示。

（2）你预计会有什么估计问题？

6. 考虑分布滞后模型

$$Y_t=\alpha+\beta_0 X_t+\beta_1 X_{t-1}+\beta_2 X_{t-2}+\beta_3 X_{t-3}+\beta_4 X_{t-4}+u_t$$

假设可用二次多项式表示诸 β_i 如下：

$$\beta_i=\alpha_0+\alpha_1 i+\alpha_2 i^2$$

若施加约束 $\beta_0=\beta_4=0$，你将如何估计诸系数 $\beta_i(i=0, 1, \cdots, 4)$？

7. 为了研究设备利用对于通货膨胀的影响，T. A. 吉廷斯根据 1970—1988 年的美国数据获得了如下回归结果：

$$\hat{Y}_t=-30.12+0.141X_t+0.236X_{t-1} \qquad R^2=0.727$$
$$t: \quad (-6.27) \quad (2.60) \qquad (4.26)$$

其中，Y 为通货膨胀率（根据 GNP 平减指数计算）；X_t 为制造业设备利用率；X_{t-1} 为滞后一年的设备利用率。

（1）设备利用对于通货膨胀的短期影响是什么？长期影响又是什么？

（2）每个斜率系数是统计显著的吗？

（3）你是否会拒绝两个斜率系数同时为零的原假设？将利用何种检验？

8. 考虑下面的模型：

$$Y_t=\alpha+\beta(W_0 X_t+W_1 X_{t-1}+W_2 X_{t-2}+W_3 X_{t-3})+u_t$$

请说明如何用阿尔蒙滞后方法来估计上述模型（设用二次多项式来近似）。

9. 下面是一个将部分调整和适应预期假说结合在一起的模型：

$$Y_t^*=\beta X_{t+1}^e$$
$$Y_t-Y_{t-1}=\delta(Y_t^*-Y_{t-1})+u_t$$
$$X_{t+1}^e-X_t^e=(1-\lambda)(X_t-X_t^e), \qquad t=1, 2, \cdots, n$$

式中，Y_t^* 为理想值；X_{t+1}^e 和 X_t^e 为预期值。试推导出一个只包含可观测变量的方程，并说明该方程参数估计方面的问题。

第七章

时间序列分析

近年来，在时间序列计量经济学的研究方面取得了大量成果，西方很多大学的经济系要求为研究生开设时间序列计量经济学课程。为了跟上这个潮流，有必要在本科计量经济学教学中增加这方面的内容。显然，要全面介绍时间序列计量经济学的内容，一章的篇幅是远远不够的。因此，本章着重介绍时间序列分析中用到的一些基本概念，使学生对这一领域的研究有一个初步的了解，为进一步的学习和研究打下基础。

第一节　时间序列分析的基本概念

经济分析通常假定所研究的经济理论中涉及的变量之间存在着长期均衡关系。按照这一假定，在估计这些长期关系时，计量经济分析假定所涉及的变量的均值和方差是常数，不随时间推移而改变。然而经验研究表明，在大多数情况下，时间序列变量并不满足这一假设。因此，以这种假设为基础的估计方法所给出的经典 t 检验和 F 检验会给出产生误导作用的结果，这就是所谓的**"伪回归"**（spurious regression）问题。为解决这类问题，研究人员对传统估计方法提出了不少改进的建议，其中最重要的两项是对变量的非平稳性的系统性检验和协整分析。

协整分析被认为是 20 世纪 80 年代中期以来计量经济学领域最具革命性的进展。简单地说，协整分析涉及的是一组变量，它们各自都是不平稳的（随时间的推移而上行或下行），但它们一起漂移。这种变量的共同漂移使得这些变量之间存在长期的线性关系，因而使人们能够研究经济变量间的长期均衡关系。如果这些长时间内的线性关系不成立，则对应的变量被称为是“非协整的”。

一般说来，协整分析是用于非平稳变量组成的关系式中长期均衡参数估计的技术。它是用于动态模型的设定、估计和检验的一种新技术，因此，它当然可被用于检验基础经济理论是否正确。此外，协整分析亦可用于短期或非均衡参数的估计，这是因为短期参数的估计可以通过协整方法使用长期参数估计值，采用的模型是误差修正模型。

在介绍上述方法之前，先介绍所涉及的一些术语和定义。

一、平稳性（stationarity）

1. 严格平稳性

如果一个时间序列 X_t 的联合概率分布不随时间推移而改变，即对于任何 n 和 k，X_1，X_2，…，X_n 的联合概率分布与 X_{1+k}，X_{2+k}，…，X_{n+k} 的联合概率分布相同，则称该时间序列是严格平稳的。

2. 弱平稳性

由于在实践中上述联合概率分布很难确定，因此我们用随机变量 $X_t(t=1, 2, \cdots)$ 的均值、方差和协方差代替之。如果一个时间序列满足下列条件：

（1）均值 $E(X_t)=\mu, \quad t=1, 2, \cdots$ （7.1）

（2）方差 $\mathrm{Var}(X_t)=E(X_t-\mu)^2=\sigma^2, \quad t=1, 2, \cdots$ （7.2）

（3）协方差

$$\mathrm{Cov}(X_t, X_{t+k})=E[(X_t-\mu)(X_{t+k}-\mu)]=r_k, \quad t=1, 2, \cdots; \ k\neq 0 \tag{7.3}$$

则该时间序列是弱平稳的。

3. 平稳性和非平稳性

通常情况下，我们所说的平稳性指的就是弱平稳性。一般来说，如果一个时间序列的均值和方差在任何时间都保持恒定，并且两个时期 t 和 $t+k$ 之间的协方差（或自协方差）仅依赖于两时期之间的距离（间隔或滞后）k，而与计算这些协方差的实际时期 t 无关，则该时间序列是**平稳的**。

只要这三个条件不全满足，该时间序列就是**非平稳的**。事实上，大多数经济时间序列是非平稳的。

二、几种有用的时间序列模型

1. 白噪声（white noise）

白噪声通常用 ε_t 表示，是一个纯粹的随机过程。满足

（1）$E(\varepsilon_t)=0$，对所有 t 成立；

（2）$\mathrm{Var}(\varepsilon_t)=\sigma^2$，对所有 t 成立；

（3）$\mathrm{Cov}(\varepsilon_t, \varepsilon_{t+k})=0$，对所有 t 和 $k\neq 0$ 成立。

白噪声可用符号表示为

$$\varepsilon_t \sim \mathrm{IID}\ (0, \sigma^2) \tag{7.4}$$

IID 表示独立同分布，是英文“independently identically distributed”的首字母缩写。

2. 随机漫步（random walk）

随机漫步是一个简单随机过程，X_t 由下式确定：

$$X_t = X_{t-1} + \varepsilon_t \tag{7.5}$$

式中，ε_t 为白噪声。X_t 的均值为

$$E(X_t) = E(X_{t-1} + \varepsilon_t) = E(X_{t-1}) + E(\varepsilon_t) = E(X_{t-1})$$

表明 X_t 的均值不随时间而变。

为求 X_t 的方差，对式（7.5）进行一系列置换：

$$\begin{aligned} X_t &= X_{t-1} + \varepsilon_t \\ &= X_{t-2} + \varepsilon_{t-1} + \varepsilon_t \\ &= X_{t-3} + \varepsilon_{t-2} + \varepsilon_{t-1} + \varepsilon_t \\ &\vdots \\ &= X_0 + \varepsilon_1 + \varepsilon_2 + \cdots + \varepsilon_t \\ &= X_0 + \sum \varepsilon_t \end{aligned}$$

式中，X_0 为 X_t 的初始值，可假定为任何常数或取初值为零，则

$$\mathrm{Var}(X_t) = \mathrm{Var}(X_0 + \sum_{t=1}^{t} \varepsilon_t) = \sum_{t=1}^{t} \mathrm{Var}(\varepsilon_t) = t\sigma^2$$

表明 X_t 的方差随时间而增大，平稳性的第二个条件式（7.2）不满足，因此，随机漫步时间序列是非平稳时间序列。可是，若将式（7.5）写成一阶差分形式：

$$\Delta X_t = \varepsilon_t \tag{7.6}$$

则这个一阶差分新变量 ΔX_t 是平稳的，因为它就等于白噪声 ε_t，而后者是平稳时间序列。

3. 带漂移项的随机漫步（random walk with drift）

$$X_t = \mu + X_{t-1} + \varepsilon_t \tag{7.7}$$

式中，μ 为一非零常数；ε_t 为白噪声。

μ 之所以被称为“漂移项”，是因为式（7.7）的一阶差分为

$$\Delta X_t = X_t - X_{t-1} = \mu + \varepsilon_t$$

表明时间序列 X_t 向上或向下漂移，取决于 μ 的符号是正还是负。显然，带漂移项的随机漫步时间序列也是非平稳时间序列。

4. 自回归过程

随机漫步过程式（7.5）是最简单的非平稳过程。它是

$$X_t = \varphi X_{t-1} + \varepsilon_t \tag{7.8}$$

的特例。式（7.8）称为一阶自回归过程（AR(1)），该过程在 $-1 < \varphi < 1$ 时是平稳的，在其他情况下则为非平稳过程。

更一般地，式（7.8）又是

$$X_t = \varphi_1 X_{t-1} + \varphi_2 X_{t-2} + \cdots + \varphi_q X_{t-q} + \varepsilon_t \tag{7.9}$$

的特例。式（7.9）称为 q 阶自回归过程（AR(q)），可以证明，如果特征方程

$$1-\varphi_1 L-\varphi_2 L^2-\varphi_3 L^3-\cdots-\varphi_q L^q=0 \tag{7.10}$$

的所有根的绝对值均大于1，则此过程式（7.9）是平稳的，否则为非平稳过程。

三、单整的时间序列（integrated series）

从式（7.6）可知，随机漫步序列的一阶差分序列 $\Delta X_t=X_t-X_{t-1}$ 是平稳序列。在这种情况下，我们说原非平稳序列 X_t 是“一阶**单整的**”，表示为 $X_t \sim I(1)$。与此类似，若非平稳序列必须取二阶差分（$\Delta^2 X_t=\Delta X_t-\Delta X_{t-1}$）才变为平稳序列，则原序列是“二阶单整的”，表示为 $X_t \sim I(2)$。一般地，若一个非平稳序列 X_t 必须取 d 阶差分才变为平稳序列，则原序列是“d 阶单整的”（integrated of order d），表示为 $X_t \sim I(d)$。

不难看出，一方面，$I(0)$表示平稳序列，意味着该序列无须差分即是平稳的；另一方面，如果一个序列不管差分多少次，也不能变为平稳序列，则称其为“**非单整**的”。

第二节　平稳性检验

检验平稳性的方法可分为两类：传统方法和现代方法。前者使用**自相关函数**（autocorrelation function），后者使用**单位根**（unit roots）。单位根方法是目前最常用的方法，因此本节仅介绍单位根方法。

一、单位根方法

考察式（7.8）的一阶自回归过程，即

$$X_t=\varphi X_{t-1}+\varepsilon_t \tag{7.11}$$

式中，ε_t 为白噪声。此过程可写成

$$X_t-\varphi X_{t-1}=\varepsilon_t \quad \text{或} \quad (1-\varphi L)X_t=\varepsilon_t \tag{7.12}$$

式中，L 为滞后运算符，其作用是取时间序列的滞后。如 X_t 的一期滞后可表示为 $L(X_t)$，即

$$L(X_t)=X_{t-1}$$

X_t 平稳的条件是特征方程 $1-\varphi L=0$ 的根的绝对值大于1。此方程仅有一个根$L=1/\varphi$，因而平稳性要求$-1<\varphi<1$。因此，检验 X_t 的平稳性的原假设和备择假设为：

H_0：$|\varphi|\geqslant 1$

H_1：$|\varphi|<1$

接受原假设 H_0 表明 X_t 是非平稳序列，而拒绝原假设（即接受备择假设 H_1）则表明 X_t 是平稳序列。

实践中，上述原假设和备择假设采用如下形式：

H_0：$\varphi=1$

H_1：$\varphi<1$

这是因为，首先，可以假设 $\varphi>0$，因为绝大多数经济时间序列确实如此；其次，$\varphi>1$

意味着 X_t 是爆炸性的（explosive），通常不予考虑，这意味着备择假设实际上是 $0<\varphi<1$。

在 $\varphi=1$ 的情况下，即若原假设为真，则式（7.11）就是随机漫步过程式（7.5），从上一节可知，它是非平稳的。因此，检验非平稳性就是检验 $\varphi=1$，或者说，就是检验单位根。换句话说，单位根是表示非平稳性的另一方式。这样一来，就将对非平稳性的检验转化为对单位根的检验，这就是单位根检验方法的由来。一般来说，X_t 的任何自回归模型都可以用滞后运算符 L 写成

$$A(L)X_t=\varepsilon_t$$

式中，$A(L)$ 是 L 的一个多项式。如果 $A(L)$ 的一个根是 $(1-L)$，则 X_t 有一个单位根。

式（7.11）两端各减去 X_{t-1}，得到

$$X_t-X_{t-1}=\varphi X_{t-1}-X_{t-1}+\varepsilon_t$$

即
$$\Delta X_t=\delta X_{t-1}+\varepsilon_t \tag{7.13}$$

式中，Δ 是差分运算符，$\delta=\varphi-1$。

假设 φ 为正（绝大多数经济时间序列确实如此），前面的假设可写成如下等价形式：

H_0：$\delta=0$

H_1：$\delta<0$

在 $\delta=0$ 的情况下，即若原假设为真，则相应的过程是非平稳的。换句话说，非平稳性或单位根问题可表示为 $\varphi=1$ 或 $\delta=0$。从而我们可以将检验时间序列 X_t 的非平稳性的问题简化成在方程（7.11）的回归中，检验参数 $\varphi=1$ 是否成立，或者在方程（7.13）的回归中，检验参数 $\delta=0$ 是否成立。这类检验可分别用两个 t 检验进行：

$$t_\varphi=\frac{\hat{\varphi}-1}{S_{\hat{\varphi}}}\quad 或\quad t_\delta=\frac{\hat{\delta}}{S_{\hat{\delta}}} \tag{7.14}$$

式中，$S_{\hat{\varphi}}$ 和 $S_{\hat{\delta}}$ 分别为参数估计值 $\hat{\varphi}$ 和 $\hat{\delta}$ 的标准误差，即 $S_{\hat{\varphi}}=\mathrm{Se}(\hat{\varphi}),S_{\hat{\delta}}=\mathrm{Se}(\hat{\delta})$。

这里的问题是，式（7.14）计算的 t 值不服从 t 分布，而是服从一个非标准的甚至是非对称的分布，因而不能使用 t 分布表，需要用另外的分布表。

二、迪基-富勒检验（DF 检验）

迪基（Dickey）和富勒（Fuller）以蒙特卡罗模拟为基础，编制了式（7.14）中 t_δ 统计量的临界值表，表中所列已非传统的 t 统计量，他们称之为 τ 统计量。这些临界值如表 7-1 所示。后来该表由麦金农（McKinnon）通过蒙特卡罗模拟法加以扩充。将表 7-1 中的临界值与标准 t 分布表中的临界值相比较（按绝对值比），τ 值要比相应的 t 值大得多。

表 7-1　　迪基-富勒 τ 统计量临界值表

	取更小值的概率							
样本容量	0.01	0.025	0.05	0.10	0.90	0.95	0.975	0.99
无常数项 无时间项 （统计量 τ）								

续表

样本容量	取更小值的概率 0.01	0.025	0.05	0.10	0.90	0.95	0.975	0.99
25	−2.66	−2.26	−1.95	−1.60	0.92	1.33	1.71	2.16
50	−2.62	−2.25	−1.95	−1.61	0.91	1.31	1.66	2.08
100	−2.60	−2.24	−1.95	−1.61	0.90	1.29	1.64	2.03
250	−2.58	−2.23	−1.95	−1.62	0.89	1.29	1.63	2.01
500	−2.58	−2.23	−1.95	−1.62	0.89	1.28	1.62	2.00
∞	−2.58	−2.23	−1.95	−1.62	0.89	1.28	1.62	2.00
有常数项 无时间项 （统计量 τ_μ）								
25	−3.75	−3.33	−3.00	−2.62	−0.37	0.00	0.34	0.72
50	−3.58	−3.22	−2.93	−2.60	−0.40	−0.03	0.29	0.66
100	−3.51	−3.17	−2.89	−2.58	−0.42	−0.05	0.26	0.63
250	−3.46	−3.14	−2.88	−2.57	−0.42	−0.06	0.24	0.62
500	−3.44	−3.13	−2.87	−2.57	−0.43	−0.07	0.24	0.61
∞	−3.43	−3.12	−2.86	−2.57	−0.44	−0.07	0.23	0.60
有常数项 有时间项 （统计量 τ_T）								
25	−4.38	−3.95	−3.60	−3.24	−1.14	−0.80	−0.50	−0.15
50	−4.15	−3.80	−3.50	−3.18	−1.19	−0.87	−0.58	−0.24
100	−4.04	−3.73	−3.45	−3.15	−1.22	−0.90	−0.62	−0.28
250	−3.99	−3.69	−3.43	−3.13	−1.23	−0.92	−0.64	−0.31
500	−3.98	−3.68	−3.42	−3.13	−1.24	−0.93	−0.65	−0.32
∞	−3.96	−3.66	−3.41	−3.12	−1.25	−0.94	−0.66	−0.33

有了 τ 表，我们就可以进行 DF 检验了。DF 检验按以下两步进行：

第一步：对式（7.13）执行 OLS 回归，即估计

$$\Delta X_t = \delta X_{t-1} + \varepsilon_t \tag{7.15}$$

得到常规 t_δ 值。

第二步：检验假设

H_0：$\delta=0$

H_1：$\delta<0$

将上一步得到的 t_δ 值与表 7-1 中查到的 τ 临界值进行比较。判别准则是，若 $t_\delta>\tau$，则接受原假设 H_0，即 X_t 非平稳；若 $t_\delta<\tau$，则拒绝原假设 H_0，X_t 为平稳序列。

迪基和富勒注意到 τ 临界值依赖于回归方程的类型，因此他们同时还编制了与另外两种类型的方程相对应的 τ 统计量临界值表，这两类方程是：

$$\Delta X_t = \alpha + \delta X_{t-1} + \varepsilon_t \tag{7.16}$$

和

$$\Delta X_t = \alpha + \beta t + \delta X_{t-1} + \varepsilon_t \tag{7.17}$$

二者的 τ 临界值分别记为 τ_μ 和 τ_T。这些临界值亦列在表 7-1 中。尽管三种方程的 τ 临界值有所不同，但有关时间序列平稳性的检验依赖的是 X_{t-1} 的系数 δ，而与 α，β 无关。式（7.17）通常用于有明确的时间趋势的序列的单位根检验。

三、ADF 检验

应用式（7.15）、式（7.16）和式（7.17）进行 DF 检验时，方程中扰动项 ε_t 被假定为序列无关的。在扰动项序列相关的情况下，就要应用迪基和富勒随后开发的 ADF 检验。ADF 检验的全称是增广的迪基-富勒检验（augmented Dickey-Fuller test），它是 DF 检验的扩展，适用于扰动项 ε_t 服从平稳的 AR(p) 过程的情形。ADF 与 DF 检验的区别是在式（7.15）、式（7.16）和式（7.17）的右边添加因变量 ΔX_t 的滞后项 $\Delta X_{t-j}(j=1, 2, \cdots, p)$ 作为解释变量，即要使回归方程变为

$$\Delta X_t = \delta X_{t-1} + \sum_{j=1}^{p} \theta_j \Delta x_{t-j} + \varepsilon_t\,,\ t=1,\ 2,\ \cdots \tag{7.18}$$

$$\Delta X_t = \alpha + \delta X_{t-1} + \sum_{j=1}^{p} \theta_j \Delta x_{t-j} + \varepsilon_t\,,\ t=1,\ 2,\ \cdots \tag{7.19}$$

$$\Delta X_t = \alpha + \beta t + \delta X_{t-1} + \sum_{j=1}^{p} \theta_j \Delta x_{t-j} + \varepsilon_t\,,\ t=1,\ 2,\ \cdots \tag{7.20}$$

三个模型检验的原假设和备择假设均分别是：H_0：$\delta=0$；H_1：$\delta<0$。实践中经常遇到的问题是，究竟应当采用哪个模型进行检验？由于很难知道真实的数据产生过程，从而这是一个难以判断的问题。实践中可从最一般的方程（7.20）开始，依次对三个方程进行检验。只要上述三个模型中有一个能拒绝原假设，就可判断原序列是平稳的；若三个模型都接受了原假设，则说明原序列是非平稳的。ADF 检验的原理与 DF 检验相同，只是对三个模型进行检验时，各自的临界值由 ADF 分布表给出（该表由麦金农经大规模的模拟后提供），比较计算得到的 τ 统计量的值与临界值的大小即可得出结论。

在式（7.18）、式（7.19）、式（7.20）中应当包括多少个滞后变动项，并无硬性标准。由于我们在实践中通常不知道 ε_t 中产生序列相关的具体过程，因此一般做法是包括尽可能多的 ΔX_t 的滞后项，当然也不能太多，因为会影响自由度。实践中可根据数据的频率和样本的规模来选择 p。对于年度数据，一两个滞后即可，对于月度数据，可考虑取 $p=12$。

例 7.1　检验第四章例 4.11 中能源消费总量与实际 GDP 的对数序列的单整性（数据见表 4-2）。

（1）*Energy* 的单整性检验。

首先对序列进行 DF 检验。观察图 7-1，序列上扬趋势明显，平稳的可能性不大。先估计有常数项和趋势项的检验式，结果如下：

$$\widehat{\Delta Energy_t} = 26\,445.58 + 292.76t - 0.038\,Energy_{t-1}$$

$$t:\quad (1.69)\qquad (0.14)\qquad (-0.35)\qquad\qquad DW=0.69$$

检验式中，$DW=0.69$，查表可知，模型存在自相关，应该改用 ADF 检验。

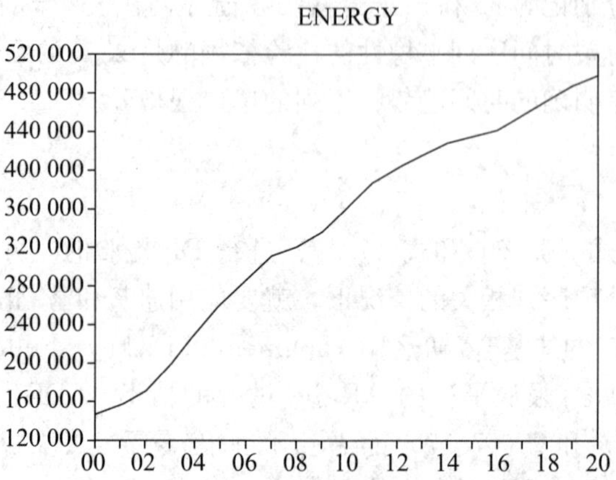

图 7-1　中国能源消费总量序列

$$\Delta\widehat{Energy}_t = 29\ 858.18 + 2\ 640.38t - 0.158\ Energy_{t-1} + 0.74\Delta Energy_{t-1}$$
$$t:\quad (2.86)\quad (1.83)\quad (-2.07)\quad (4.86)\qquad DW = 1.79$$

经检验，$DW=1.79$，说明模型不存在自相关，不需要再增加滞后项。而趋势项的回归系数对应的 $t=1.83$，查 ADF 临界值表可知，系数不显著，所以应该把趋势项去掉。

$$\Delta\widehat{Energy}_t = 12\ 586.55 - 0.020\ Energy_{t-1} + 0.65\Delta Energy_{t-1}$$
$$t:\quad (2.61)\quad (-1.71)^*\quad (4.23)\qquad DW = 1.64$$

回归式中带 * 的括号内是 τ 统计量值（DF 统计量）。经查表可知，$\tau=-1.71>-3.01$（-3.01 是 ADF 检验中 τ 的临界值，显著性水平为 0.05（后面案例如果没有标注，显著性水平默认为 0.05）），故序列 $Energy$ 为非平稳序列，存在单位根。然后检验序列的一阶差分，即对 $\Delta^2 Energy$ 进行单位根检验。检验方法同上，结果如下：

$$\Delta^2\widehat{Energy}_t = -0.056\Delta^2 Energy_{t-1}$$
$$t:\quad (-0.72)^*\qquad DW = 1.57$$

经查表可知，$\tau=-0.72>-1.96$（-1.96 是 ADF 检验中 τ 的临界值），故序列 $\Delta Energy$ 为非平稳序列，存在单位根。接着对 $\Delta^2 Energy$ 进行单位根检验。检验方法同上，结果如下：

$$\Delta^3\widehat{Energy}_t = -0.056\ \Delta^2 Energy_{t-1}$$
$$t:\quad (-3.68)^*\qquad DW = 1.91$$

经查表可知，$\tau=-3.68<-1.96$，故序列 $\Delta^2 Energy$ 为平稳序列，也就是说原序列 $Energy$ 是二阶单整，$Energy \sim I(2)$。

（2）$lgdpr$ 的单整性检验。

检验方法与 $Energy$ 序列相同。检验结果如下：

$$\Delta\widehat{lgdpr}_t = -0.000\ 5\ lgdpr_{t-1} + 1.037\Delta lgdpr_{t-1}$$
$$t:\quad (-0.45)^*\quad (6.93)\qquad DW = 1.70$$

$$\Delta^2\widehat{lgdpr_t}=-0.028\Delta lgdpr_{t-1}$$

t：　(−0.80)*　　　　　$DW=1.60$

$$\Delta^3\widehat{lgdpr_t}=-0.93\,\Delta^2 lgdpr_{t-1}$$

t：　(−3.49)*　　　　　$DW=1.67$

第一个回归式检验 $lgdpr$ 的平稳性，$\tau=-0.45>-1.96$，故 $lgdpr$ 序列不平稳。第二个回归式检验 $\Delta lgdpr$ 序列的平稳性，$\tau=-0.80>-1.96$，故 $\Delta lgdpr$ 序列不平稳。第三个回归式检验$\Delta^2 lgdpr$ 序列的平稳性，$\tau=-3.49<-1.96$，故$\Delta^2 lgdpr$ 序列平稳。也就是说 $lgdpr$ 序列是二阶单整，$lgdpr\sim I(2)$。

第三节　协　整

一国的能源消费与国内生产总值之间存在密切的联系，我们在第四章的例 4.11 中，对这两变量进行了建模，并回归结果如下：

$$\widehat{Energy_t}=-1\,980.53+208.11\,lgdpr_t \quad R^2=0.994$$

Se：　(41.26)　　(3.69)　　　　$DW=0.48$　　　　(7.21)

除 DW 值低以外，估计结果很好。t 值很高，表明回归系数显著；R^2 也很高，表明拟合得很好。可是，由于方程中的两个时间序列是趋势时间序列或非平稳时间序列，因此这一估计结果有可能形成误导。结果是，OLS 估计量不是一致估计量，相应的常规推断程序不正确。格兰杰（Granger）和纽博尔德（Newbold）在 1974 年发表的论文“Spurious Regression in Econometrics”中对此进行了深入研究。文中指出，如果 x_t 和 y_t 是相互独立的随机漫步时间序列，那么由于 x_t 和 y_t 相互独立，在 $y_t=\alpha+\beta x_t+u_t$ 的回归中 β 的估计值应当接近于 0，相应的 t 统计量应当不显著。但事实上格兰杰和纽博尔德发现，在 100 次回归试验中（样本大小为 50），$|t|\leqslant 2$ 的有 23 次，$2<|t|\leqslant 4$ 的有 24 次，而$|t|>4$ 的有 53 次。本应不显著的 t 统计量在大多数回归中却是显著的！格兰杰和纽博尔德把这种现象称为**伪回归**（spurious regression），因为这类回归发现两个时间序列显著相关而实际上它们根本不相关。他们进一步指出，如果在时间序列的回归中 DW 值低而R^2 高，则应怀疑有伪回归的可能。我们上面的结果正是如此，$R^2=0.994>DW=0.48$。考虑到经济学中大多数时间序列是非平稳序列，于是我们得到伪回归结果是常见的事。避免非平稳性问题的常用方法是在回归中使用时间序列的一阶差分。可是，使用差分形式的变量的关系式更适合描述所研究的经济现象的短期状态或非均衡状态，而不是其长期或均衡状态，描述所研究的经济现象的长期或均衡状态应采用变量本身，大多数经济理论正是这样做的。

上面的讨论自然引出了一个明显的问题：我们使用非均衡时间序列时是否必定会造成伪回归？

对此问题的回答是，如果在一个回归中涉及的趋势时间序列“一起漂移”，或者说“同步”，则可能没有伪回归的问题，因而取决于 t 检验和 F 检验的推断也没有问题。这种非均衡时间序列的“同步”引出了我们下面要介绍的协整概念。

一、协整的概念

在持久收入假说中要求两时间序列 C_t 和 Y_t 的线性组合，即时间序列$C_t-\beta_1 Y_t$ 必须是平稳的，这是因为此序列等于 ε_t，而暂时性私人消费（ε_t）按定义是平稳时间序列。可是，C_t 和 Y_t 都是非平稳时间序列，事实上，不难验证：$C_t \sim I(1)$，$Y_t \sim I(1)$。也就是说，尽管 $C_t \sim I(1)$，$Y_t \sim I(1)$，但持久收入假说要求它们的线性组合 $\varepsilon_t = C_t - \beta_1 Y_t$ 是平稳的，即

$$\varepsilon_t = C_t - \beta_1 Y_t \sim I(0)$$

在这种情况下，我们说时间序列 C_t 和 Y_t 是**协整的**（cointegrated）。下面给出**协整**（cointegration）的正式定义。

如果两时间序列 $Y_t \sim I(d)$，$X_t \sim I(d)$，并且这两个时间序列的线性组合$a_1 Y_t + a_2 X_t$ 是（$d-b$）阶单整的，即 $a_1 Y_t + a_2 X_t \sim I(d-b)(d \geqslant b \geqslant 0)$，则 Y_t 和 X_t 被称为是（d，b）阶协整的。记为

$$Y_t，X_t \sim \mathrm{CI}(d，b)$$

这里 CI 是协整的符号。构成两变量线性组合的系数向量（a_1，a_2）称为**协整向量**。

下面给出本节中要研究的两个特例。

(1) Y_t，$X_t \sim \mathrm{CI}(d，d)$。

在这种情况下，$d=b$，使得 $a_1 Y_t + a_2 X_t \sim I(0)$，这意味着两时间序列的线性组合是平稳的，因而

$$Y_t，X_t \sim \mathrm{CI}(d，d)$$

(2) Y_t，$X_t \sim \mathrm{CI}(1，1)$。

在这种情况下，$d=b=1$，同样有 $a_1 Y_t + a_2 X_t \sim I(0)$，即两时间序列的线性组合是平稳的，因而

$$Y_t，X_t \sim \mathrm{CI}(1，1)$$

我们来考虑下面的关系：

$$Y_t = \beta_0 + \beta_1 X_t$$

式中，$Y_t \sim I(1)$，$X_t \sim I(1)$。

当 $0 = Y_t - \beta_0 - \beta_1 X_t$ 时，该关系处于长期均衡状态。

对长期均衡的偏离，称为均衡误差，记为 ε_t：

$$\varepsilon_t = Y_t - \beta_0 - \beta_1 X_t$$

若长期均衡存在，则均衡误差应当围绕均衡值 0 波动。也就是说，均衡误差 ε_t 应当是一个平稳时间序列，即应有 $\varepsilon_t \sim I(0)$ 且 $E(\varepsilon_t)=0$。按照协整的定义，由于 $Y_t \sim I(1)$，$X_t \sim I(1)$，且线性组合 $\varepsilon_t = Y_t - \beta_0 - \beta_1 X_t \sim I(0)$，我们可以说 Y_t 和 X_t 是（1，1）阶协整的，即 Y_t，$X_t \sim \mathrm{CI}(1，1)$，协整向量是（1，$-\beta_0$，$-\beta_1$）。可以证明，对两个变量的情形，在一个变量的系数正规化为 1 的假设下，协整向量，即两时间序列的线性组合是唯一的。

综合以上结果，我们可以说，两时间序列之间的协整是表示它们之间存在长期均衡关系的另一种方式。因此，若 Y_t 和 X_t 是协整的，并且均衡误差是平稳的且具有零均值，我们就可以确信，方程

$$Y_t = \beta_0 + \beta_1 X_t + \varepsilon_t \tag{7.22}$$

将不会产生伪回归结果。斯托克（Stock）证明了对于大样本，方程（7.22）的 OLS 估计量是“超一致”估计量，即它是一致估计量，并且非常有效，因为它向回归系数真值的收敛速度比涉及平稳变量的 OLS 估计量要快。但对于小样本，OLS 估计量是有偏的，偏倚的水平依赖于 R^2 的值，R^2 越高，偏倚的水平越低。

由上可知，如果我们想避免伪回归问题，就应该在进行回归之前检验一下所涉及的变量是否协整。

二、协整的检验

下面介绍用于检验变量之间协整最常用的恩格尔-格兰杰（Engle-Granger，EG）法。

恩格尔-格兰杰（EG）法或增广的恩格尔-格兰杰（AEG）法的检验步骤如下。

步骤 1：

用上一节介绍的单位根方法求出两变量的单整的阶，然后分情况处理，共有三种情况：

（1）若两变量的单整的阶相同，则进入下一步。

（2）若两变量的单整的阶不同，则两变量不是协整的。

（3）若两变量是平稳的，则整个检验过程停止，因为你可以采用标准回归技术处理。

步骤 2：

若两变量是同阶单整的，如 $I(1)$，则用 OLS 法估计长期均衡方程（称为协整回归）：

$$Y_t = \beta_0 + \beta_1 X_t + \varepsilon_t$$

并保存残差 e_t 作为均衡误差 ε_t 的估计值。应注意的是，虽然估计出的协整向量（1，$-\hat{\beta}_0$，$-\hat{\beta}_1$）是真实协整向量（1，$-\beta_0$，$-\beta_1$）的一致估计值，但这些系数的标准误差估计值不是一致估计值。由于这一原因，标准误差估计值通常不在协整回归的结果中提供。

步骤 3：

对于两个协整变量来说，均衡误差必须是平稳的。为检验其平稳性，对上一步保存的均衡误差估计值（即协整回归的残差 e_t）应用单位根方法。具体做法是将迪基-富勒检验法用于时间序列 e_t，也就是用 OLS 法估计下面的方程：

$$\Delta e_t = \delta e_{t-1} + v_t \tag{7.23}$$

需注意以下两点：

（1）式（7.23）不包含常数项，这是因为 OLS 残差 e_t 应以 0 为中心波动。

（2）迪基-富勒 τ 统计量不适于此检验。表 7－3 提供了用于协整检验的临界值表。

表 7－3　协整检验 EG 或 AEG 法的临界值

样本容量 \ 显著性水平 \ 变量个数	$m=2$			$m=3$			$m=4$		
	0.01	0.05	0.10	0.01	0.05	0.10	0.01	0.05	0.10
25	−4.37	−3.59	−3.22	−4.92	−4.10	−3.71	−5.43	−4.56	−4.15
50	−4.12	−3.46	−3.13	−4.59	−3.92	−3.58	−5.02	−4.32	−3.98

续表

样本容量 \ 显著性水平 \ 变量个数	m=2			m=3			m=4		
	0.01	0.05	0.10	0.01	0.05	0.10	0.01	0.05	0.10
100	−4.01	−3.39	−3.09	−4.44	−3.83	−3.51	−4.83	−4.21	−3.89
∞	−3.90	−3.33	−3.05	−4.30	−3.74	−3.45	−4.65	−4.10	−3.81

步骤 4：

得出有关两变量是否协整的结论，用到的原假设和备择假设是

$H_0: \delta=0$

$H_1: \delta<0$

若 $t_\delta>\tau$，则接受原假设，即 e_t 是非平稳序列，两变量是非协整的。

若 $t_\delta<\tau$，则拒绝原假设，即 e_t 是平稳序列，两变量是协整的。

例 7.2　在第四章例 4.11 中，我们建立了能源消费总量与实际 GDP 的对数的线性模型，从案例 7.1 可知，能源消费总量 *Energy* 和 *lgdpr* 皆是 2 阶单整序列，模型可能存在伪回归。如果两个序列存在长期均衡关系，也就是说存在协整，则模型没有伪回归问题。下面进行协整检验。

第一步：检验两变量的单整阶数。

根据案例 7.1 的结果，$Energy \sim I(2)$，$lgdpr \sim I(2)$。由于两序列同阶单整，可能存在协整，需进行下一步的检验。

第二步：进行协整回归，结果如下：

$$\widehat{Energy}_t=-1\,980.53+208.11\,lgdpr_t,\ R^2=0.994$$
$$t:\quad (-48.01)\qquad (56.38)$$

同时我们计算并保存残差 e_t，作为均衡误差的估计值。

第三步：检验协整性。

$$\Delta\hat{e}_t=-0.25\,e_{t-1}$$
$$t:\quad (-1.64)^*\qquad\qquad DW=0.75$$

经检验，$DW=0.75$ 说明模型存在自相关，需要改用 AEG 检验。检验结果如下：

$$\Delta\hat{e}_t=-0.45\,e_{t-1}+0.78\Delta e_{t-1}$$
$$t:\quad (-4.99)^*\qquad\qquad DW=1.74$$

经检验，$DW=1.74$ 说明模型不存在自相关，不需要再增加滞后项。回归式中带 * 的括号内是 AEG 统计量值。经查表可知，AEG=−4.99 小于临界值，说明我国能源消费总量与实际对数 GDP 存在长期均衡关系，*Energy*，$lgdpr \sim CI(2, 2)$。其建立的对数线性模型不存在伪回归。这里要注意的是，需要用 AEG 检验的临界值，而不是 ADF 检验的临界值。

第四节　误差修正模型

协整分析中最重要的结果可能是所谓的“格兰杰表述定理”(Granger representation theorem)。按照此定理，如果两变量 Y_t 和 X_t 是协整的，则它们之间存在长期均衡关系。当然，在短期内，这些变量可以是不均衡的，扰动项是均衡误差 ε_t。两变量间这种短期不均衡关系的动态结构可以由**误差修正模型**（error correction model，ECM）来描述，该模型是由萨金（Sargan）提出的。这一联系两变量的短期和长期行为的误差修正模型由下式给出：

$$\Delta Y_t = \text{滞后的}(\Delta Y_t, \Delta X_t) + \lambda\varepsilon_{t-1} + v_t, \quad -1<\lambda<0 \tag{7.30}$$

式中，$Y_t \sim I(1)$，$X_t \sim I(1)$，Y_t，$X_t \sim \mathrm{CI}(1, 1)$，$\varepsilon_t = Y_t - \beta_0 - \beta_1 X_t \sim I(0)$；$v_t$ 为白噪声；λ 为短期调整系数。

式（7.30）是 ECM 模型的一般形式，在实践中可根据情况建立具体的 ECM 模型。最简单的是一阶 ECM 模型，形式如下：

$$\Delta Y_t = \alpha_0 + \alpha_1 \Delta X_t + \lambda\varepsilon_{t-1} + v_t$$

不难看出，在式（7.30）中，所有变量都是平稳的，因为

$$Y_t \sim I(1),\ X_t \sim I(1) \Rightarrow \Delta Y_t \sim I(0),\ \Delta X_t \sim I(0)$$

$$Y_t,\ X_t \sim \mathrm{CI}(1, 1) \Rightarrow \varepsilon_t \sim I(0)$$

因此，有人或许会说，该式可用 OLS 法估计。但事实上不行，因为均衡误差 ε_t 不是可观测变量。因而在估计该式之前，要先得到这一误差的值。

恩格尔和格兰杰建议采用下述两步方法估计方程（7.30）。

第一步：估计协整回归方程

$$Y_t = \beta_0 + \beta_1 X_t + \varepsilon_t$$

得到协整向量的一致估计值 $(1, -\hat{\beta}_0, -\hat{\beta}_1)$，用它得出均衡误差 ε_t 的估计值

$$e_t = Y_t - \hat{\beta}_0 - \hat{\beta}_1 X_t$$

第二步：用 OLS 法估计下面的方程

$$\Delta Y_t = \text{滞后的}(\Delta Y_t, \Delta X_t) + \lambda e_{t-1} + v_t \tag{7.31}$$

例 7.3　税收收入与经济增长的协整性检验。

税收收入与经济增长之间存在着紧密的联系，经济增长是税收收入增长的主导因素。试检验税收收入与经济增长的协整性。

1. 数据处理

采用我国 2007 年第 1 季度至 2018 年第 3 季度的税收收入和 GDP 的数据，根据消费者价格指数 CPI（2007 年第 1 季度为基期），把税收收入和 GDP 数据转换为不变价。由于采用了季节数据，为了消除季节因素影响，使数据具有可比性，对不变价数据进行了季节

调整，并取了对数，分别命名为 *ltaxr* 和 *lgdpr*。

2. 单整性检验

（1）*ltaxr* 的单整性检验。

检验过程的处理与例 7.1 同。检验结果如下：

$$\Delta\widehat{ltaxr}_t = 0.0022\, ltaxr_{t-1}$$
$$t: \quad (2.72)^* \qquad\qquad DW = 2.03$$
$$\Delta^2\widehat{ltaxr}_t = -0.87\Delta ltaxr_{t-1}$$
$$t: \quad (-5.84)^* \qquad\qquad DW = 2.01$$

第一个回归式检验 *ltaxr* 的平稳性，$\tau = 2.72 > -1.95$，故 *ltaxr* 序列不平稳。第二个回归式检验 $\Delta ltaxr$ 序列的平稳性，$\tau = -5.84 < -1.95$，故 $\Delta ltaxr$ 序列平稳。也就是说 *ltaxr* 序列是一阶单整，即 $ltaxr \sim I(1)$。

（2）*lgdpr* 的单整性检验。

检验结果如下：

$$\Delta\widehat{lgdpr}_t = 0.0008\, lgdpr_{t-1} + 0.57\Delta lgdpr_{t-1}$$
$$t: \quad (3.00)^* \qquad (4.38) \qquad\qquad DW = 1.99$$
$$\Delta^2\widehat{lgdpr}_t = 0.01 - 0.46\Delta lgdpr_{t-1}$$
$$t: \quad (3.14) \quad (-3.50)^* \qquad\qquad DW = 1.98$$

第一个回归式检验 *lgdpr* 的平稳性，$\tau = 3.00 > -1.95$，故 *lgdpr* 序列不平稳。第二个回归式检验 $\Delta lgdpr$ 序列的平稳性，$\tau = -3.50 < -2.93$，故 $\Delta lgdpr$ 序列平稳。也就是说 *lgdpr* 序列是一阶单整，即 $lgdpr \sim I(1)$。

根据检验结果，$ltaxr \sim I(1)$，$lgdpr \sim I(1)$。由于两序列同阶单整，故可能存在协整，进入下一步的检验。

3. 协整性检验

第一步：进行协整回归，结果如下：

$$\widehat{ltaxr}_t = -2.44 + 1.06\, lgdpr_t \qquad R^2 = 0.97$$
$$t: \quad (-7.72) \quad (39.04)$$

同时我们计算并保存残差 e_t，作为均衡误差的估计值。

第二步：检验协整性。

$$\Delta\hat{e}_t = -0.44\, e_{t-1}$$
$$t: \quad (-3.53)^* \qquad DW = 1.81$$

经检验，$DW = 1.81$，说明模型不存在自相关。回归式中带 * 的括号内是 EG 统计量值。查表可知，AEG $= -3.53$ 小于临界值，说明我国税收收入（对数）与 GDP（对数）存在长期均衡关系，*ltaxr*，$lgdpr \sim \mathrm{CI}(1, 1)$。

4. 模型分析

$$\widehat{ltaxr}_t = -2.44 + 1.06\, lgdpr_t \quad R^2 = 0.97$$
$$t: \quad (-7.72) \quad (39.04)$$

模型中斜率系数也称为税收弹性或税收的 GDP 弹性，描述税收收入的增长相对于 GDP 的增长的情况，从数量关系上体现税收与经济的内在关系。斜率估计值 1.06 稍大于 1，表明税收比较富有弹性，在样本期内，税收的平均增长速度稍快于 GDP 的平均增长速度。

5. ECM 模型的建立

税收收入与 GDP 存在 CI(1，1)，我们可建立 ECM 模型。回归结果如下：

$$\Delta \widehat{ltaxr_t}=1.37\Delta lgdpr_{t-1}-0.45\,e_{t-1}$$

$$t:\quad (4.94)\qquad (-3.55)\qquad DW=1.79$$

回归结果中，均衡误差项的系数为负，t 值显著，表明税收收入偏离均衡点时，其偏差的 45%会被该经济系统修正，使得税收收入朝均衡点调整。

小　结

本章重点介绍了时间序列分析中用到的一些基本概念和方法。

一、平稳性和非平稳性

一般来说，如果一个时间序列的均值和方差在任何时间都保持恒定，并且两个时期 t 和 $t+k$ 之间的协方差仅依赖于两时期之间的距离（间隔或滞后）k，而与计算这些协方差的实际时期 t 无关，则该时间序列是平稳的。如果这三个条件不全满足，则该时间序列是非平稳的。事实上，大多数经济时间序列是非平稳的。

若一个非平稳序列 X_t 必须取 d 阶差分才变为平稳序列，则 X_t 是“d 阶单整的”，表示为 $X_t \sim I(d)$。

二、平稳性检验

平稳性检验的方法有自相关函数法和单位根方法两类，本章介绍了单位根方法。单位根是表示非平稳性的另一方式，单位根方法将对非平稳性的检验转化为对单位根的检验。本章介绍的 DF 检验法简单实用，是目前最常用的单位根方法。DF 检验按以下两步进行：

第一步：用 OLS 法估计

$$\Delta X_t=\delta X_{t-1}+\varepsilon_t$$

得到常规 t_δ 值。

第二步：检验假设

$$H_0:\ \delta=0$$

$$H_1:\ \delta<0$$

若接受原假设 H_0，则 X_t 非平稳。

三、协整分析

协整分析是用于对非平稳变量组成的关系式中长期均衡参数进行估计的技术。协整分析涉及的是一组变量，它们各自都是不平稳的，但它们同步。这种变量的同步使得这些变量之间存在长期的线性关系，因而使人们能够研究经济变量间的长期均衡关系。如果这种长期线性关系不成立，则对应的变量被称为“是非协整的”。协整的定义是：如果两时间序列$Y_t \sim I(d)$，$X_t \sim I(d)$，并且这两个时间序列的线性组合 $a_1Y_t+a_2X_t$ 是（$d-b$）阶单整的，即$a_1Y_t+a_2X_t \sim I(d-b)(d \geqslant b \geqslant 0)$，则 Y_t 和 X_t 被称为是（d，b）阶协整的。记为

$$Y_t，X_t \sim \mathrm{CI}(d，b)$$

当回归方程中涉及的时间序列是非平稳时间序列时，OLS 估计量不再是一致估计量，相应的常规推断程序会产生误导，这就是所谓的“伪回归”问题。可是，如果 Y_t 和 X_t 是协整的，并且均衡误差是平稳的且具有零均值，我们就可以确信方程 $Y_t=\beta_0+\beta_1X_t+\varepsilon_t$ 将不会产生伪回归结果。因此，要避免伪回归问题，就应该在进行回归之前检验所涉及的变量是否协整。本章介绍了检验协整的恩格尔-格兰杰法。

协整分析亦可用于短期或非均衡参数的估计，按照格兰杰表述定理，如果两变量 Y_t 和 X_t 是协整的，则它们之间存在长期均衡关系。当然，在短期内，这些变量可以是不均衡的，扰动项是均衡误差 ε_t。两变量间这种短期不均衡关系的动态结构可以由误差修正模型来描述。

习　题

1. 单项选择题

（1）某一时间序列经一次差分变换成平稳时间序列，此时间序列称为（　　）的。

A. 一阶单整　　B. 二阶单整

C. K 阶单整　　D. 以上答案均不正确

（2）如果两个变量都是一阶单整的，则（　　）。

A. 这两个变量一定存在协整关系

B. 这两个变量一定不存在协整关系

C. 相应的误差修正模型一定成立

D. 还需对误差项进行检验

（3）如果同阶单整的线性组合是平稳时间序列，则这些变量之间的关系是（　　）。

A. 伪回归关系　　B. 协整关系

C. 短期均衡关系　　D. 短期非均衡关系

2. 请说出平稳时间序列和非平稳时间序列的区别，并解释为什么在实证分析中确定经济时间序列的性质是十分必要的。

3. 什么是单位根？

4. 迪基-富勒(DF) 检验和恩格尔-格兰杰(EG) 检验分别检验什么？

5. 什么是伪回归？在回归中使用非均衡时间序列时是否必定会造成伪回归？

6. 由 1948—1984 年英国私人部门住宅开工数（X），某学者得到下列回归结果：

$$\Delta X_t = 31.03 - 0.188 X_{t-1}$$

Se：　(12.50)　(0.08)

$t(\tau)$：　　(−2.35)

注：5%的显著性水平下的 τ 临界值为−2.95，10%的显著性水平下的 τ 临界值为−2.60。

（1）根据这一结果，检验住宅开工数时间序列是否平稳。

（2）现考虑下面的回归结果：

$$\Delta^2 X_t = 4.76 - 1.39 \Delta X_{t-1} + 0.313 \Delta^2 X_{t-1}$$

Se：　(5.06)　(0.236)　　(0.136)

$t(\tau)$：　　(−5.89)

结合两个回归结果判断住宅开工数的平稳性和单整阶数。

7. 由 1971—I 到 1988—IV 加拿大的数据，得到如下回归结果：

A. $\ln M1_t = -10.2571 + 1.5975 \ln GDP_t$

t：　(−12.942 2)　(25.886 5)

$R^2 = 0.9463$，$DW = 0.3254$

B. $\Delta \ln M1_t = 0.0095 + 0.5833 \Delta \ln GDP_t$

t：　(2.495 7)　(1.895 8)

$R^2 = 0.0885$，$DW = 1.7399$

C. $\Delta e_t = -0.1958 e_{t-1}$

$t(\tau)$：(−2.252 1)

$R^2 = 0.1118$，$DW = 1.4767$

其中，M1＝货币供给；GDP＝国内生产总值；e_t＝残差（回归 A）。

（1）你怀疑回归 A 是伪回归吗？为什么？

（2）回归 B 是伪回归吗？请说明理由。

（3）基于回归 C 的结果，你是否改变（1）中的结论？为什么？

8. 检验我国人口时间序列的平稳性，数据区间为 1949—2003 年。

单位：万人

年份	*pop*	年份	*pop*	年份	*pop*
1949	54 167	1960	66 207	1971	85 229
1950	55 196	1961	65 859	1972	87 177
1951	56 300	1962	67 295	1973	89 211
1952	57 482	1963	69 172	1974	90 859
1953	58 796	1964	70 499	1975	92 420
1954	60 266	1965	72 538	1976	93 717
1955	61 465	1966	74 542	1977	94 974
1956	62 828	1967	76 368	1978	96 259
1957	64 653	1968	78 534	1979	97 542
1958	65 994	1969	80 671	1980	98 705
1959	67 207	1970	82 992	1981	100 072

续表

年份	*pop*	年份	*pop*	年份	*pop*
1982	101 590	1990	114 333	1998	124 761
1983	102 764	1991	115 823	1999	125 786
1984	103 876	1992	117 171	2000	126 743
1985	105 851	1993	118 517	2001	127 627
1986	107 507	1994	119 850	2002	128 453
1987	109 300	1995	121 121	2003	129 227
1988	111 026	1996	122 389		
1989	112 704	1997	123 626		

第八章

联立方程模型

第一节　联立方程模型的概念

迄今为止，我们的介绍都是围绕单方程模型进行的，然而很多经济理论是建立在一组经济关系上的，其数学模型是一个方程组，称为**多方程模型**或**联立方程模型**（simultaneous equations model）。熟悉的例子有市场均衡模型、商品需求方程组和宏观经济模型等。联立方程模型用于描述整个经济系统或其子系统。

一、联立方程模型的估计问题

在联立方程模型的情况下，不管人们是仅仅关心系统的某个具体部分还是对整个系统感兴趣，模型中各变量之间的相互作用都将对模型各方程的说明和估计产生影响。为了说明这一点，我们来看一个简单的例子。假设要估计简单的凯恩斯收入决定模型

$$C_t=\alpha+\beta Y_t+u_t \tag{8.1}$$

$$Y_t=C_t+I_t \tag{8.2}$$

中消费函数的参数。该模型假定经济是封闭型的，没有进出口，并且没有政府的活动。式中，Y，C，I 分别为总量收入、消费和投资。

将式（8.1）代入式（8.2）并整理，得

$$Y_t=\frac{\alpha}{1-\beta}+\frac{I_t}{1-\beta}+\frac{u_t}{1-\beta} \tag{8.3}$$

式（8.3）中右端第一项和第二项表明总收入依赖于消费的常数分量和投资水平。若投资增加一个单位，则收入将增加$\frac{1}{1-\beta}$个单位。$\frac{1}{1-\beta}$就是著名的乘数。右端第三项则表明收入还依赖于消费函数中扰动项 u 的大小，即 Y 包含一个随机分量$\frac{u_t}{1-\beta}$，因而 Y 是随机变量，它与式（8.1）中的扰动项 u 同期相关。由于 Y 是式（8.1）中的解释变量，因而使得高斯-马尔可夫定理的有关解释变量非随机的假设不成立，从而若用 OLS 法估计消费函数，则得到的 OLS 估计量将不仅有偏，而且不一致。

上面的例子说明，联立方程模型中各变量的相互作用会带来估计方面的问题，特别是随机解释变量的问题，因而需要研究如何解决联立方程模型的参数估计问题。这个问题将在后面的章节中讨论。在此之前，首先介绍一些有关联立方程模型的概念和术语。

二、行为方程和恒等式

1. 行为方程（behavioral equation）

凯恩斯收入决定模型中的消费函数是一个行为方程，它描述的是消费者的行为，即在给定收入的情况下，平均而言消费者的行为是怎样的。除了描述消费者行为的方程外，还有描述生产者、投资者及其他经济参与方行为的方程，它们都是行为方程。

还有一类描述经济变量之间技术联系的方程，如柯布-道格拉斯生产函数$Q=AK^{\alpha}L^{\beta}$，它们描述的不是行为，但通常也将它们归入行为方程一类。因此，广义地说，行为方程是描述变量之间经验关系的方程。因此，行为方程中含有未知参数和随机扰动项。

2. 恒等式（identity relation）

恒等式亦称定义式，是人为定义的一种变量间的恒等关系。如凯恩斯收入决定模型中的式（8.2）（国民收入恒等式）：$Y_t=C_t+I_t$。又如：

净投资＝资本存量的变动＝期末资本存量－期初资本存量

也是恒等式的例子。

3. 恒等式和行为方程的区别

（1）恒等式不包含未知参数，而行为方程包含未知参数。

（2）恒等式没有不确定性，而行为方程包含不确定性，因而在计量经济分析中需要加进随机扰动因子。

三、外生变量、内生变量和前定变量

1. 外生变量（exogenous variable）

外生变量是其值在模型之外决定的变量。模型使用它们，但模型不决定它们的值。在求解模型之前，必须用其他方法给定外生变量的值（如利用国际组织公布的预测数据，或时间序列预测得出的预测值）。

2. 内生变量（endogenous variable）

内生变量是其值在模型内部确定的变量。内生变量既由模型使用（如可以作解释变量），又由模型决定。由于在求解模型时通常需要联立地解出所有内生变量的值，因而这类模型被称为联立方程模型。

在单方程模型中，内生变量就是因变量，外生变量是解释变量（滞后内生变量除外）。

3. 前定变量（predetermined variable）

前定变量包括外生变量和滞后内生变量。在模型求解本期内生变量的值之前，本期外生变量和滞后外生变量的值是给定的，滞后内生变量的值在前面各期中已解出，因而也是已知的（前定的），它们统称为前定变量。

4. 如何确定模型中的内生变量和外生变量

由于内生变量是联立地被决定的，因此，联立方程模型中有多少个内生变量就必定有多少个方程。这个规则决定了任何联立方程模型中内生变量的个数。可是，确定哪个变量为内生变量，要根据经济分析和模型的用途而定。

在设定模型时，通常将以下两类变量设定为外生变量：

（1）政策变量，如货币供给、税率、利率、政府支出等。

（2）短期内很大程度上是在经济系统之外决定或变化规律稳定的变量，如人口、劳动力供给、国外利率、世界贸易水平、国际原油价格等。

在我们前面的简例中，有三个经济变量、两个方程，因而有两个内生变量，它们是消费（C）和收入（Y）。模型中没有决定投资（I）的机制，因而在此模型中，投资作为外生变量。

我们再看一个例子，由菲利普斯工资方程和价格方程组成的模型：

$$\Delta W_t=\alpha_0+\alpha_1 UN_t+\alpha_2\Delta P_t+u_{1t} \tag{8.4}$$

$$\Delta P_t=\beta_0+\beta_1\Delta W_t+\beta_2\Delta R_t+\beta_3\Delta M_t+u_{2t} \tag{8.5}$$

式中，ΔW 为货币工资变动；UN 为失业率；ΔP 为价格变动；ΔR 为资金成本变动；ΔM 为进口原料费用变动。

在此模型中，内生变量是 ΔW，ΔP；外生变量是 UN，ΔR，ΔM。

不难看出，在上述两例中，方程的左端都是内生变量。联立方程模型中每个方程的左端为不同内生变量的原型的写法，称为方程的正规化。

四、模型的结构式和简化式

1. 结构式（structural form）

联立方程模型的结构式是依据经济理论设定模型时所采取的形式。其中的方程称为**结构方程**，一个结构方程反映一种基本经济关系，即对经济理论的一种阐述。结构方程的参数称为**结构参数**。

上述两例都是按结构式的形式给出的。

2. 简化式（reduced form）

我们的第一个例子是收入决定模型：

$$C_t=\alpha+\beta Y_t+u_t$$

$$Y_t=C_t+I_t$$

若将模型中的内生变量 C_t 和 Y_t 用外生变量和扰动项来表示，则得到该模型的简化式：

$$C_t = \frac{\alpha}{1-\beta} + \frac{\beta}{1-\beta} I_t + \frac{u_t}{1-\beta} \tag{8.6}$$

$$Y_t = \frac{\alpha}{1-\beta} + \frac{I_t}{1-\beta} + \frac{u_t}{1-\beta} \tag{8.7}$$

式（8.6）和式（8.7）称为**简化式方程**。严格地说，简化式方程是用前定变量（即外生变量和滞后内生变量）和扰动项表示内生变量的方程。简化式方程描述了内生变量是怎样被真正决定的。

上述简化式方程可写成如下一般形式：

$$C_t = \pi_1 + \pi_2 I_t + v_{1t} \tag{8.8}$$

$$Y_t = \pi_3 + \pi_4 I_t + v_{2t} \tag{8.9}$$

式中，π_i（$i=1$，2，3，4）为结构参数的函数；v_{1t} 和 v_{2t} 为简化式方程的扰动项，是结构式方程扰动项的函数。

对第二个例子，也不难写出其简化式：

$$\Delta W_t = \pi_{10} + \pi_{11} UN_t + \pi_{12} \Delta R_t + \pi_{13} \Delta M_t + v_{1t} \tag{8.10}$$

$$\Delta P_t = \pi_{20} + \pi_{21} UN_t + \pi_{22} \Delta R_t + \pi_{23} \Delta M_t + v_{2t} \tag{8.11}$$

简化系数亦称为**影响乘数**（impact multipliers），因为它们度量了外生变量的单位变动对内生变量的影响。

第二节　识别问题

一、识别的概念

如果能够断定某个结构参数的估计值正是该参数的估计值，而不是其他参数的估计值，则我们说该参数是可以识别的。

识别问题（identification problem）是一个与联立方程有关的数学问题，我们用一个简单的例子来说明识别的概念。设 Q^D 为某种商品的需求量；Q^S 为供给量；P 为该商品的价格，则该商品供求模型为

$$Q_t^D = \alpha + \beta P_t + u_t$$

$$Q_t^S = \gamma + \delta P_t + v_t$$

这里的问题是很难找到一种观测需求量和供给量的有效方法，通常能够观测到的只是市场运行的结果。因此，一般的做法是假设供给量和需求量相等，即市场是出清的。这相当于在模型中增加一个方程

$$Q^S = Q^D$$

此方程称为均衡条件。如果只用可观测变量来建立模型，可令 Q 代表市场出清量，从而有

$$Q_t = \alpha + \beta P_t + u_t$$

$$Q_t = \gamma + \delta P_t + v_t$$

此模型由相同的两个变量间的两种关系式组成，是一个联立方程模型。

这里的问题在于，模型中两个方程具有完全相同的统计形式：

$$Q_t = \text{截距} + \text{斜率} \times P_t + \text{扰动因子}$$

这就提出了下面的问题：给定 P 和 Q 的数据，如何确定我们是在估计需求曲线还是在估计供给曲线？换句话说，如果我们想做的是拟合需求曲线，怎样保证我们估计的是需求函数，而不是其他东西？在上例中，我们无法知道所要估计的是哪一组参数，因为没有足够的信息来识别被估计的方程，这就是识别问题。

如果只是需求函数和供给函数，情况还简单一点，问题在于，如果

$$Q_t = \alpha + \beta P_t + u_t$$

$$Q_t = \gamma + \delta P_t + v_t$$

两式成立，则对于任意常数 λ 和 μ（$\lambda + \mu \neq 0$），上述两式的线性组合

$$(\lambda + \mu) Q_t = (\lambda\alpha + \mu\gamma) + (\lambda\beta + \mu\delta) P_t + (\lambda u_t + \mu v_t)$$

也将成立，即

$$Q_t = \frac{\lambda\alpha + \mu\gamma}{\lambda + \mu} + \frac{\lambda\beta + \mu\delta}{\lambda + \mu} P_t + \frac{\lambda u_t + \mu v_t}{\lambda + \mu}$$

成立。

由于 λ 和 μ 的取值可任意，则这样的方程数目实际上是无限的，它们与需求函数和供给函数具有相同的统计形式。因此，如果我们试图估计一个方程，其中 Q 是 P 的函数，则无法得知我们估计的是这无限多个方程中的哪一个。

由上可知，在估计联立方程之前，必须解决模型的识别问题。

二、不可识别、恰好识别和过度识别

下面先给出“可识别方程”的定义，然后通过例子说明识别问题的各种情形。

定义：如果对于一个方程，我们无法通过取它所在模型中各方程的线性组合的方法，得到另一个与该方程统计形式完全相同的方程，则该方程是**可识别的**。

例 8.1　考虑某农产品供求模型：

$$Q_t = \alpha_0 + \alpha_1 P_t + u_{1t}, \quad \alpha_1 < 0$$

$$Q_t = \beta_0 + \beta_1 P_t + u_{2t}, \quad \beta_1 > 0$$

将此定义应用于农产品供求模型，由于我们得到的线性组合与需求函数和供给函数具有完全相同的统计形式，因此需求函数和供给函数都是不可识别的。

例 8.2　在需求函数中加一个外生变量 Y（消费者收入），则模型变为

$$Q_t = \alpha_0 + \alpha_1 P_t + \alpha_2 Y_t + u_{1t}$$

$$Q_t = \beta_0 + \beta_1 P_t + u_{2t}$$

用任意常数 λ 和 μ（$\lambda + \mu \neq 0$）分别乘以上面两式的两端，然后相加，形成线性组合方程：

$$Q_t = \gamma_0 + \gamma_1 P_t + \gamma_2 Y_t + v_t$$

式中

$$\gamma_0 = \frac{\lambda\alpha_0 + \mu\beta_0}{\lambda + \mu}, \quad \gamma_1 = \frac{\lambda\alpha_1 + \mu\beta_1}{\lambda + \mu}$$

$$\gamma_2 = \frac{\lambda\alpha_2}{\lambda + \mu}, \quad v_t = \frac{\lambda u_{1t} + \mu u_{2t}}{\lambda + \mu}$$

这里供给函数与线性组合方程具有不同的统计形式（包含的变量不一样），因而供给函数具有唯一的统计形式，所以是能够识别的，但需求函数与线性组合方程有相同的统计形式，因而是不能识别的。

例 8.3 在例 8.2 的模型中，在供给函数中加上一个外生变量 R（降雨量），则模型变为

$$Q_t=\alpha_0+\alpha_1 P_t+\alpha_2 Y_t+u_{1t}$$
$$Q_t=\beta_0+\beta_1 P_t+\beta_2 R_t+u_{2t}$$

则形成的线性组合方程为

$$Q_t=\gamma_0+\gamma_1 P_t+\gamma_2 Y_t+\gamma_3 R_t+v_t$$

此线性组合方程与需求函数和供给函数具有不同的统计形式（包含的外生变量不相同），所以需求函数和供给函数都是可以识别的。

从上面的几个例子可知，模型中存在的识别问题是可以消除的。我们在原模型两方程中添加不同的解释变量，就使得两个方程都从不可识别变为可识别。

一般来说，如果我们能够用经济理论或额外信息为联立方程组施加约束条件，则可以消除识别问题。这些约束条件可以采取各种形式，但最常用的是所谓的"零约束"，即规定某些结构参数为零。也就是说，某些内生变量和外生变量不出现在某些方程中。在上面的例 8.3 中，模型中共有 4 个变量，第一个方程中没有 R_t，第二个方程中没有 Y_t，因而每个方程各有一个零约束。正是由于这个零约束，它们才有别于用任意 λ 和 μ 形成的线性组合方程，具有独一无二的形式，因而是可识别的。

可识别方程可分成**恰好识别**（just-identified，exactly identified）和**过度识别**（over-identified）两类。如果模型中约束条件所提供的信息对于识别某个方程刚好够用，则该方程是恰好识别的；如果约束条件所提供的信息对于识别某个方程不但够用而且有余，则该方程是过度识别的。

最后再强调一下，如果一个方程是不可识别的，则它的结构参数不能被估计，即不存在估计这些参数的有意义的方法。因此，模型中若有不可识别方程，则应首先消除这个问题。

三、识别的阶条件和秩条件

在实践中，经济模型比我们所举的简单联立方程模型的例子要复杂得多。当模型中的方程很多时，要确定该模型中某个方程是否可识别显然将很复杂。对于这种情况，可用一些比较方便的判别准则。其中常用的是所谓识别的**阶条件**（order condition），这是一个必要条件，陈述如下：

模型中一个方程可识别的必要条件是，该方程所不包含的模型中变量的数目大于等于模型中的方程个数减 1，即

$$K-M\geqslant G-1$$

式中，K 为模型中的变量总数（内生变量＋前定变量）；M 为该方程中所包含的变量数目；G 为模型中的方程个数（即内生变量个数）。

尽管识别的阶条件只是一个必要条件，即模型中任何可识别方程必定满足 $K-M\geqslant G-1$，但满足该条件的方程未必是可识别方程。然而在实际应用中，为方便起见，人们

往往用它来判别一个方程是否可识别，就像用一阶导数是否等于零来判别极值是否存在一样。经验表明，在绝大多数情况下，这种用法不会有多大问题，但应当明白，毕竟存在着该条件满足而方程不可识别的情况。实践中，应用识别的阶条件进行判别的准则是：

若 $K-M<G-1$，则方程不可识别；

若 $K-M>G-1$，则方程过度识别；

若 $K-M=G-1$，则方程恰好识别。

上述识别的阶条件是该条件在实际应用中使用最广泛的一种形式，其更一般的表述形式为：

模型中一个方程可识别的必要条件是，施加于该方程的结构参数上的约束条件的数目大于等于模型中的方程个数减 1，即

$$R\geqslant G-1$$

式中，R 为施加于该方程的结构参数上的约束条件的数目；G 为模型中的方程个数。

显然这种表述形式包含了前一种表述形式，是前者的推广，因为前者仅涉及系数的零约束（不包含某个变量，即其系数为零），而后者则包含了所有形式的约束。

另外一个准则是识别的**秩条件**（rank condition），这是一个充要条件，陈述如下：

在一个有 G 个方程的模型中，其中任何一个方程可识别的充要条件是，模型中不包括在这个方程中的所有变量的系数矩阵的秩等于 $G-1$。

识别的秩条件是一个充要条件，但用起来比较复杂，因而远不如阶条件应用广泛。

我们不在这里证明上述两个条件，有兴趣的读者可参阅有关书籍。在这里，用上面农产品供求模型的例子，讨论阶条件的使用方法。

例 8.4 $Q_t=\alpha_0+\alpha_1 P_t+u_{1t}$ (1)

$Q_t=\beta_0+\beta_1 P_t+u_{2t}$ (2)

解 $K=2$，$M_1=M_2=2$，$G=2$，$K-M=0<G-1=1$，两方程都不可识别。

例 8.5 $Q_t=\alpha_0+\alpha_1 P_t+\alpha_2 Y_t+u_{1t}$ (1)

$Q_t=\beta_0+\beta_1 P_t+u_{2t}$ (2)

解 $K=3$，$M_1=3$，$M_2=2$，$G=2$，$K-M_1=0<G-1=1$，方程（1）不可识别。

$K-M_2=1=G-1=1$，方程（2）恰好识别。

例 8.6 $Q_t=\alpha_0+\alpha_1 P_t+\alpha_2 Y_t+u_{1t}$ (1)

$Q_t=\beta_0+\beta_1 P_t+\beta_2 R_t+u_{2t}$ (2)

解 $K=4$，$M_1=M_2=3$，$G=2$，$K-M=1=G-1=1$，方程（1）和方程（2）都恰好识别。

例 8.7 简单的凯恩斯收入决定模型：

$$C_t=\alpha+\beta Y_t+u_t$$

$$Y_t=C_t+I_t$$

解 对于消费函数，有 $K=3$，$M=2$，$K-M=1=G-1=1$，因而恰好识别。

对于收入恒等式，无须判别其识别状态，因为恒等式通常不存在不可识别问题。

以上我们讨论了识别的概念、判别方法、解决识别问题的途径。一般而言，在实践中

识别问题并不是一个出现频率很高的问题。遇到不可识别问题，往往是因为所设定的模型中含有一些无法观测的变量；或者是模型中的方程数目很少，而某些行为方程中恰好用到了模型中的所有变量所致。在建立宏观经济模型时，通常不会碰到方程不可识别的问题，因为这类模型一般包含数以百计的方程，每个方程中包含的变量数目相对于模型中的变量总数来说比例很小，因而通常所有方程都是过度识别的。

第三节　联立方程模型的估计

由第一节我们可知，联立方程模型的一个特点是内生变量往往作为解释变量出现在方程中，通常与它作为解释变量的那个方程的扰动项相关。在这种情况下，使用 OLS 法得到的估计量既不是无偏的，又不是一致的。也就是说，不管样本多大，OLS 估计量都不收敛于它们的真值。因此，在联立方程模型的情况下，我们一般不能再使用 OLS 法对模型进行估计。针对联立方程模型的特点，计量经济学家提出了很多用于联立方程模型的估计方法。这些方法分为两类：**单方程方法**和**系统方法**。

单方程方法是对整个联立方程模型中每个方程分别进行估计的方法。当然，它不同于单方程模型的估计，因为在联立方程模型的情况下，我们还要考虑模型中其他方程对所估计方程的影响，也就是要用到整个联立方程模型的某些信息。应用单方程方法对模型中所包含的结构方程逐个进行估计，就会获得整个联立方程模型结构参数的估计值。

系统方法是对整个模型中全部结构参数同时进行估计的方法。采用系统方法对联立方程模型进行估计，可同时确定所有结构参数的估计值。

一、单方程方法

在本部分中，介绍两种常用的单方程方法——间接最小二乘法和二阶段最小二乘法。单方程方法还有有限信息极大似然法（LIML 法），限于篇幅，不作介绍。

1. 间接最小二乘（indirect least squares，ILS）法

我们从第一节知道，联立方程模型的简化式是用模型中的前定变量和扰动项表示每一个内生变量而得到的一组方程。由于简化式方程的解释变量均为前定变量，即外生变量或滞后内生变量，因而与现期扰动项无关。在这种情况下，采用 OLS 法进行估计将得到简化式系数的一致估计量。估计出简化式系数后，即可导出结构系数的估计值。这就是间接最小二乘法的思路。其具体步骤如下：

（1）首先求出简化式方程；

（2）对每一个简化式方程分别使用 OLS 法进行估计，得出简化式系数的一致估计值；

（3）由上一步估计出的简化式系数导出原结构系数的估计值。

例 8.8　估计凯恩斯收入决定模型中的消费函数：

$$C_t = \alpha + \beta Y_t + u_t \tag{8.12}$$

$$Y_t = C_t + I_t \tag{8.13}$$

解　式（8.12）的简化式方程为

$$C_t=\pi_1+\pi_2 I_t+v_{1t} \tag{8.14}$$

式中，$\pi_1=\dfrac{\alpha}{1-\beta}$，$\pi_2=\dfrac{\beta}{1-\beta}$。可解出

$$\alpha=\frac{\pi_1}{1+\pi_2},\quad \beta=\frac{\pi_2}{1+\pi_2}$$

估计式（8.14），得到 π_1 和 π_2 的估计值 $\hat{\pi}_1$ 和 $\hat{\pi}_2$，由此可解出

$$\hat{\alpha}=\frac{\hat{\pi}_1}{1+\hat{\pi}_2},\quad \hat{\beta}=\frac{\hat{\pi}_2}{1+\hat{\pi}_2} \tag{8.15}$$

应用ILS法的前提是，被估计的结构方程必须是恰好识别的，这样才能保证估计出的简化式系数与原结构系数之间存在一一对应的关系，以保证可得到结构参数的唯一估计值。

在扰动项满足标准假设条件的情况下，ILS估计量是一致估计量。

由此可知，ILS法仅适用于恰好识别方程的估计。由于这一限制，并且用下面要介绍的2SLS法估计恰好识别方程，得到的结果与ILS法完全一样。因而ILS法实用价值有限，我们在此不作深入讨论。

2. 两阶段最小二乘（two-stage least squares，2SLS或TSLS）法

（1）两阶段最小二乘法的思路。

两阶段最小二乘法是第六章介绍的工具变量法的一个特例。当要估计的方程中包含与扰动项相关的解释变量时，如果能找到恰当的工具变量，则可得到一致估计量。在联立方程的情况下，由于某些方程中内生变量作为解释变量出现，因此不宜采用OLS法进行估计，解决此问题的一种思路是工具变量法。

问题是：如何找到“最好的”工具变量？可以考虑模型中的外生变量，它们与内生变量相关（通过联立系统的相互作用），而与扰动项不相关。可是，究竟哪一个外生变量是“最好的”呢？这是一个很难决定的问题。两阶段最小二乘法的思路是将所有前定变量结合起来产生一个复合变量，作为“最佳”工具变量。方法是将模型中用作解释变量的每一个内生变量对模型系统中所有前定变量回归，然后以回归所得到的这些内生变量的估计值（拟合值）作为工具变量，对原结构方程应用工具变量法。

（2）两阶段最小二乘法的具体步骤。

第一阶段：将要估计的方程中作为解释变量的每一个内生变量对联立方程系统中的全部前定变量回归（即估计相应的简化式方程），然后计算这些内生变量的估计值。

第二阶段：用第一阶段得出的内生变量的估计值代替方程右端的内生变量（即以它们作为这些内生变量的工具变量），对原方程应用OLS法，以得到结构参数的估计值。

由于2SLS估计量是一个合理的工具变量估计量，因而它们是一致估计量。蒙特卡罗研究表明，它的小样本性质在大多数方面优于其他估计量，并且相当稳定（即它的好性质对其他估计问题（如多重共线性、误设定）的存在不敏感），再加上计算成本低，因此是估计联立方程模型的首选方法。此外，2SLS法应用于恰好识别方程的估计时与ILS法的结果完全相同，因此，2SLS法通常被应用于联立方程模型的所有可识别行为方程的估计。

例8.9　考虑以下模型：

收入函数：$Y_{1t}=\beta_{10}+\beta_{11}Y_{2t}+\gamma_{11}X_{1t}+\gamma_{12}X_{2t}+u_{1t}$　　(8.16)

货币供给函数：$Y_{2t}=\beta_{20}+\beta_{21}Y_{1t}+u_{2t}$ (8.17)

式中，Y_1 为收入；Y_2 为货币存量；X_1为投资支出；X_2为政府支出。

应用识别的阶条件，不难看出，收入函数是不可识别的（$K-M=0<G-1=1$），而货币供给方程是过度识别的（$K-M=2>G-1=1$）。对于收入方程，除了改变模型设定之外，别无他途。而货币供给函数不能用 ILS 法，因为它是过度识别的，我们用 2SLS 法来估计之。

在该方程中，解释变量中有内生变量 Y_{1t}，因此我们首先要产生它的工具变量。

第一步：估计简化式方程：

$$Y_{1t}=\pi_0+\pi_1X_{1t}+\pi_2X_{2t}+v_{1t},\quad t=1,\ 2,\ \cdots,\ n \tag{8.18}$$

得到 Y_{1t}的估计值 $\hat{Y}_{1t}$（$t=1,\ 2,\ \cdots,\ n$）。

第二步：用 $\hat{Y}_{1t}$代替结构方程（8.17）中右端的 Y_{1t}，应用 OLS 法，以得到结构参数的估计值，即估计

$$Y_{2t}=\beta_{20}+\beta_{21}\hat{Y}_{1t}+u_{2t},\ t=1,\ 2,\ \cdots,\ n \tag{8.19}$$

得到 β_{20}和 β_{21}的 2SLS 估计值 $\hat{\beta}_{20}$和 $\hat{\beta}_{21}$。

例 8.10 我们修改上例中的模型，得到如下新模型：

$$Y_{1t}=\beta_{10}+\beta_{12}Y_{2t}+\gamma_{11}X_{1t}+\gamma_{12}X_{2t}+u_{1t} \tag{8.20}$$

$$Y_{2t}=\beta_{20}+\beta_{21}Y_{1t}+\gamma_{23}Y_{1(t-1)}+\gamma_{24}Y_{2(t-1)}+u_{2t} \tag{8.21}$$

式中，$Y_{1(t-1)}$为收入的一期滞后；$Y_{2(t-1)}$为货币供应量的一期滞后。很容易证实这两个方程都是过度识别的。

应用 2SLS 法：

第一步：进行简化式回归（各内生变量对系统中所有前定变量回归），即估计

$$Y_{1t}=\pi_{10}+\pi_{11}X_{1t}+\pi_{12}X_{2t}+\pi_{13}Y_{1(t-1)}+\pi_{14}Y_{2(t-1)}+v_{1t}$$
$$Y_{2t}=\pi_{20}+\pi_{21}X_{1t}+\pi_{22}X_{2t}+\pi_{23}Y_{1(t-1)}+\pi_{24}Y_{2(t-1)}+v_{2t}$$

得到 Y_{1t}和 Y_{2t}的估计值 $\hat{Y}_{1t}$和 $\hat{Y}_{2t}$。

第二步：在原结构方程中用 $\hat{Y}_{1t}$和 $\hat{Y}_{2t}$代替方程右端的 Y_{1t}和 Y_{2t}，进行 OLS 回归，即估计

$$Y_{1t}=\beta_{10}+\beta_{12}\hat{Y}_{2t}+\gamma_{11}X_{1t}+\gamma_{12}X_{2t}+u_{1t}$$
$$Y_{2t}=\beta_{20}+\beta_{21}\hat{Y}_{1t}+\gamma_{23}Y_{1(t-1)}+\gamma_{24}Y_{2(t-1)}+u_{2t}$$

例 8. 11 考虑由下列三个方程组成的联立方程模型：

$$C_t=\alpha_0+\alpha_1Y_t+u_{1t}$$
$$I_t=\beta_0+\beta_1Y_t+\beta_2Y_{t-1}+u_{2t}$$
$$Y_t=C_t+I_t+G_t$$

其中，Y=国民收入，I=投资，C=个人消费，G=政府消费。

请写出用 2SLS 法进行估计时，每个阶段中要估计的方程。

解 不难看出，该联立方程模型中的内生变量是 C_t，I_t，Y_t，前定变量是 G_t，Y_{t-1}。

应用识别的阶条件，容易验证两个行为方程都是可识别的，可以应用 2SLS 法进行估计。要估计的两个方程右端的解释变量中，只有 Y_t 是内生变量，因此首先要将它对联立方程模型中的全部前定变量回归，也就是说，第一阶段要估计的方程是：

$$Y_t = \pi_{10} + \pi_{11} G_t + \pi_{12} Y_{t-1} + \nu_{1t}$$

估计该方程，得到 Y_t 的估计值 $\hat{Y}_t$ 。

第二阶段：在原结构方程中用 $\hat{Y}_t$ 代替方程右端的 Y_t，进行 OLS 回归，即估计

$$C_t = \alpha_0 + \alpha_1 \hat{Y}_t + u_{1t}$$

$$I_t = \beta_0 + \beta_1 \hat{Y}_t + \beta_2 Y_{t-1} + u_{2t}$$

得到各参数的估计值。

二、系统方法

对联立方程模型的估计，除了上一段介绍的几种单方程方法之外，还可以采用系统估计方法，即对整个模型中所有可识别的结构方程同时进行估计的方法。

系统方法也称为“完全信息”方法，因为它们估计结构参数时使用整个系统的全部信息。系统方法的主要优点是，由于它们将所有可得到的信息融入其估计值中，因而估计量的渐近有效性优于单方程方法。缺点是计算成本高且对误设定很敏感。

常用的系统方法有三阶段最小二乘法（3SLS 法）和完全信息极大似然法（FIML 法）。鉴于系统方法远没有 2SLS 法用得那样广泛，我们在这里不准备详细介绍，仅对三阶段最小二乘法的思路作一概括介绍。

三阶段最小二乘法是由泽尔纳（A. Zellner）和希尔（H. Theil）首先提出的，其基本思路是，首先用两阶段最小二乘法估计联立方程系统的每个行为方程，产生一组残差。这些残差被用来估计系统中各扰动项的协方差矩阵。然后将系统中所有需要估计的方程堆积在一起，形成一个巨型方程，应用广义最小二乘法估计该巨型方程。具体说来，包括以下三个阶段。

第一阶段：计算各行为方程（可识别）的 2SLS 估计值。

第二阶段：用这些 2SLS 估计值计算各行为方程的残差，然后估计各行为方程扰动项的同期方差—协方差矩阵。

第三阶段：用 GLS 法估计代表该系统所有行为方程的巨型方程。

3SLS 估计量是一致估计量，一般来说，比 2SLS 估计量更有效。

我们下面用一个例子说明第三阶段中如何合并（堆积）方程。

例 8.12　联立方程模型如下：

$$C_t = \alpha + \beta D_t + u_t$$

$$I_t = \gamma + \delta R_t + v_t$$

$$R_t = \varepsilon D_t + \theta M_t + w_t$$

$$D_t = C_t + I_t + Z_t$$

式中，C 为消费性支出；Z 为除投资外的非消费性支出；D 为收入；I 为投资；R 为利率；M 为货币存量；u，v，w 为扰动项。不难看出，第一个方程是消费函数，第二个方

程是投资方程，而第三个方程是流动性偏好函数的变形。

为了将整个模型转换成适合于所有方程同时被估计的形式，采取一种堆积法，即将观测值合并起来，构成一个单一的派生方程：

$$Y_i=\alpha Z_{1i}+\beta Z_{2i}+\gamma Z_{3i}+\delta Z_{4i}+\varepsilon Z_{5i}+\theta Z_{6i}+u_i$$

$$i=1,\ 2,\ \cdots,\ n,\ n+1,\ \cdots,\ 2n,\ 2n+1,\ \cdots,\ 3n$$

此方程的各变量均有 $3n$ 个观测值，如下所示：

$$\boldsymbol{Y}_i=\begin{pmatrix}C_1\\ \vdots\\ C_n\\ I_1\\ \vdots\\ I_n\\ R_1\\ \vdots\\ R_n\end{pmatrix},\quad \boldsymbol{Z}_{1i}=\begin{pmatrix}1\\ \vdots\\ 1\\ 0\\ \vdots\\ 0\\ 0\\ \vdots\\ 0\end{pmatrix},\quad \boldsymbol{Z}_{2i}=\begin{pmatrix}\hat{D}_1\\ \vdots\\ \hat{D}_n\\ 0\\ \vdots\\ 0\\ 0\\ \vdots\\ 0\end{pmatrix},\quad \boldsymbol{Z}_{3i}=\begin{pmatrix}0\\ \vdots\\ 0\\ 1\\ \vdots\\ 1\\ 0\\ \vdots\\ 0\end{pmatrix}$$

$$\boldsymbol{Z}_{4i}=\begin{pmatrix}0\\ \vdots\\ 0\\ \hat{R}_1\\ \vdots\\ \hat{R}_n\\ 0\\ \vdots\\ 0\end{pmatrix},\quad \boldsymbol{Z}_{5i}=\begin{pmatrix}0\\ \vdots\\ 0\\ 0\\ \vdots\\ 0\\ \hat{D}_1\\ \vdots\\ \hat{D}_n\end{pmatrix},\quad \boldsymbol{Z}_{6i}=\begin{pmatrix}0\\ \vdots\\ 0\\ 0\\ \vdots\\ 0\\ M_1\\ \vdots\\ M_n\end{pmatrix},\quad \boldsymbol{U}_i=\begin{pmatrix}u_1\\ \vdots\\ u_n\\ v_1\\ \vdots\\ v_n\\ w_1\\ \vdots\\ w_n\end{pmatrix}$$

例 8.12 中有三点需要注意：

（1）右端涉及内生变量的地方用其 2SLS 估计值代替观测值，道理与 2SLS 法中用 $\hat{Y}$ 作为 Y 的工具变量来进行第二阶段的估计是一样的。

（2）方程的“合并”不包括恒等式，因为恒等式不需要估计参数。

（3）如果原结构方程的扰动因子存在同期相关，则派生方程的扰动因子之间就存在自相关，因此需要用广义最小二乘法。$\boldsymbol{\Omega}$ 矩阵元素用第二阶段中得到的 2SLS 残差进行估计。

*第四节　宏观计量经济模型

联立方程模型中最主要的一类是宏观计量经济模型。宏观计量经济模型的研究始于 20 世纪 30 年代荷兰经济学家丁伯根（J. Tinbergen）的工作，这是计量经济学最重要的应用之一。这类模型一般使用凯恩斯的框架决定国民收入（通常用 GNP 或 GDP 计量）及其分量（如消费、投资、进出口等）以及其他一些宏观经济变量（如价格、工资、就业、失业等）。宏观计量经济模型被用于计量经济学的所有三个目的：结构分析、预测和政策分析。

一、克莱因模型Ⅰ

下面通过克莱因模型Ⅰ（Klein model Ⅰ）简单介绍一下宏观计量经济模型的结构。该模型是著名计量经济学家克莱因（L. R. Klein）教授于 20 世纪 40 年代编制的，是最早的宏观计量经济模型之一。该模型采用的数据是 1921—1941 年间的美国国民经济数据，因此也称为克莱因两次世界大战间模型。用 FIML 法估计好的模型如下所示：

$$C_t = 16.78 + 0.02P_t + 0.03P_{t-1} + 0.80(W_{1t} + W_{2t}) \tag{1}$$

$$I_t = 17.79 + 0.23P_t + 0.55P_{t-1} - 0.15K_{t-1} \tag{2}$$

$$W_{1t} = 1.60 + 0.42(Y_t + T_t - W_{2t}) + 0.16(Y_{t-1} + T_{t-1} - W_{2(t-1)}) + 0.13(t - 1931) \tag{3}$$

$$Y_t + T_t = C_t + I_t + G_t \tag{4}$$

$$Y_t = P_t + W_{1t} + W_{2t} \tag{5}$$

$$\Delta K_t = I_t \tag{6}$$

式中，C_t 为私人消费；G_t 为政府支出＋净出口；I_t 为净投资；K_t 为资本存量；P_t 为利润；T_t 为间接税；W_{1t} 为私营部门工资；W_{2t} 为公共部门工资；Y_t 为按要素成本计算的国民生产净值；t 为日历年时间。

方程（1）是消费函数。这里，消费支出由两类收入解释：非工资收入（利润收入）和总工资收入。

方程（2）是投资方程，解释变量是本年和上一年的利润以及现有的资本存量。

方程（3）是工资方程，私营部门工资 W_{1t} 由本期私营部门国民生产净值（$Y_t + T_t - W_{2t}$）和它的一期滞后值以及时间趋势 t 所解释，时间趋势变量通常代表技术进步、劳动生产率提高等因素。

上述三个方程是行为方程，下面是三个恒等式。

方程（4）表明，国民生产净值（按市场价格计算的国民生产净值）等于所有支出之和，即消费、净投资和政府支出＋净出口。

方程（5）是国民收入恒等式，国民收入等于利润与工资之和（生产所产生的收入按生产的要素成本分配）。

方程（6）是一个定义式，本期资本存量的变动等于净投资：$I_t = K_t - K_{t-1}$。

克莱因模型中的内生变量为 C_t，I_t，W_{1t}，Y_t，P_t 和 K_t，这 6 个方程构成的模型描述了两次世界大战间的美国国民经济系统。模型很简单，显然包含了大量的简化处理。但通过此模型可以捕捉到美国当时经济运行的大致脉络。这个模型很成功，是宏观经济模型的经典之作，后来许多计量经济估计方法都用此模型来检验。在学习计量经济分析软件时，我们也将以此模型为例学习宏观经济模型的估计和模拟。

二、宏观经济模型的历史和现状

目前活跃在各国的宏观经济模型大多产生于 20 世纪五六十年代，如英国的 LBS 模型、NIESR 模型、HMT 模型、BE 模型、MDM 模型，美国的 Wharton 模型（现称 WEFA（Wharton econometrics forecasting associates）模型）、Brookings 模型、DRI 模型、INFORUM 模型等，以及其他发达国家的模型。这些模型能够经过几十年的风风雨雨，流传至今，表明宏观经济模型的作用已为公众所接受，在经济预测和政策分析中发挥了作用。这些模型中有很多已由政府或基金资助发展到自负盈亏、以战养战。用户有政府机构和私营企业，它们定期发布预测报告，有专门机构对各模型的预测效果进行评价。

我国的模型研究工作起步较迟，20 世纪 80 年代起，一些政府机构和大专院校及科研机构研制了自己的宏观经济模型。有些模型发挥了较大的作用，如社科院数量经济和技术经济研究所的模型，每年发布经济蓝皮书，对我国宏观经济进行预测。但大部分模型还需不断完善，主要问题是我国社会主义市场经济理论尚不成熟，统计数据体系尚不完备。

小　结

联立方程模型用于描述经济系统或其子系统，其数学模型是一个方程组。在联立方程模型中，一个方程中的因变量往往作为解释变量出现在另外一些方程中，通常与它作为解释变量的方程的扰动项相关。在这种情况下，应用 OLS 法得到的估计量既不是无偏的，又不是一致的。

除此之外，联立方程模型还有识别问题。识别问题是指联立方程模型中某结构方程不具有唯一的统计形式（即模型中其他方程或全部方程的任意组合也具有这种统计形式），从而无法唯一地确定该方程的结构参数的估计值。因此，在估计联立方程模型之前，应判别模型中方程的识别问题。如果有不可识别方程，则只有改变模型设定，消除识别问题，方可进行估计。

判别联立方程模型中的方程是否可识别的最简单的方法是使用识别的阶条件。具体做法是根据需判别的方程所不包含的模型中变量的个数是否大于等于模型中的方程个数减 1 来判定该方程是不可识别的、恰好识别的还是过度识别的。

用于估计联立方程模型的方法可分为单方程方法和系统方法两类。单方程方法是对联立方程模型中每个方程分别进行估计的方法，包括间接最小二乘（ILS）法、二阶段最小二乘（2SLS）法和有限信息极大似然（LIML）法。用这些方法得到的估计量都是一致估计量。间接最小二乘法只能用于对恰好识别方程的估计。实践中最常用的是两阶段最小二乘法，做法是将用作解释变量的每一个内生变量对所有前定变量回归（即估计简化式方程），得到的内生变量估计值（拟合值）作为该内生变量的工具变量，然后估计结构方程，得到结构参数的 2SLS 估计值。

系统方法是对整个模型中全部结构参数同时进行估计的方法。常用的系统方法有三阶段最小二乘法（3SLS）和完全信息极大似然法（FIML）。

联立方程模型中最主要的一类是宏观计量经济模型。宏观计量经济模型被用于计量经济学的所有三个目的：结构分析、预测和政策分析。

习　题

1. 判断题（判断对错；如果错误，说明理由）。

（1）OLS 法适用于估计联立方程模型中的结构方程。

（2）2SLS 法不能用于不可识别方程。

（3）估计联立方程模型的 2SLS 法和其他方法只有在大样本的情况下，才能具有我们期望的统计性质。

（4）联立方程模型作为一个整体，不存在类似 R^2 这样的拟合优度测度，通常用内生变量的样本内模拟值与真实值误差的绝对值大小来考察其整体拟合程度。

（5）如果要估计的方程扰动项存在跨方程的相关，则 3SLS 估计量比 2SLS 估计量更有效。

（6）如果一个方程恰好识别，则 ILS 法和 2SLS 法给出的结果相同。

2. 单项选择题

（1）结构式模型中的方程称为结构方程。在结构方程中，解释变量可以是前定变量，也可以是（　　）。

A. 外生变量　　B. 滞后变量

C. 内生变量　　D. 外生变量和内生变量

（2）前定变量是（　　）的合称。

A. 外生变量和滞后内生变量　　B. 内生变量和外生变量

C. 外生变量和虚拟变量　　D. 解释变量和被解释变量

（3）如果联立方程模型中某个结构方程包含了模型中的所有变量，则这个方程（　　）。

A. 恰好识别　　B. 不可识别

C. 过度识别　　D. 不确定

（4）下列说法正确的是（　　）。

A. 内生变量是非随机变量　　B. 前定变量是随机变量

C. 外生变量是随机变量　　D. 外生变量是非随机变量

（5）当一个结构式方程为恰好识别的时，这个方程中内生解释变量的个数（　　）。

A. 与被排除在外的前定变量的个数正好相等

B. 小于被排除在外的前定变量的个数

C. 大于被排除在外的前定变量的个数

D. 以上三种情况都有可能发生

（6）简化式模型就是把结构式模型中的内生变量表示为（　　）。

A. 外生变量和内生变量的函数关系

B. 前定变量和随机误差项的模型

C. 滞后变量和随机误差项的模型

D. 外生变量和随机误差项的模型

（7）对联立方程模型进行参数估计的方法可以分为两类，即（　　）。

A. 间接最小二乘法和系统方法

B. 单方程方法和系统方法

C. 单方程方法和两阶段最小二乘法

D. 工具变量法和间接最小二乘法

（8）在某个结构方程过度识别的条件下，不适用的估计方法是（　　）。

A. 间接最小二乘法　　B. 工具变量法

C. 两阶段最小二乘法　　D. 有限信息极大似然估计法

3. 行为方程和恒等式有什么区别？

4. 如何确定模型中的外生变量和内生变量？

5. 考虑下述模型：

$$C_t=\alpha+\beta D_t+u_t$$
$$I_t=\gamma+\delta D_{t-1}+v_t$$
$$D_t=C_t+I_t+Z_t,\ t=1,\ 2,\ \cdots,\ n$$

式中，C 为消费支出；D 为收入；I 为投资；Z 为自发支出；C，I 和 D 为内生变量。试写出消费支出的简化式方程，并研究各方程的识别问题。

6. 考虑下述模型：

$$Y_t=C_t+I_t+G_t+X_t$$
$$C_t=\beta_0+\beta_1 D_t+\beta_2 C_{t-1}+u_t$$
$$D_t=Y_t-T_t$$
$$I_t=\alpha_0+\alpha_1 Y_t+\alpha_2 R_{t-1}+v_t$$

模型中各方程是正规化方程，u_t，v_t 为扰动项。

（1）请指出模型中的内生变量、外生变量和前定变量。

（2）写出用 2SLS 法进行估计时，每个阶段中要估计的方程。

7. 下面是一个简单的美国宏观经济模型（1960—1999 年）：

$$C_t=\alpha_0+\alpha_1 Y_t+\alpha_2 C_{t-1}+u_{1t}$$
$$I_t=\beta_0+\beta_1 Y_t+\beta_2 R_t+\beta_3 I_{t-1}+u_{2t}$$
$$R_t=\lambda_0+\lambda_1 Y_t+\lambda_2 M_t+\lambda_3 P_t+\lambda_4 R_{t-1}+u_{3t}$$
$$Y_t=C_t+I_t+G_t$$

其中，C 为实际私人消费；I 为实际私人总投资；G 为实际政府支出；Y 为实际 GDP；M 为当年价 M2；R 为长期利率；P 为消费价格指数；C，I，R，Y 为内生变量；C_{t-1}，I_{t-1}，M_{t-1}，P_t，R_{t-1} 和 G_t 为前定变量。

（1）应用识别的阶条件，确定各方程的识别状态。

（2）你打算用什么方法来估计可识别的行为方程？

8. 假设有如下计量经济模型：

$$Y_t=\alpha_0+\alpha_1 Y_{t-1}+\alpha_2 I_t+u_{1t}$$
$$I_t=\beta_0+\beta_1 Y_t+\beta_2 Q_t+u_{2t}$$
$$C_t=\gamma_0+\gamma_1 Y_t+\gamma_2 C_{t-1}+\gamma_3 P_t+u_{3t}$$
$$Q_t=\delta_0+\delta_1 Q_{t-1}+\delta_2 R_t+u_{4t}$$

其中，Y 为国民收入；I 为净资本形成；C 为个人消费；Q 为利润；P 为生活费用指数；R 为工业劳动生产率 。

（1）写出模型的内生变量、外生变量和前定变量。

（2）用识别的阶条件确定各方程的识别状态。

（3）此模型中是否有可以用 ILS 法估计的方程？如果有，请指出。

（4）写出用 2SLS 法进行估计时，每个阶段中要估计的方程。

9. 考虑下述模型：

消费方程：$C_t=\alpha_0+\alpha_1 Y_t+\alpha_2 C_{t-1}+u_{1t}$　①

投资方程：$I_t=\beta_0+\beta_1 Y_t+\beta_2 I_{t-1}+u_{2t}$　②

进口方程：$M_t=\gamma_0+\gamma_1 Y_t+u_{3t}$　③

$$Y_t=C_t+I_t+G_t+X_t-M_t$$

模型中各方程是正规化方程，u_{1t}，…，u_{3t} 为扰动项。

（1）请指出模型中的内生变量、外生变量和前定变量。

（2）利用阶条件识别各行为方程。

（3）写出用 3SLS 法进行估计的步骤。

10. 考察下述国民经济的简单模型：

$$\begin{cases}C_t=\beta_0+\beta_1 Y_t+u_1 & \text{（消费方程）}\\ I_t=a_0+a_1 R_t+u_2 & \text{（投资方程）}\\ Y_t=C_t+I_t & \text{（国民收入恒等式）}\end{cases}$$

式中，C 为消费；Y 为国民收入；I 为投资；R 为利率。

设样本容量 n 为 20，已算得中间结果为：

$$\sum(C_t-\bar{C})(R_t-\bar{R})=-12,\ \sum(Y_t-\bar{Y})(R_t-\bar{R})=-16$$

$$\sum(R_t-\bar{R})^2=4,\ \bar{C}=55,\ \bar{Y}=60,\ \bar{R}=3$$

（1）判别模型中消费方程的识别状态。

（2）用间接最小二乘法求消费方程的结构参数。

（3）将采用哪种方法估计投资方程？为什么？（不必计算。）

11. 由联立方程模型：

$$Y_{1t}=\beta_{10}+\beta_{12}Y_{2t}+\gamma_{11}X_{1t}+\mu_{1t}$$

$$Y_{2t}=\beta_{20}+\beta_{21}Y_{1t}+\gamma_{22}X_{2t}+\mu_{2t}$$

得到其简化式如下：

$$Y_{1t}=\pi_{10}+\pi_{11}X_{1t}+\pi_{12}X_{2t}+w_t$$

$$Y_{2t}=\pi_{20}+\pi_{21}X_{1t}+\pi_{22}X_{2t}+v_t$$

（1）两结构方程可识别吗？

（2）如果知道 $\gamma_{11}=0$，识别情况有何变化？

（3）若对简化式进行估计，结果如下：

$$\hat{Y}_{1t}=4+3X_{1t}+8X_{2t}$$

$$\hat{Y}_{2t}=2+6X_{1t}+10X_{2t}$$

试求出结构参数的值，并说明如何检验原假设 $\gamma_{11}=0$。

第九章

面板数据模型

面板数据模型正在得到日益广泛的应用，文献也很多。限于篇幅，我们在这里只能做一个入门性的介绍。需要深入研究的读者，请参阅有关参考文献。

第一节　面板数据与面板数据模型

混合数据（pooled data）是将横截面数据和时间序列数据结合在一起的数据。

我们在第一章中曾介绍过，横截面数据模型使用同一时点不同个体（entity）的观测值，数据可来自不同地区、公司、人员或其他个体；时间序列数据则是跨越不同时期的同一地区、同一公司、同一个人或其他同一个体的数据。

横截面时间序列混合数据则包含不同横截面个体不同时期的数据，或者说，混合数据包含既跨越时间又跨越空间的数据。如果混合数据包含的观测值来自同一批地区、公司、人员或其他横截面个体的不同时期的数据，则此类混合数据称为**面板数据**（panel data）。

面板数据通常比非面板混合数据更有用，这是因为面板数据中的地区、公司、人员等横截面个体在各时期中一直保持不变，这使得我们更易于对随着时间的推移所发生的变动进行比较。

我们将基于面板数据的回归模型称为**面板数据模型**（panel data model）。

本章中，我们将用一个贯穿始终的例子来说明估计面板数据模型的各种方法。我们的数据来自以下 4 个产业：

产业 1：钢铁；

产业 2：橡胶和塑料；

产业 3：石制品、陶瓷制品和玻璃制品；

产业 4：纺织。

模型中用到的变量是：

Y_{it}＝产业 i 第 t 年产出(单位：百万美元，不变价)

EMP_{it}＝产业 i 第 t 年就业人数（单位：千人）

OTM_{it}＝产业 i 第 t 年平均每周加班小时数

我们收集了上述 4 个产业这 3 个变量 1980—2000 年的数据。事实上，这 3 个变量中的每一个都有 84 个观测值（4 个产业乘以 21 年)。由于在每个时期（每一年）都是这 4 个产业，因此这些混合数据是面板数据，如表 9 - 1 所示。

表 9 - 1　　四产业的面板数据

年份	钢铁产业			橡胶和塑料产业			石制品、陶瓷制品和玻璃制品产业			纺织产业		
	Y_{it}	EMP_{it}	OTM_{it}	Y_{it}	EMP_{it}	OTM_{it}	Y_{it}	EMP_{it}	OTM_{it}	Y_{it}	EMP_{it}	OTM_{it}
1980	15 334.61	253.41	3.42	59 650.52	763.82	2.74	53 966.63	648	3.77	57 343.72	847.68	3.18
1981	14 240.31	220.81	3.04	60 685.18	772.25	3.03	50 833.10	643.17	3.78	55 276.33	822.97	2.97
1982	9 990.67	164.39	1.87	59 385.49	729.28	2.66	45 093.26	538.75	3.49	49 239.38	749.43	2.18
1983	9 375.50	139.55	2.8	63 122.49	742.83	3.54	47 888.55	557.92	4.13	53 948.80	741.33	3.51
1984	11 002.73	143.05	3.69	70 211.46	813.19	3.91	51 116.00	593.08	4.74	54 230.07	746.13	3.23
1985	10 029.13	131.44	3.37	70 272.70	818.22	3.58	51 894.33	577.17	4.77	50 763.87	702.18	3.21
1986	9 428.12	119.38	3.72	71 508.25	822.45	3.8	54 059.76	615.83	4.84	52 174.87	702.93	4.05
1987	9 353.58	114.26	4.37	76 245.54	842.08	4.1	54 105.17	599.58	5.05	55 258.09	725.29	4.41
1988	10 314.71	115.35	4.83	80 742.72	865.64	4.13	53 395.81	610.25	5.16	54 649.00	728.25	3.95
1989	10 157.57	110.74	3.95	81 663.89	887.95	3.77	51 408.17	639.83	5.13	54 260.55	719.79	4.05
1990	9 537.09	101.34	3.52	80 553.61	887.58	3.59	48 774.54	629.33	4.83	50 156.00	691.44	3.56
1991	8 601.11	92.33	3.06	77 687.57	861.88	3.58	44 023.99	579.83	4.55	48 049.93	670.04	4.08
1992	8 452.31	85.66	3.43	80 954.75	877.63	4.07	44 557.07	548.67	4.86	50 423.80	674.12	4.28
1993	8 892.53	82.35	4.12	84 991.29	908.99	4.38	45 417.94	534.33	5.19	51 194.69	675.11	4.44
1994	9 602.97	84.38	5.21	91 175.58	953.13	4.7	48 055.32	556.92	5.73	52 640.92	676.38	4.68
1995	9 997.81	86.02	4.36	95 639.72	979.92	4.13	49 829.60	586.17	5.53	52 416.49	663.17	4.19
1996	10 160.66	81.95	3.97	95 930.51	982.69	4.24	52 561.05	607.17	5.87	51 159.07	626.54	4.28
1997	10 478.04	80.85	4.41	97 559.34	996.1	4.53	56 206.62	614.5	5.87	52 250.65	616.09	4.63
1998	11 100.66	80.63	3.81	97 023.26	1 004.91	4.41	59 011.09	592.25	6.28	49 460.05	597.58	4.47
1999	10 999.85	76.6	3.97	98 846.77	1 005.68	4.48	62 298.06	628.92	6.38	47 040.07	560.23	4.34
2000	10 084.79	71.66	3.77	100 060.40	1 004.78	4.24	60 494.19	599.92	6.16	44 531.36	541.31	4.27

我们可以通过分别运行 4 个回归来分析这些数据，每个产业一个回归：

$$Y_{1t}=\beta_0+\beta_1 EMP_{1t}+\beta_2 OTM_{1t}+u_{1t} \tag{9.1}$$

$$Y_{2t}=\beta_3+\beta_4 EMP_{2t}+\beta_5 OTM_{2t}+u_{2t} \tag{9.2}$$

$$Y_{3t}=\beta_6+\beta_7 EMP_{3t}+\beta_8 OTM_{3t}+u_{3t} \tag{9.3}$$

$$Y_{4t}=\beta_9+\beta_{10} EMP_{4t}+\beta_{11} OTM_{4t}+u_{4t} \tag{9.4}$$

使用表 9-1 的数据估计式（9.1）～式（9.4），由于每个产业有 21 年的数据，因此每个回归中观测值个数都是 21。

这种分别对 4 个产业进行回归的缺点在于可能错失包含在混合数据集中的那种一个产业影响另一个产业的信息。换句话说，一个产业的数据中可能包含对于估计其他某个产业的回归系数有价值的信息，而这种分别估计每个产业方程的做法无法利用这些信息，这意味着估计值不够准确。

如果我们能够将 4 个产业的数据结合在一起，我们的样本规模就会增大，从而可以使用所有可获得的信息估计系数。因此，我们需要讨论那些允许我们使用混合数据的全部信息的估计技术，将跨时间和跨空间的数据结合在一起，而不是分别进行时间序列和横截面数据的回归。要做到这一点，最简单的方法是，假定截距和斜率对于所有产业及所有时期都是一样的，进行下面的回归：

$$\begin{aligned}&Y_{it}=\beta_0+\beta_1 EMP_{it}+\beta_2 OTM_{it}+u_{it}\\&i=1,\ 2,\ 3,\ 4;\ t=1980,\ 1981,\ \cdots,\ 2000\end{aligned} \tag{9.5}$$

这里每个变量的观测值个数都是 84。我们用表 9-1 中全部数据估计此方程，结果如下：

$$\begin{aligned}&\hat{Y}_{it}=-14\ 040.10+86.74EMP_{it}+3\ 168.47OTM_{it}\\&t:\quad(-4.34)\qquad(39.87)\qquad(4.33)\\&R^2=0.95\qquad \sum e^2=2\ 675\ 700\ 466\end{aligned}$$

这种方法的致命缺陷是：估计出来的系数只有在我们关于截距和斜率对于所有产业和所有时期都取同样的值的假设成立的情况下才有用。实际情况当然不是如此，比如说，很难想象每个时期中每个产业的就业人数与其产出之间的关系都相同，增加 1 000 名工人对不同产业出口额的影响应当是不同的。

因此，采用模型（9.5）是不合适的，下面我们讨论可用于面板数据模型的其他估计方法。

*第二节　表面不相关回归

泽尔纳提出的**表面不相关回归或似不相关回归**（seemingly unrelated regression，SUR）是一种可供选择的分析面板数据的方法。SUR 是一组似乎不相关但实际上相关的回归方程。表面不相关回归方程看上去不相关是因为它们类似于式（9.1）～式（9.4）。在前面说到可以分别对它们运行一个回归时，我们事实上有一个冒失而错误的假设：各产业互不相干，因而我们可以分别估计每一个回归方程。回到式（9.1）～式(9.4)：

$$Y_{1t}=\beta_0+\beta_1 EMP_{1t}+\beta_2 OTM_{1t}+u_{1t}$$
$$Y_{2t}=\beta_3+\beta_4 EMP_{2t}+\beta_5 OTM_{2t}+u_{2t}$$
$$Y_{3t}=\beta_6+\beta_7 EMP_{3t}+\beta_8 OTM_{3t}+u_{3t}$$
$$Y_{4t}=\beta_9+\beta_{10} EMP_{4t}+\beta_{11} OTM_{4t}+u_{4t}$$

在表面不相关回归中，认可各个回归之间实际上确实有关联。表面不相关回归允许各个回归方程的扰动项之间存在跨方程相关，如上面四个方程中的诸 u 在任何一个时期中不必相互独立，即不同方程的扰动项之间可以存在同期相关。这样，SUR 估计程序就可以使用扰动项的相关来改善估计值。各个回归之间的任何相关都是有价值的信息，它可能告诉我们某时期中发生了某些影响不止一个产业的变化或事件，这一变化并没有被任何一个解释变量捕捉到，而只能反映在扰动项中。SUR 程序用此信息来改善系数估计值。

大多数计量经济分析软件都有运行 SUR 的命令，表面不相关回归步骤如下：

（1）用 OLS 法分别估计每个方程，计算和保存回归中得到的残差。

（2）用这些残差来估计扰动项方差和不同回归方程扰动项之间的协方差。

（3）上一步估计的扰动项方差和协方差被用于执行广义最小二乘法，得到各方程系数的估计值。

表面不相关回归得到的估计值是一致估计值。

用 SUR 方法和表 9－1 中的数据估计式（9.1）～式(9.4)，结果如下：

$$\hat{Y}_{1t}=5\ 367.24+27.45EMP_{1t}+477.13OTM_{1t}$$
$$t:\quad (3.76)\qquad (5.97)\qquad (1.62)$$
$$R^2=0.66\qquad \sum e_t^2=18\ 664\ 338$$

$$\hat{Y}_{2t}=-51\ 963.17+142.87EMP_{2t}+1\ 704.48OTM_{2t}$$
$$t:\quad (-17.33)\qquad (24.43)\qquad (1.77)$$
$$R^2=0.99\qquad \sum e_t^2=43\ 356\ 773$$

$$\hat{Y}_{3t}=-4\ 479.77+69.05EMP_{3t}+2\ 976.12OTM_{3t}$$
$$t:\quad (-0.40)\qquad (3.80)\qquad (3.81)$$
$$R^2=0.64\qquad \sum e_t^2=1.85\times 10^8$$

$$\hat{Y}_{4t}=3\ 596.00+52.05EMP_{4t}+3\ 140.84OTM_{4t}$$
$$t:\quad (0.74)\qquad (11.18)\qquad (5.77)$$
$$R^2=0.835\qquad \sum e_t^2=31\ 122\ 367$$

初看上去，这些结果似乎是分别回归的结果，但它们不是。跨产业扰动项协方差的估计值被 SUR 程序用来改善估计值，如前所述，这就是说表面不相关回归实际上由相关的回归组成的原因。在我们的例子中，SUR 结果与四个方程的 OLS 结果差不多。然而，在很多情况下，表面不相关回归能够显著改善用最小二乘法得到的估计值。

第三节　固定影响模型

固定影响模型（fixed effects model）将横截面个体之间的差异解释为截距不同而斜率系数相同。它处理地区、公司、人员或其他横截面个体之间差异的思路是允许截距变动，不同的横截面个体（如我们例子中的不同产业）的截距是不同的，但每个产业的截距在各个时期则保持不变。

在固定影响模型的假定下，面板数据中所有横截面数据和时间序列数据都可用于同一个回归。固定影响模型类似于上一节中所有数据简单结合在一起的混合模型式（9.5），不同的是，这里横截面中每一个个体都有自己的截距：

$$Y_{it}=\beta_{0i}+\beta_1 EMP_{it}+\beta_2 OTM_{it}+u_{it}$$

固定影响模型通过虚拟变量来解决截距变动问题。对于我们的例子，有 4 个产业部门，我们应当设 3 个虚拟变量，因为设 3 个就可以区分 4 个产业的截距，并且，如果设 4 个虚拟变量，我们会掉进所谓的“虚拟变量陷阱”，从而造成完全多重共线性。

在固定影响模型中，我们有另一种避开虚拟变量陷阱的方法，就是在模型中去掉常数项 β_0，然后为每个产业设一个虚拟变量：

$$D_1=\begin{cases}1, & \text{观测值来自产业 1}\\0, & \text{其他}\end{cases}$$

$$D_2=\begin{cases}1, & \text{观测值来自产业 2}\\0, & \text{其他}\end{cases}$$

$$D_3=\begin{cases}1, & \text{观测值来自产业 3}\\0, & \text{其他}\end{cases}$$

$$D_4=\begin{cases}1, & \text{观测值来自产业 4}\\0, & \text{其他}\end{cases}$$

可写出本章例子的固定影响模型如下：

$$Y_{it}=\beta_1 EMP_{it}+\beta_2 OTM_{it}+\beta_3 D_1+\beta_4 D_2+\beta_5 D_3+\beta_6 D_4+u_{it} \tag{9.6}$$

4 个产业的截距项分别为：产业 1：β_3；产业 2：β_4；产业 3：β_5；产业 4：β_6。

回归结果如下：

$$\hat{Y}_{it}=92.9EMP_{it}+4\ 645.11OTM_{it}-17\ 760.74D_1-18\ 691.64D_2$$

$$t:\quad (17.15)\qquad\qquad (9.11)$$

$$-26\ 686.29D_3-29\ 050.36D_4$$

$$R^2=0.99\qquad\qquad \sum e^2=790\ 590\ 705$$

从结果中可看到 R^2 很高，对于固定影响模型来说，通常如此。这是因为各截距项虚拟变量捕捉到了横截面个体之间的差异。固定影响模型的高 R^2 会造成一种虚假的表象，

但实际并不像 R^2 值所展示的那么好。回归结果中没有给出各虚拟变量系数的 t 值或标准误差，这是因为 EViews 软件不报告固定影响模型中虚拟变量的 t 值或标准误差。

我们可以利用回归结果来检验 4 个产业的截距是否相同，原假设和备择假设分别是：

H_0：$\beta_3=\beta_4=\beta_5=\beta_6$

H_1：β_3，β_4，β_5，β_6 不全相等

检验的具体做法与我们在第四章中介绍的涉及多个系数的联合假设检验类似，即首先进行约束回归和无约束回归，然后用得到的两个残差平方和计算 F 统计量，并进行检验。

本例中约束回归就是回归式（9.5）：

$$Y_{it}=\beta_0+\beta_1 EMP_{it}+\beta_2 OTM_{it}+u_{it}$$

式（9.5）中只有一个截距项，这与本例原假设（各产业截距相等）是一样的。而无约束回归就是固定影响模型式（9.6）：

$$Y_{it}=\beta_1 EMP_{it}+\beta_2 OTM_{it}+\beta_3 D_1+\beta_4 D_2+\beta_5 D_3+\beta_6 D_4+u_{it}$$

因为它允许不同产业的截距取不同值。

约束回归和无约束回归的残差平方和可从式（9.5）和式（9.6）的回归结果中查出，分别为 2 675 700 466 和 790 590 705。

约束的数目为 3 而不是 4，这是因为在原假设中，任何一个虚拟变量的系数（如 β_3）都可取任意值，但其他 3 个则必须取和 β_3 相同的值，这表明有 3 个约束。

无约束回归的残差平方和的自由度并非 $n-k-1$，而是 $n-k$，这是因为无约束回归模型中没有常数项。本例中 F 统计量计算如下：

$$\begin{aligned}F&=\frac{(RSS_R-RSS)/g}{RSS/(n-k)}\\&=\frac{(2\,675\,700\,466-790\,590\,705)/3}{790\,590\,705/(84-6)}\\&=\frac{(2\,675\,700\,466-790\,590\,705)/3}{790\,590\,705/78}\\&=61.995\end{aligned}$$

查表得，在 5%的显著性水平下，$F(3,78)=2.77$。

因为 $F=61.995>F_c=2.77$，故拒绝原假设 H_0。结论：4 个产业的截距不全相等。

由于使用虚拟变量，固定影响模型式（9.6）亦称为最小二乘虚拟变量模型（LSDV 模型）。

使用虚拟变量估计固定影响模型的做法只有在面板数据中截面个体的数目较少时才是可行的。当个体的数目很大时，由于需要加入大量虚拟变量而造成消耗的自由度过多，此方法就行不通了。为了解决这个问题，通常采用对模型进行代数变换的方法，消掉模型中的截距项，从而避免使用大量虚拟变量造成的计算问题。具体做法说明如下：

设固定影响模型为

$$Y_{it}=\beta_{0i}+\beta_1 X_{1it}+\beta_2 X_{2it}+u_{it}, \ i=1, 2, \cdots, n, \ t=1, 2, \cdots, T$$

对于个体 i 的数据，应有

$$Y_{it}=\beta_{0i}+\beta_1 X_{1it}+\beta_2 X_{2it}+u_{it}, \ t=1, 2, \cdots, T \tag{9.7}$$

两端对时间 T 求均值，有

$$\frac{1}{T}\sum_{t=1}^{T} Y_{it}=\frac{1}{T}\sum_{t=1}^{T}(\beta_{0i}+\beta_1 X_{1it}+\beta_2 X_{2it}+u_{it})$$

我们可以将上式简写为

$$\overline{Y}_i=\beta_{0i}+\beta_1\overline{X}_{1i}+\beta_2\overline{X}_{2i}+\overline{u}_i \tag{9.8}$$

其中

$$\overline{Y}_i=\frac{1}{T}\sum Y_{it}, \ \overline{X}_{1i}=\frac{1}{T}\sum X_{1it}, \ \overline{X}_{2i}=\frac{1}{T}\sum X_{2it}, \ \overline{u}_i=\frac{1}{T}\sum u_{it}$$

式(9.7) 减式(9.8)，得：

$$Y_{it}-\overline{Y}_i=\beta_1(X_{1it}-\overline{X}_{1i})+\beta_2(X_{2it}-\overline{X}_{2i})+(u_{it}-\overline{u}_i) \tag{9.9}$$

注意到式（9.9）中，截距项 β_{0i} 已经消掉了。等式两端变量都是离差的形式（与个体均值的离差）。我们对全部 n 个个体都进行这样的数据处理工作，就得到转换后的模型：

$$\overline{Y}_{it}=\beta_1\overline{X}_{1it}+\beta_2\overline{X}_{2it}+\overline{u}_{it} \tag{9.10}$$

其中

$$\overline{Y}_{it}=Y_{it}-\overline{Y}_i, \ \overline{X}_{1it}=X_{1it}-\overline{X}_{1i}, \ \overline{X}_{2it}=X_{2it}-\overline{X}_{2i}, \ \overline{u}_{it}=u_{it}-\overline{u}_i$$

用转换后的数据估计式（9.10），就可以得到 β_1 和 β_2 的估计值，与用加入虚拟变量的方法（LSDV 法）得到的估计值相同，得到的最小二乘残差也相同。

固定影响模型可通过再加上斜率虚拟变量的办法推广到一般情形。然而，既包含截距虚拟变量又包含斜率虚拟变量的模型几乎等同于各产业分别回归的方法。二者的区别是，在加上斜率虚拟变量的固定影响模型中，扰动项方差对于整个样本必须是相同的，因为是一个回归方程。而如果分别回归，则每个回归的扰动项方差可以不同，即每个产业或每个横截面个体的扰动项方差可以不同。

第四节　随机影响模型

随机影响模型（random effects model）与固定影响模型一样，通过允许截距变动来处理横截面个体之间的差异，但变动的数量是随机的。如果横截面个体是随机地被选择出来以代表一个较大的总体，则采用随机影响模型比较合适。不同横截面个体的不同截距被认为是从一个正态分布总体中随机抽取的。

固定影响模型假定不同产业截距间的差异是确定的，而不是随机的，它假定截距的不同是因为各产业有一些不同的特性。

随机影响模型则假定我们例子中的每个产业是从一个总体中抽取的，截距之间的差异是由随机变差引起的。随机影响模型通常用于诸横截面个体是某个总体的一个样本的情况，例如，家计调查得到的面板数据。

随机影响模型将所有数据放在一起回归，模型如下：

$$Y_{it}=\beta_0+\beta_1 X_{1it}+\beta_2 X_{2it}+\cdots+\beta_k X_{kit}+\varepsilon_i+u_{it} \tag{9.11}$$

这里没有截距虚拟变量，这使得它的自由度要大于固定影响模型。应注意的是，上式中截距项 β_0 与 OLS 回归中的截距项不同，这里 β_0 代表的是截距的均值，真实的截距随产业或其他横截面个体而变，产业间截距的差异反映在扰动项 ε_i 中。

令 $v_{it}=\varepsilon_i+u_{it}$，扰动项 v_{it} 有两个分量，其中分量 u_{it} 满足 OLS 关于扰动项的假设条件，分量 ε_i 代表每个产业的截距与截距均值 β_0 之间的差异，这个分量不随时间而变，但对于每个产业而言都不同。由于扰动项的这个分量不随时间而变，因此随机影响模型中的扰动项 v_{it} 将不满足 OLS 关于各期扰动项互不相关的假设条件，这意味着不能使用 OLS 法。

很多计量经济软件让你能够方便地运行随机影响模型，步骤如下：

(1) 对整个横截面时间序列混合样本执行 OLS 回归。

(2) 用第 (1) 步得到的残差估计扰动项的方差和协方差。

(3) 用第 (2) 步得到的方差、协方差估计值执行 GLS 回归，给出随机影响模型的 GLS 估计值。

(4) 某些软件使用第 (3) 步的结果估计每个横截面个体的截距与截距均值的差异。

将随机影响方法应用于我们的产业模型，回归模型为

$$Y_{it}=\beta_0+\beta_1 EMP_{it}+\beta_2 OTM_{it}+v_{it} \tag{9.12}$$

该式看上去类似于式 (9.5) 中的 OLS 回归，所有产业的截距都相同。可是，这里各产业都有自己的截距，截距的均值和真实值间的差异包含在扰动项 v 中。正如上文所述，这意味着扰动项 v 不满足 OLS 假设。按前述四步回归，结果如下：

$$\hat{Y}_{it}=-22\,831.07+91.54EMP_{it}+4\,627.85OTM_{it}$$

$$t: \quad (-4.03) \qquad (18.18) \qquad (9.18)$$

$$R^2=0.83 \qquad \sum e^2=804\,299\,968$$

比较随机影响和固定影响的结果，发现两组解释变量系数的估计值差别很小，并且都在 1%的显著性水平下显著，说明在本例的情况下，使用两种方法均可。但在其他情况下，就可能有较大差别。

有些计量经济程序还给出让你能够求出每个产业截距的信息。本例中每个产业截距与常数项（均值）的差异如下：

产业 1：	5 178.14	产业 2：	4 748.35
产业 3：	−3 361.66	产业 4：	−6 564.83

由此可知，钢铁产业截距与 β_0 之差为 5 178.14。这表明，钢铁产业截距的估计值为

$$-22\,831.07+5\,178.14=-17\,652.93$$

小　结

混合数据是将横截面数据与时间序列数据结合在一起的数据。使用混合数据的优点在于，与仅进行横截面数据回归或时间序列数据回归相比，我们的样本规模会增大，从而可以使用所有可获得的信息估计系数。

使用混合数据进行回归的一种方法是将所有来自不同时期和不同横截面个体的数据简单地结合在一起。这种方法实际上假定截距和斜率对于所有时期和所有横截面个体都是一样的，其缺点是有可能忽略存在于各时期或各横截面个体之间的重要区别。

表面不相关回归是一组似乎不相关但实际上相关的回归。表面不相关回归容许各个回归方程的扰动项之间存在跨方程相关，并且使用这种相关来改善估计值。如果分别进行这些回归，这种相关就会被忽略。

固定影响模型处理横截面个体之间差异的思路是允许截距变动，不同的横截面个体的截距不同，但每个个体的截距在各个时期则保持不变。固定影响模型将横截面个体之间的差异解释为由截距造成的，而斜率系数保持不变。在固定影响模型的假定下，面板数据中所有横截面数据和时间序列数据都可用于同一个回归。固定影响模型通过虚拟变量来解决截距变动问题。我们可以用一个 F 检验来检验固定影响模型中代表每个横截面个体的截距是否相同。

随机影响模型像固定影响模型一样，通过允许截距变动来处理横截面个体之间的差异，但变动的数量是随机的。如果横截面数据中的每一种类是随机地被选择出来以代表一个较大的总体，则采用随机影响模型比较合适。

习　题

1. 表面不相关回归的含义是什么？表面不相关回归中的各个回归如何相关？表面不相关回归的步骤是什么？

2. 考虑如下四种模型：有共同截距项的混合数据模型、表面不相关回归模型、固定影响模型、随机影响模型。试比较这些模型的自由度的多少。

3. 什么情况下应使用固定影响模型？什么情况下应使用随机影响模型？

4. 为什么随机影响模型不能用 OLS 法估计？

5. 如果有不止一年的横截面数据，你是否总是应该将其放入一个混合数据集？为什么？

6. 使用表 9－1 中的数据，分别用 OLS 法估计式（9.1）～式（9.4），将得到的斜率估计值与本章中采用 SUR 得到的结果相比较，它们相同吗？对你的结论作出解释。

7. 假设你有某省 50 个县份的电力消费和影响电力消费的 5 个解释变量两年的数据，打算用它们研究该省的电力消费。你还知道各县份的截距不同，但各自的截距不随时间而变，请问是否应将两年的数据合在一起构成一个数据集，然后用固定影响模型进行回归？为什么？

8. 下面两张表给出了某人两年中各月 DVD 消费数据，我们可以用每一年的数据进行下面的回归：

$$DVDEXP=\beta_0+\beta_1 INCOME+\beta_2 PRICE+\beta_3 RAINFALL+u$$

其中，DVDEXP 为 DVD 月支出；INCOME 为月收入；PRICE 为 DVD 平均价格；RAINFALL 为月降水量。

若将两年的数据合在一起，就会增加回归的自由度。考虑到这一点，你决定采用混合数据进行回归。试问你应当直接采用上面的模型，还是采用固定影响模型？使用两表中的数据进行检验，然后回答上面的问题。

DVD 模型数据（2003 年）

月份	DVDEXP	INCOME	PRICE	RAINFALL
1月	26.41	440	28.98	3
2月	50.28	360	27.98	0.8
3月	86.08	400	17.99	4.7
4月	84.61	320	21.69	4
5月	70.3	680	21.24	3.7
6月	66.43	400	26.49	5.5
7月	79.16	336	16.48	4.5
8月	73.04	504	18.99	1.9
9月	29.57	480	23.99	2.4
10月	124.99	1 264	23.46	5.7
11月	140.97	1 216	17.99	4.1
12月	117.62	800	22.99	4.5

DVD 模型数据（2005 年）

月份	DVDEXP	INCOME	PRICE	RAINFALL
1月	52.69	480	24.49	4.3
2月	72.61	320	18.98	2.7
3月	62.58	400	20.99	2.7
4月	37.54	240	21.99	3.3
5月	53.39	640	23.48	3.6
6月	53.7	440	16.99	2.2
7月	61.92	320	23.48	2.9
8月	85.16	480	21.49	6.7
9月	125.29	416	15.98	6.6
10月	117.73	1 280	21.24	3.8
11月	120.77	1 280	18.96	2.8
12月	79.05	960	29.95	3.1

第十章

定性选择模型

我们在前面曾介绍解释变量为虚拟变量的模型，本章要讨论的是因变量为虚拟变量的情形。在有些情况下，我们可能需要建立因变量为虚拟变量的回归模型，在这种模型中，因变量描述的是特征、选择或者种类等不能定量化的东西，如乘公交还是自己开车去上班、考不考研究生等。在这些情况下，因变量是定性变量，我们可以用定义虚拟变量的方法来刻画它们。这种因变量为虚拟变量的模型被称为**定性选择模型**（qualitative choice models）或**定性响应模型**（qualitative response models）。

如果只有两个选择，我们可用 0 和 1 分别表示它们，如乘公交为 0，自驾车为 1，这样的模型称为**二元选择模型**（binary choice models），多于两个选择（如前面的两种上班方式加上骑自行车）的定性选择模型称为**多项选择模型**（multinomial choice models）。下面讨论这两种定性选择模型，重点是二元选择模型，因为多项选择的情况略微超出本书的范围。前两节介绍三种不同的估计二元选择模型的方法：**线性概率模型**（linear probability models，LPM）、**Probit 模型**和 **Logit 模型**。最后一节通过一个例子简单介绍多项选择模型的估计。

第一节　线性概率模型

二元选择模型如何估计呢？由于它看上去像是一个典型的 OLS 回归模型，因而一个简单的想法是采用 OLS 法估计。当然，对结果的解释与常规线性回归模型不同，因为二元选择模型中因变量只能取两个预定的值。线性概率模型的一般形式如下：

$$Y_i=\beta_0+\beta_1X_{1i}+\beta_2X_{2i}+\cdots+\beta_kX_{ki}+u_i \tag{10.1}$$

这看上去与典型的 OLS 回归模型并无两样，但区别是这里 Y_i 只取 0 和 1 两个值。解释变量中可以包括正常变量和虚拟变量，观测值可以是个人、公司、国家或任何其他横截面个体所作的决定。下面用一个关于是否读研究生的例子来说明如何解释线性概率模型的结果。模型为

$$Y_i=\beta_0+\beta_1\text{GPA}_i+\beta_2\text{INCOME}_i+u_i \tag{10.2}$$

其中：$Y_i=\begin{cases}1, & \text{第 } i \text{ 个学生拿到学士学位后三年内去读研}\\ 0, & \text{该生三年内未去读研}\end{cases}$；

GPA_i 为第 i 个学生本科平均成绩；

INCOME_i 为第 i 个学生家庭年收入（单位：千美元）。

设回归结果如下（所有系数值均在 10%的显著性水平下统计上显著）：

$$\hat{Y}_i=-0.7+0.4\text{GPA}_i+0.002\text{INCOME}_i \tag{10.3}$$

对每个观测值，我们可根据式（10.3）计算因变量的拟合值或预测值。在常规 OLS 回归中，因变量的拟合值或预测值的含义是，平均而言，我们可以预期的因变量的值。但在本例的情况下，这种解释就不适用了。假设学生甲的平均分为 3.5，家庭年收入为 5 万美元，Y 的拟合值为

$$\hat{Y}=-0.7+0.4\times3.5+0.002\times50=0.8 \tag{10.4}$$

尽管因变量 Y 在这个二元选择模型中只能取两个值—— 0 或 1，但是该学生的 Y 的拟合值或预测值为 0.8。我们将该拟合值解释为该生决定读研的概率的估计值。因此，该生决定读研的可能性或概率的估计值为 0.8。需要注意的是，这种概率不是我们能观测到的数字，能观测到的是读研还是不读研的决定。

对斜率系数的解释也不同了。在常规回归中，斜率系数代表的是在其他解释变量不变的情况下，该解释变量的单位变动引起的因变量的变动。而在线性概率模型中，斜率系数表示在其他解释变量不变的情况下，该解释变量的单位变动引起的因变量等于 1 的概率的变动。GPA 的系数估计值 0.4 意味着在家庭年收入不变的情况下，一个学生的 GPA 增加一个点（如从 3.0 增加到 4.0），该生决定去读研的概率的估计值增加 0.4。INCOME 的系数估计值 0.002 表明，一个学生的成绩不变，而家庭年收入增加 1 000 美元（INCOME 的单位为千美元），该生决定去读研的概率的估计值增加 0.002。在 LPM 模型中，解释变量的变动与虚拟因变量值为 1 的概率线性相关，因而称为线性概率模型。

遗憾的是，线性概率模型存在几个问题。第一个问题是，一般而言，此方法通常不是估计定性选择模型的最好方法，因为它假定解释变量和 $Y=1$ 的概率之间存在线性关系，而此关系往往不是线性的。更严重的问题是，拟合值可能小于 0 或大于 1，而概率值必须位于 0 和 1 的闭区间内。概率绝不可能大于 1，因为那将意味着某件事情发生的机会大于 100%。同样，概率也永远不可能小于 0，因为不可能事件的概率也只是等于 0。

回到有关读研的例子。假设学生乙的 GPA 为 4.0，家庭年收入为 20 万美元，代入式(10.3)，则 Y 的拟合值为

$$\hat{Y}=-0.7+0.4\times4.0+0.002\times200=1.3 \tag{10.5}$$

从而得到一个不可能的结果（概率值大于 1）。假设另有一个学生丙的 GPA 为 1.0，家庭年收入为 5 万美元，则 Y 的拟合值为 -0.2，表明读研的概率为负数，这也是一个不可能的结果。

解决此问题的一种方法是，令所有负拟合值都等于 0，所有大于 1 的拟合值都等于 1。但也无法令人十分满意，因为在现实中很少会有决策前某人读研的概率就等于 1 的情况。同样，尽管某些人 GPA 成绩不是很好，但他去读研的机会仍会大于 0。线性概率模型倾向于给出过多极端结果：估计的概率等于 0 或 1。

第二个问题是扰动项不是正态分布的。事实上，线性概率模型的扰动项服从二项分布。

第三个问题是线性概率模型存在异方差性。扰动项的方差是 $p(1-p)$，这里 p 是因变量等于 1 的概率，此概率对于每个观测值不同，因而扰动项方差将不是常数，导致异方差性。这时可以使用 WLS 法，但不是很有效，并且将改变结果的含义。

第四个问题是在线性概率模型中，R^2 以及 $\bar{R}^2$ 不再是合适的拟合优度测度。事实上，此问题不仅是线性概率模型的问题，而且是所有定性选择模型的问题。较好一点的测度是模型正确预测的观测值的百分比。首先，我们将每一预测归类为 1 或 0。如果拟合值大于等于 0.5，则认为因变量的预测值为 1；如果拟合值小于 0.5，则认为因变量的预测值为 0。然后，将这些预测值与实际发生的情况相比较，计算出正确预测的观测值的百分比：

$$\text{正确预测的观测值的百分比}=\frac{\text{正确预测的观测值数}}{\text{观测值总数}}\times100$$

需要指出的是，这个测度也不是很理想，但预测结果的好坏并非定性选择模型唯一关心的事。这类模型常被用于研究影响人们进行某个决策的因素。我们来看一个竞选的例子。假设候选人甲、乙两人竞选某市市长，我们可以用一个二元选择模型来研究影响选民决策的因素，模型为

$$\text{CAND1}_i=\beta_0+\beta_1\text{INCOME}_i+\beta_2\text{AGE}_i+\beta_3\text{MALE}_i+u_i \tag{10.6}$$

其中：$\text{CAND1}_i=\begin{cases}1, & \text{如果第 } i \text{ 个选民投候选人甲的票}\\0, & \text{如果第 } i \text{ 个选民不投候选人甲的票}\end{cases}$；

INCOME_i 为第 i 个选民的家庭收入（单位：千美元）；

AGE_i 为第 i 个选民的年龄；

$\text{MALE}_i=\begin{cases}1, & \text{男性}\\0, & \text{女性}\end{cases}$。

表 10-1 给出了取自选民的一个随机样本（竞选中还有一个候选人丙，本表中支持候选人丙的数据被省略，在本章后面的例子中将考虑丙的数据）。表 10-2 给出了使用这些数据的线性概率模型的回归结果。

表 10-1　　两候选人选举模型数据

观测值序号	CAND1	INCOME	AGE	MALE
1	0	10	18	0
2	1	58	48	1
3	1	64	51	0
4	0	14	19	0
5	0	11	22	1
6	0	16	23	0
7	1	60	44	1
8	0	19	26	0
9	1	110	37	0
10	1	44	68	1
11	0	21	28	0
12	0	29	25	1
13	0	28	27	0
14	1	40	45	0
15	0	26	32	0
16	0	33	32	1
17	1	46	28	1
18	0	12	42	0
19	0	30	41	0
20	1	40	38	1
21	0	35	40	1
22	1	18	48	0
23	0	14	19	1
24	1	50	40	0
25	1	72	31	0
26	0	38	18	0
27	1	55	43	1
28	0	50	50	1
29	1	22	62	0
30	1	85	62	0

表 10-2　　两候选人选举线性概率模型的回归结果

Dependent variable：CAND1

Variable	Coefficient	Standard error	t-Statistic	p-Value
Constant	−0.51	0.19	−2.65	0.01
INCOME	0.009 8	0.003	3.25	0.00
AGE	0.016	0.005 3	3.08	0.00
MALE	0.003 1	0.13	0.02	0.98

Observations：30

$R^2=0.58$

Adjusted $R^2=0.53$

Residual Sum of Squares=3.15

F-statistic=11.87

如表 10－2 所示，INCOME 的斜率估计值为正，且在 1%的显著性水平下显著。在年龄和性别不变的情况下，收入增加 1 000 美元，选择候选人甲的概率增加 0.009 8。AGE 的斜率估计值也在 1%的显著性水平下显著。在收入和性别不变的情况下，年龄增加 1 岁，选择候选人甲的概率增加 0.016。MALE 的斜率系数统计上不显著，因而没有证据表明样本中男人和女人的选票不同。

我们可以得出如下结论：年老一些、富裕一些的选民更喜欢投票给候选人甲。表 10－3 给出了 CAND1 的拟合值，每个大于等于 0.5 的拟合值计入 CAND1 为 1 的预测，而小于 0.5 的拟合值则计入 CAND1 为 0 的预测。

从表 10－3 中可以看出，30 个观测值中，27 个（或 90%）预测正确；选甲的 14 人中，12 人（或 85.7%）预测正确；选乙的 16 人中，15 人（或 93.8%）预测正确。R^2 是 0.58，表明模型解释了因变量的 58%的变动，这与 90%的正确预测比例相比，低了不少。注意，表 10－3 中有一些拟合值大于 1 或小于 0。这是我们前面指出的这类模型的缺点之一，这些拟合值是概率的估计值，而概率永远不可能大于 1 或小于 0。

表 10－3　两候选人选举模型中因变量的拟合值、预测值、实际值及预测准确性

观测值序号	CAND1			预测准确否?
	拟合值	预测值	实际值	
1	−0.12	0	0	是
2	0.84	1	1	是
3	0.95	1	1	是
4	−0.06	0	0	是
5	−0.04	0	0	是
6	0.02	0	0	是
7	0.80	1	1	是
8	0.10	0	0	是
9	1.17	1	1	是
10	1.03	1	1	是
11	0.15	0	0	是
12	0.18	0	0	是
13	0.20	0	0	是
14	0.61	1	1	是
15	0.26	0	0	是
16	0.34	0	0	是
17	0.40	0	1	否
18	0.29	0	0	是
19	0.45	0	0	是
20	0.50	1	1	是
21	0.49	0	0	是

续表

观测值序号	CAND1			预测准确否?
	拟合值	预测值	实际值	
22	0.45	0	1	否
23	−0.06	0	0	是
24	0.63	1	1	是
25	0.70	1	1	是
26	0.16	0	0	是
27	0.73	1	1	是
28	0.80	1	0	否
29	0.71	1	1	是
30	1.33	1	1	是

第二节 Probit 模型和 Logit 模型

虽然估计和使用线性概率模型很简单，但存在上面讨论的几个问题，其中最严重的两个问题是拟合值小于 0 或大于 1 的问题以及假定解释变量和 $Y=1$ 的概率之间存在线性关系的假设不现实的问题。这两个问题中，后者是因，前者是果，因为在假定 $Y=1$ 的概率与 X 之间为线性关系的情况下，$Y=1$ 的概率随着 X 的增大（减小）而线性地增大（减小），产生大于 1 或小于 0 的值是难以避免的，合理的回归线应当是 S 形曲线，如图 10－1所示。

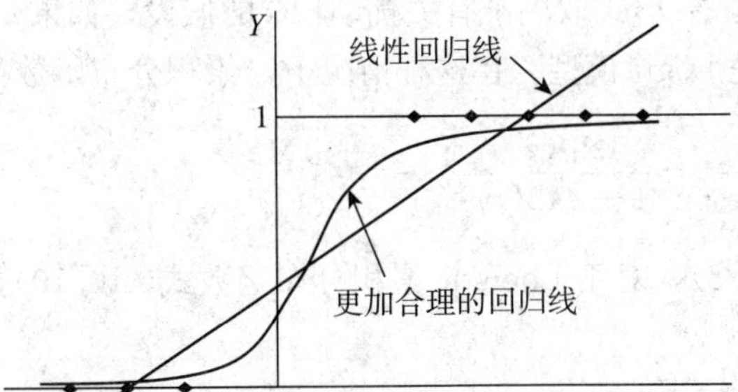

图 10－1　二元选择模型：直线还是 S 形曲线？

我们对这种 S 形曲线应当不陌生，随机变量的累积分布函数（CDF）曲线就是这种形状。因此，在二元选择模型中采用 CDF 就是顺理成章的了。接下来的问题是，采用何种 CDF？因为所有 CDF 都是 S 形的，每个随机变量都有唯一的 CDF。出于历史和实践的原因，通常采用的两种 CDF 是 Logistic 和正态 CDF，前者对应的是 Logit 模型，后者对应的是 Probit 模型。

一、Probit 和 Logit 方法概要

Probit 和 Logit 方法的思路是假定回归模型为

$$Y_i^* = \beta_0 + \sum_{j=1}^{k} \beta_j X_{ij} + u_i \tag{10.7}$$

这里，Y_i^* 不可观测，通常称为潜变量（latent variable）。我们能观测到的是虚拟变量 Y_i：

$$Y_i = \begin{cases} 1, & 若\ Y_i^* > 0 \\ 0, & 其他 \end{cases} \tag{10.8}$$

式(10.7)与线性概率模型的区别是，这里假设潜变量存在。例如，若被观测的虚拟变量是某人买车还是不买车，Y_i^* 将被定义为“买车的欲望或能力”，注意这里的提法是“欲望”和“能力”，因此式（10.7）中的解释变量是解释这些元素的。

从式(10.8)可看出，Y_i^* 乘以任何正数都不会改变 Y_i，因此这里习惯上假设 $\mathrm{Var}(u_i)=1$，从而固定 Y_i^* 的规模。由式（10.7）和式（10.8），我们有

$$\begin{aligned} p_i &= \mathrm{Prob}(Y_i = 1) = \mathrm{Prob}[u_i > -(\beta_0 + \sum_{j=1}^{k} \beta_j X_{ij})] \\ &= 1 - F[-(\beta_0 + \sum_{j=1}^{k} \beta_j X_{ij})] \end{aligned}$$

其中 F 是 u 的累积分布函数。

如果 u 的分布是对称的，则 $1-F(-z)=F(z)$，我们可以将上式写成

$$p_i = F(\beta_0 + \sum_{j=1}^{k} \beta_j X_{ij}) \tag{10.9}$$

式（10.9）中 F 的函数形式取决于有关扰动项 u 的假设，如果 u_i 的累积分布是 Logistic 分布，则我们得到的是 Logit 模型。在这种情况下，累积分布函数为

$$F(z_i) = \frac{e^{z_i}}{1+e^{z_i}} = \frac{\exp(z_i)}{1+\exp(z_i)} \tag{10.10}$$

不难证明（见本章习题 8），对于 Logistic 累积分布函数式（10.10），我们有

$$\ln\left(\frac{F(z_i)}{1-F(z_i)}\right) = z_i$$

结合式(10.9)，我们得到 Logit 模型：

$$\ln\left(\frac{p_i}{1-p_i}\right) = \beta_0 + \sum_{j=1}^{k} \beta_j X_{ij} \tag{10.11}$$

上式的左端是机会（odds）的对数，称为对数机会比率（log-odds ratio），因而上式表明对数机会比率是各解释变量的线性函数，而对于线性概率模型，p_i 为各解释变量的线性函数。

如果式（10.9）中 u_i 服从正态分布，则我们得到的是 Probit 模型（或 Normit 模型），

在这种情况下，累积分布函数为

$$F(z_i)=\int_{-\infty}^{z_i/\sigma}\frac{1}{\sqrt{2\pi}}\exp\left(-\frac{t^2}{2}\right)\mathrm{d}t \tag{10.12}$$

由于累积正态分布和累积 Logistic 分布很接近，只是尾部有些区别，因此，我们无论用 Logit 模型还是 Probit 模型，得到的结果都不会有很大不同。可是，两种方法得到的参数估计值是不能直接进行比较的。由于 Logistic 分布的方差为$\frac{\pi^2}{3}$，因此，Logit 模型得到的 β_i 的估计值必须乘以$\frac{\sqrt{3}}{\pi}$ 才能与 Probit 模型得到的估计值相比较（正态分布的标准差 σ 为 1）。

二、Probit 模型

Probit 模型可以解决线性概率模型中遇到的问题。如我们在前面所指出的，线性概率模型会给出小于 0 或大于 1 的这种不可能的概率估计值，Probit 模型所依据的是累积正态概率分布，将避免这类问题的发生，同时它给出接近于 0 或 1 的概率估计值的机会也要小于线性概率模型。与线性概率模型相比，Probit 模型能更准确地描述我们打算研究的许多决策过程，如图 10－1 所示。

虽然 Probit 模型实际上是非线性的，但它可以以一种类似于其他经济模型的方式写出。首先，我们需要将等式（10.12）稍微改写一下，它代表由累积正态概率函数执行的变换：

$$p_i=F(z_i)=\int_{-\infty}^{z_i/\sigma}\frac{1}{\sqrt{2\pi}}\exp\left(-\frac{t^2}{2}\right)\mathrm{d}t \tag{10.13}$$

在上式中，F 是一个函数，即将正态概率函数（z）的一个值转换成概率（p）的累积正态概率函数。Probit 模型使用其反函数，将概率值转换成 z 值。

$$z_i=F^{-1}(p_i) \tag{10.14}$$

Probit 模型为

$$z_i=F^{-1}(p_i)=\beta_0+\beta_1X_{1i}+\beta_2X_{2i}+\cdots+\beta_kX_{ki}+u_i \tag{10.15}$$

尽管乍看上去上式像一个典型的回归模型，但它是一个非线性模型，因为有$F^{-1}(p_i)$这一项。Probit 模型不能用 OLS 法估计，应采用极大似然法估计。极大似然系数估计值是通过使所观测样本实际发生的值的机会最大化而得到的。极大似然法是一种迭代方法，迭代终止时，即找到了系数的估计值。

Probit 模型（以及我们下面要讨论的 Logit 模型）在大样本（观测值数以百计）时运转得最好。如果样本中两种可能的选择都有足够的信息，则效果更佳。例如，对于我们前面的读研究生的例子，设观测值为 200，若其中仅 3%的人决定读研，也就是 200 人中仅有 6 人，那么在此样本中就没有足够的信息来给出好的估计值，选择读研的样本过少，使得回归结果的可信度不高。

我们可以将两个候选人的选举模型用 Probit 模型进行估计，使用与前面一样的变量和数据，估计结果如表 10－4 所示。

表 10－4　　两候选人选举模型的 Probit 回归结果

Dependent variable：CAND1

Variable	Coefficient	Standard error	t-Statistic	p-Value
Constant	−5.19	1.70	−3.06	0.00
INCOME	0.071	0.034	2.10	0.04
AGE	0.073	0.034	2.18	0.03
MALE	−0.70	0.90	−0.78	0.44

Observations：30

McFadden pseudo-R^2＝0.61

Residual Sum of Squares＝2.62

采用 Probit 模型估计的结果与前面用线性概率模型估计的结果有所不同。在采用 Probit 模型的情况下，INCOME 和 AGE 的系数估计值在 5%的显著性水平下显著，而在线性概率模型的情况下，这两个解释变量在 1%的显著性水平下显著。由于我们知道线性概率模型存在严重的问题，因此 Probit 结果可能更准确一些。可是，如果是实际研究，则要有一个大得多的样本。Probit 模型的系数估计值不能像线性概率模型那样，解释成概率的变动（有些计量经济分析软件可以将系数估计值转换为与线性概率模型相当的概率变动）。使用 Probit 模型的一种有意思的方式是求出拟合值进行预测，如同我们用线性概率模型所做的一样（见表 10－3）。

Probit 模型中用 McFadden 的 pseudo-R^2 作为拟合优度的测度。pseudo-R^2 是用于虚拟因变量模型的拟合优度的测度。pseudo 的原意是伪（假），这里采用它，意思是与常规 R^2 类似，但不相同，而不是说它是假的。对于定性选择模型，已经开发了几种有用的 pseudo-R^2 测度，这里所用的是 McFadden 开发的。有很多估计 Probit 或 Logit 模型的计量经济软件计算 pseudo-R^2。本例中给出的 0.61 的含义是 Probit 模型解释了因变量的 61%的变动。

三、Logit 模型

Logit 模型基于累积 Logistic 分布，而不是 Probit 模型所用的累积正态分布。对于任何回归，Probit 和 Logit 估计方法的结果从统计显著性的角度看往往是类似的。Logit 模型给出的概率估计值限制在 0～1，与 Probit 模型一样，Logit 模型也避免了接近于 0 或 1 的极端概率值。

这两个模型都克服了线性概率模型遇到的主要问题。

Logit 模型的形式如下：

$$\ln\left(\frac{Y_i}{1-Y_i}\right)=\beta_0+\beta_1 X_{1i}+\beta_2 X_{2i}+\cdots+\beta_k X_{ki}+u_i \tag{10.16}$$

这里，因变量的拟合值代表 $Y_i=1$ 的可能性的对数。术语“概率”(probability）和“机会”(odds）不是一回事。如果一个事件的概率是 0.25，则机会将是

$$\frac{\text{概率}}{1-\text{概率}}=\frac{0.25}{1-0.25}=\frac{1}{3}$$

我们通常将其写为 1∶3，读作 1 对 3。如果概率是 0.5 或 50%，则相应为0.5/(1−0.5)=1/1，或 1∶1。我们可以对 Logit 模型中的斜率系数给出一个特别的解释：某个解释变量的变动对 Y 等于 1 的机会的影响。准确地说，Logit 模型的斜率系数告诉我们，在其他解释变量保持不变的情况下，该解释变量变动一个单位所引起的机会的对数的变动。

尽管式（10.16）看上去可转换成线性模型，从而用 OLS 法估计，但实际上不行，因为 Y_i 的取值只能是 0 或 1，使得左端因变量的值只有下面两种情形：

$$\ln\left(\frac{0}{1-0}\right)=\ln\left(\frac{0}{1}\right)$$

$$\ln\left(\frac{1}{1-1}\right)=\ln\left(\frac{1}{0}\right)$$

二者都没有意义。因此，Logit 模型也不能用 OLS 法估计，而要用极大似然法估计。采用表 10-1 中的数据估计 Logit 模型，回归结果如表 10-5 所示。

表 10-5　　两候选人选举模型的 Logit 回归结果

Dependent variable：CAND1

Variable	Coefficient	Standard error	t-Statistic	p-Value
Constant	−8.96	3.23	−2.77	0.01
INCOME	0.12	0.06	1.98	0.05
AGE	0.13	0.06	2.03	0.04
MALE	−1.03	1.54	−0.67	0.51

Observations：30

McFadden pseudo-R^2=0.60

Residual Sum of Squares=2.59

McFadden pseudo-R^2 和统计显著性与 Probit 模型的结果类似。INCOME 和 AGE 的系数估计值亦在 5%的显著性水平下显著。而 MALE 则在两种回归模型中均不显著。而斜率系数估计值则不同，这是因为它们的意义不一样。例如，AGE 的系数估计值 0.13 意味着在收入和性别不变的情况下，年龄增大一岁，选举候选人甲的机会的对数增加 0.13。实际上，除了斜率系数的解释不同外，使用 Probit 模型和 Logit 模型并没有多大区别。

*第三节　多项选择模型

我们可能遇到多于两个可能的选择的情况，如在选举模型例子中，有可能有不止两个候选人，我们前面讨论的估计方法无法处理多于两项选择的情况。如果第三个候选人丙加入进来，我们就必须调整以前的估计方法来考虑加上第三项选择的情况。

多项选择模型是研究在多于两个的选项中进行决策的模型。一般可以依照选择集分为定序和非定序两种宽泛的类型。比如，城市交通工具的选择显然是非定序的，而投资者选择公司债券（债券经过评级）就是定序的。

一、线性概率模型

线性概率模型经过修改，可用于多于两项选择的非定序的情况。将第三个候选人加入选举模型，我们需要用两个方程（一般而言，方程的数目是选择数目减 1）。

$$CAND1_i = \beta_0 + \beta_1 INCOME_i + \beta_2 AGE_i + \beta_3 MALE_i + u_i \tag{10.17}$$

$$CAND3_i = \beta_4 + \beta_5 INCOME_i + \beta_6 AGE_i + \beta_7 MALE_i + v_i \tag{10.18}$$

其中，$CAND1_i = \begin{cases} 1，第 i 个选民选甲 \\ 0，其他 \end{cases}$；

$CAND3_i = \begin{cases} 1，第 i 个选民选丙 \\ 0，其他 \end{cases}$。

两式的系数下标不一样，说明两方程的系数可以取不同的值。我们用 OLS 法估计这两个方程，存在的问题与两个选择的情况一样。

对于任何一个观测值，估计出的概率之和必须等于 1。第 i 个选民选甲的概率的估计值由式（10.17）中因变量 CAND1 的拟合值给出，如 0.5；与此类似，该选民选丙的概率的估计值由式（10.18）中因变量 CAND3 的拟合值给出，如 0.3；则我们知道，该选民选乙的概率的估计值为 0.2，这三个估计的概率之和必须等于 1。因此，我们无须为候选人乙回归第三个方程。事实上，三个候选人截距的估计值之和等于 1，各斜率的估计值之和为 0，因此我们估计两个方程后，第三个方程的斜率就可以算出来了。

对线性概率模型进行的这种修改只适用于各个方程中的解释变量都相同的情况。否则，就必须用较复杂的 GLS 法。

表 10 - 1 中没有包括支持第三个候选人丙的选民的有关数据，表 10 - 6 列出了这些数据。这最后 10 个观测值都支持候选人丙并非巧合，它们未必是原样本中最后 10 个观测值，只不过是表 10 - 1 中省略了所有支持丙的观测值。将这些数据加入表 10 - 1，我们就得到一个包含三种选择的数据集，观测值数目为 40。要注意的是，在将表 10 - 6 的数据加入原来的 30 个观测值的同时，变量 CAND3（代表候选人丙）也应该加入原来的 30 个观测值，CAND3 在前 30 个观测值中取值为 0。用这个新的数据集估计式（10.17）、式（10.18），估计结果分别如表 10 - 7 和表 10 - 8 所示。

表 10 - 6　　选举模型增补观测值：支持候选人丙的个体观测值

观测值序号	CAND1	INCOME	AGE	MALE	CAND3
31	0	22	19	1	1
32	0	24	20	1	1
33	0	30	22	1	1
34	0	21	24	1	1
35	0	26	21	1	1
36	0	30	34	0	1
37	0	29	24	1	1
38	0	33	25	1	1
39	0	28	27	1	1
40	0	32	30	1	1

表 10-7　　三候选人选举线性概率模型的回归结果

Dependent variable：CAND1

Variable	Coefficient	Standard error	t-Statistic	p-Value
Constant	−0.58	0.16	−3.71	0.00
INCOME	0.010	0.002 7	3.74	0.00
AGE	0.017	0.004 3	4.05	0.00
MALE	−0.035	0.099	−0.35	0.73

Observations：40

R^2= 0.62

Adjusted R^2= 0.59

Residual Sum of Squares =3.41

F-statistic=19.99

表 10-8　　三候选人选举线性概率模型的回归结果

Dependent variable：CAND3

Variable	Coefficient	Standard error	t-Statistic	p-Value
Constant	0.48	0.19	2.50	0.02
INCOME	−0.000 85	0.003 3	−0.26	0.80
AGE	−0.011	0.005 3	−2.06	0.05
MALE	0.33	0.12	2.69	0.01

Observations：40

R^2= 0.30

Adjusted R^2= 0.25

Residual Sum of Squares =5.19

F-statistic=5.35

表 10-7 表明候选人甲作为因变量的方程的结果与二元选择线性概率模型的结果相似（与表 10-2 比较），对斜率系数的说明也可沿用与二元选择模型同样的方式。例如，AGE 的斜率系数 0.017 意味着 INCOME 和 MALE 保持不变的情况下，选民的年龄大一岁，选甲的概率上升 0.017。

表 10-8 中候选人丙的结果则与甲的结果大不相同。INCOME 的斜率估计值在甲的方程中显著，但在丙的方程中则不显著。高收入者倾向于选甲，低收入者倾向于选丙或选乙，但收入似乎不怎么影响对丙的选择。AGE 的斜率估计值在 5%的显著性水平下显著，其值为负，说明年轻选民倾向于选丙，与候选人甲的情况刚好相反，甲的方程表明，年龄较大的选民倾向于选甲。具有同样年龄和收入的男选民选丙的估计概率比女选民高 0.33，这是一个很大的差距。在三个候选人中，妇女最不接受的人是丙。

二、多项 Logit 模型方法

多项 Logit 模型（multinomial Logit model）用于估计多于两项选择的定性选择模型（这些选择没有先后次序），该方法避免了线性概率模型出现的问题。与线性概率模型一样，所需方程的个数是选择的数目减 1，其中一个选择被用作基准选择，该选择没有自己的方程。将多项 Logit 模型应用于三候选人的选举模型，我们用候选人乙作为基准选择，给出下面两个方程：

$$\ln\left(\frac{\mathrm{CAND1}_i}{\mathrm{CAND2}_i}\right)=\beta_0+\beta_1\mathrm{INCOME}_i+\beta_2\mathrm{AGE}_i+\beta_3\mathrm{MALE}_i+u_i$$

$$\ln\left(\frac{\mathrm{CAND3}_i}{\mathrm{CAND2}_i}\right)=\beta_4+\beta_5\mathrm{INCOME}_i+\beta_6\mathrm{AGE}_i+\beta_7\mathrm{MALE}_i+v_i$$

其中，$\mathrm{CAND2}_i=\begin{cases}1\text{，若第 } i \text{ 个选民选乙}\\0\text{，其他}\end{cases}$。

多项 Logit 模型中的方程必须用极大似然法联立地估计。大多数计量经济软件的学生版甚至全版不支持这类估计。

采用多项 Logit 模型估计出的斜率系数的解释与二元 Logit 模型不一样。在这里，每个斜率的解释是相对于基准选择的。假设 β_2 的估计值为 0.02，每增加一岁，其他条件不变，选择候选人甲的概率的对数与选择候选人乙的概率的对数相比，上升 0.02。更严格地说，AGE 增长一岁，选择甲的概率的对数和选择乙的概率的对数之差增加 0.02。其他斜率系数的解释与此类似。

多项 Logit 模型的主要优点是容易计算，选择给定方案的概率易于表示，并且极大似然函数可以用简单明了的方式产生和最大化。该模型的缺点是，它以所谓的不相干选择的独立性（independence of irrelevant alternatives，IIA）为特征。假设一个几乎与某个已有选项相同的新选项被加入选择集，我们期望的是，从此模型得到的选择这两个几乎相同的选项（如乘坐公共汽车时选老车型还是新车型）的概率将被分成两半，而选择其他选项的概率不受影响。遗憾的是，情况不是这样。因此当两个或多个选项是相近替代方案时，采用多项 Logit 模型不适合。在这种情况下，可考虑多项 Probit 模型（multinomial Probit model）。多项 Probit 模型允许扰动项跨选项相关，从而绕过 IIA 困境。它的缺点是计算困难，计算四个以上选项的问题几乎不可行。随着计算机计算能力的提高和计算方法的改进，多项 Probit 模型的应用前景会越来越好。

如果因变量本质上是有序的，多项 Logit 模型和多项 Probit 模型均无法解释因变量的序数性质。因为决策者选择不同的方案所得到的效用也是排序的，故一般多元离散选择模型中的效用关系不再适用。处理有序离散因变量的常用方法是有序 Probit 模型与有序 Logit 模型。

有关多项选择模型的详细讨论可以参见内容更高深的计量经济学的高级教程。

小　结

本章讨论了因变量为定性变量的回归模型。在这类模型中，因变量描述的是特征、选择或者种类等不能定量化的东西，我们可以用定义虚拟变量的方法来刻画它们。这种因变量为虚拟变量的模型被称为定性选择模型。

如果模型的目的是预测两种可能性中哪种将被选择，则这样的模型被称为二元选择模型。估计二元选择模型的方法主要有三种。

在线性概率模型中，因变量只取 0 和 1 两个值，此模型用 OLS 法估计。斜率系数表示其他解释变量不变的情况下，相应的解释变量的单位变动引起的因变量等于 1 的概率的变动。线性概率模型的主要问题是：假定解释变量和 $Y=1$ 的概率之间是线性关系，从而导致拟合值可能小于 0 或大于 1，而概率值不可能大于 1，也不可能小于 0。

Probit 模型和 Logit 模型都可以解决线性概率模型中遇到的问题。Probit模型依据的是累积正态概率分布，不会给出小于 0 或大于 1 的拟合值。Probit 模型利用极大似然法进行估计。

Logit 模型基于累积 Logistic 分布，Logit 模型与 Probit 模型一样，给出的概率估计值也限制在 0～1。对于任何一个回归，Probit 和 Logit 估计方法的结果从统计显著性的角度看往往是类似的。Logit 模型的斜率系数表示在其他解释变量保持不变的情况下，相应的解释变量变动一个单位所引起的机会的对数的变动。Logit 模型也利用极大似然法进行估计。

多于两个选择的情况就需要使用多项选择模型。线性概率模型可用于多于两项选择的情况，方法是使用不同因变量的多个方程，所需方程的数目是选择的数目减 1。

习　题

1. 为什么说普通最小二乘法一般不是估计定性选择模型的好方法？

2. 请比较本章中两候选人选举模型采用 Probit 和 Logit 两种方法得到的斜率估计值。斜率估计值不同是否意味着有问题？两种方法得到的斜率估计值为什么会不同？

3. 机会和概率的区别是什么？为什么在讨论定性选择模型时要关心这种区别？

4. 下面的横截面模型是关于租房还是买房的决策，样本是两年前从当时租房的家庭中随机抽取的。模型如下：

$$\mathrm{HOME}_i=\beta_0+\beta_1\mathrm{INCOME}_i+\beta_2\mathrm{PRICE}_i+\beta_3\mathrm{CHILDREN}_i+u_i$$

其中：$\mathrm{HOME}=\begin{cases}1，若该家庭两年内买房\\0，不买房\end{cases}$；

INCOME 为家庭收入（千元）；

PRICE 为该地区平均房价（千元）；

CHILDREN 为家庭中小孩数。

假设采用线性概率模型，对于某个家庭，HOME 的拟合值为 0.48。

（1）模型是否预测该家庭打算购买半所住宅？对答案进行解释。

（2）根据拟合值 0.48，你是否认为该家庭将买房？

（3）如果你对上一问的回答被证明是错误的，你会惊讶吗？

5. 设上一题的估计结果如下（所有估计值都在 5%的显著性水平下显著）：

$$\widehat{\mathrm{HOME}}_i=0.4+0.005\mathrm{INCOME}_i-0.008\mathrm{PRICE}_i+0.3\mathrm{CHILDREN}_i+u_i$$

如果采用的模型是：（1）线性概率模型，（2）Logit 模型，请分别说明每个斜率系数的含义。

6. 用表 10－1 中的数据估计两候选人的 Logit 模型，你的结果应与书中的结果相同。试计算：

（1）预测正确的观测值的总百分比。

（2）当 CAND1＝1 时，预测正确的观测值的百分比。

（3）当 CAND1＝0 时，预测正确的观测值的百分比。

7. 用表 10－1 和表 10－6 中的数据估计三个候选人的线性概率回归模型（10.11）和模型（10.12），注意保存回归的拟合值，求出正确地预测支持每位候选人的观测值的百分比：

（1）支持候选人甲。

（2）支持候选人丙。

（3）支持候选人乙。

（4）求出预测正确的观测值的总百分比。

8. Logistic 累积分布函数为

$$F(z_i)=\frac{\exp(z_i)}{1+\exp(z_i)}$$

试证明 $\ln\left(\frac{F(z_i)}{1-F(z_i)}\right)=z_i$。

附 录

统计表

表 I　　　　正态概率曲线下的面积

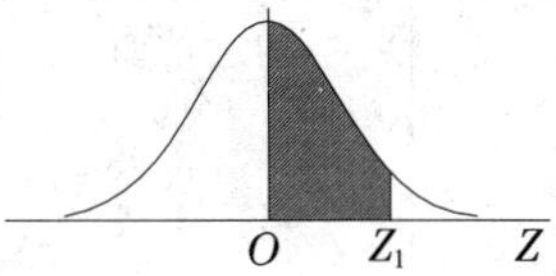

$Z=\frac{X-\mu}{\sigma}$	0.00	0.01	0.02	0.03	0.04	0.05	0.06	0.07	0.08	0.09
0.0	0.000 0	0.004 0	0.008 0	0.012 0	0.015 9	0.019 9	0.023 9	0.027 9	0.031 9	0.035 9
0.1	0.039 8	0.043 8	0.047 8	0.051 7	0.055 7	0.059 6	0.063 6	0.067 5	0.071 4	0.075 3
0.2	0.079 3	0.083 2	0.087 1	0.091 0	0.094 8	0.098 7	0.102 6	0.106 4	0.110 3	0.114 1
0.3	0.117 9	0.121 7	0.125 5	0.129 3	0.133 1	0.136 8	0.140 6	0.144 3	0.148 0	0.151 7
0.4	0.155 4	0.159 1	0.162 8	0.166 4	0.170 0	0.173 6	0.177 2	0.180 8	0.184 4	0.187 9
0.5	0.191 5	0.195 0	0.198 5	0.201 9	0.205 4	0.208 8	0.212 3	0.215 7	0.219 0	0.222 4
0.6	0.225 7	0.229 1	0.232 4	0.235 7	0.238 9	0.242 2	0.245 4	0.248 6	0.251 8	0.254 9
0.7	0.258 0	0.261 2	0.264 2	0.267 3	0.270 4	0.273 4	0.276 4	0.279 4	0.282 3	0.285 2
0.8	0.288 1	0.291 0	0.293 9	0.296 7	0.299 5	0.302 3	0.305 1	0.307 8	0.310 6	0.313 3
0.9	0.315 9	0.318 6	0.321 2	0.323 8	0.326 4	0.328 9	0.331 5	0.334 0	0.336 5	0.338 9
1.0	0.341 3	0.343 8	0.346 1	0.348 5	0.350 8	0.353 1	0.355 4	0.357 7	0.359 9	0.362 1
1.1	0.364 3	0.366 5	0.368 6	0.370 8	0.372 9	0.374 9	0.377 0	0.379 0	0.381 0	0.383 0
1.2	0.384 9	0.386 9	0.388 8	0.390 7	0.392 5	0.394 4	0.396 2	0.398 0	0.399 7	0.401 5
1.3	0.403 2	0.404 9	0.406 6	0.408 3	0.409 9	0.411 5	0.413 1	0.414 7	0.416 2	0.417 7
1.4	0.419 2	0.420 7	0.422 2	0.423 6	0.425 1	0.426 5	0.427 9	0.429 2	0.430 6	0.431 9
1.5	0.433 2	0.434 5	0.435 7	0.437 0	0.438 2	0.439 4	0.440 6	0.441 8	0.443 0	0.444 1
1.6	0.445 2	0.446 3	0.447 4	0.448 5	0.449 5	0.450 5	0.451 5	0.452 5	0.453 5	0.454 5
1.7	0.455 4	0.456 4	0.457 3	0.458 2	0.459 1	0.459 9	0.460 8	0.461 6	0.462 5	0.463 3
1.8	0.464 1	0.464 9	0.465 6	0.466 4	0.467 1	0.467 8	0.468 6	0.469 3	0.469 9	0.470 6
1.9	0.471 3	0.471 9	0.472 6	0.473 2	0.473 8	0.474 4	0.475 0	0.475 8	0.476 2	0.476 7
2.0	0.477 3	0.477 8	0.478 3	0.478 8	0.479 3	0.479 8	0.480 3	0.480 8	0.481 2	0.481 7
2.1	0.482 1	0.482 6	0.483 0	0.483 4	0.483 8	0.484 2	0.484 6	0.485 0	0.485 4	0.485 7
2.2	0.486 1	0.486 5	0.486 8	0.487 1	0.487 5	0.487 8	0.488 1	0.488 4	0.488 7	0.489 0
2.3	0.489 3	0.489 6	0.489 8	0.490 1	0.490 4	0.490 6	0.490 9	0.491 1	0.491 3	0.491 6
2.4	0.491 8	0.492 0	0.492 2	0.492 5	0.492 7	0.492 9	0.493 1	0.493 2	0.493 4	0.493 6
2.5	0.493 8	0.494 0	0.494 1	0.494 3	0.494 5	0.494 6	0.494 8	0.494 9	0.495 1	0.495 2
2.6	0.495 3	0.495 5	0.495 6	0.495 7	0.495 9	0.496 0	0.496 1	0.496 2	0.496 3	0.496 4
2.7	0.496 5	0.496 6	0.496 7	0.496 8	0.496 9	0.497 0	0.497 1	0.497 2	0.497 3	0.497 4
2.8	0.497 4	0.497 5	0.497 6	0.497 7	0.497 7	0.497 8	0.497 9	0.498 0	0.498 0	0.498 1
2.9	0.498 1	0.498 2	0.498 3	0.498 4	0.498 4	0.498 4	0.498 5	0.498 5	0.498 6	0.498 6
3.0	0.498 7	0.498 7	0.498 7	0.498 8	0.498 8	0.498 8	0.498 9	0.498 9	0.498 9	0.499 0
3.1	0.499 0	0.499 1	0.499 1	0.499 1	0.499 2	0.499 2	0.499 2	0.499 2	0.499 3	0.499 3

注：表体中相应的数字给出了曲线下位于中心纵标与所考虑的 $Z=\frac{X-\mu}{\sigma}$ 值之间的面积的比例。这在图中对应于阴影面积与总面积的比率。它们给出 Z 落在 $0\sim Z_1\left(=\frac{X_1-\mu}{\sigma}\right)$ 之间的概率，即 X 位于 $\mu\sim X_1$ 之间的概率。

资料来源：本表复制自 P. H. Karmel & Polasek，*Applied Statistics for Economists*，Pitman Publishing Pty Ltd.，1978。复制得到了出版者的许可。

表Ⅱ-A $F_{0.05}$

v_2 \ v_1	1	2	3	4	5	6	7	8	9
分母的自由度 \ 分子的									
1	161.4	199.5	215.7	224.6	230.2	234.0	236.8	238.9	240.5
2	18.51	19.00	19.16	19.25	19.30	19.33	19.35	19.37	19.38
3	10.13	9.55	9.28	9.12	9.01	8.94	8.89	8.85	8.81
4	7.71	6.94	6.59	6.39	6.26	6.16	6.09	6.04	6.00
5	6.61	5.79	5.41	5.19	5.05	4.95	4.88	4.82	4.77
6	5.99	5.14	4.76	4.53	4.39	4.28	4.21	4.15	4.10
7	5.59	4.74	4.35	4.12	3.97	3.87	3.79	3.73	3.68
8	5.32	4.46	4.07	3.84	3.69	3.58	3.50	3.44	3.39
9	5.12	4.26	3.86	3.63	3.48	3.37	3.29	3.23	3.18
10	4.96	4.10	3.71	3.48	3.33	3.22	3.14	3.07	3.02
11	4.84	3.98	3.59	3.36	3.20	3.09	3.01	2.95	2.90
12	4.75	3.89	3.49	3.26	3.11	3.00	2.91	2.85	2.80
13	4.67	3.81	3.41	3.18	3.03	2.92	2.83	2.77	2.71
14	4.60	3.74	3.34	3.11	2.96	2.85	2.76	2.70	2.65
15	4.54	3.68	3.29	3.06	2.90	2.79	2.71	2.64	2.59
16	4.49	3.63	3.24	3.01	2.85	2.74	2.66	2.59	2.54
17	4.45	3.59	3.20	2.96	2.81	2.70	2.61	2.55	2.49
18	4.41	3.55	3.16	2.93	2.77	2.66	2.58	2.51	2.46
19	4.38	3.52	3.13	2.90	2.74	2.63	2.54	2.48	2.42
20	4.35	3.49	3.10	2.87	2.71	2.60	2.51	2.45	2.39
21	4.32	3.47	3.07	2.84	2.68	2.57	2.49	2.42	2.37
22	4.30	3.44	3.05	2.82	2.66	2.55	2.46	2.40	2.34
23	4.28	3.42	3.03	2.80	2.64	2.53	2.44	2.37	2.32
24	4.26	3.40	3.01	2.78	2.62	2.51	2.42	2.36	2.30
25	4.24	3.39	2.99	2.76	2.60	2.49	2.40	2.34	2.28
26	4.23	3.37	2.98	2.74	2.59	2.47	2.39	2.32	2.27
27	4.21	3.35	2.96	2.73	2.57	2.46	2.37	2.31	2.25
28	4.20	3.34	2.95	2.71	2.56	2.45	2.36	2.29	2.24
29	4.18	3.33	2.93	2.70	2.55	2.43	2.35	2.28	2.22
30	4.17	3.32	2.92	2.69	2.53	2.42	2.33	2.27	2.21
40	4.08	3.23	2.84	2.61	2.45	2.34	2.25	2.18	2.12
60	4.00	3.15	2.76	2.53	2.37	2.25	2.17	2.10	2.04
120	3.92	3.07	2.68	2.45	2.29	2.17	2.09	2.02	1.96
∞	3.84	3.00	2.60	2.37	2.21	2.10	2.01	1.94	1.88

资料来源：同表Ⅰ。

值　　表

自由度									
10	12	15	20	24	30	40	60	120	∞
241.9	243.9	245.9	248.0	249.1	250.1	251.1	252.2	253.3	254.3
19.40	19.41	19.43	19.45	19.45	19.46	19.47	19.48	19.49	19.50
8.79	8.74	8.70	8.66	8.64	8.62	8.59	8.57	8.55	8.53
5.96	5.91	5.86	5.80	5.77	5.75	5.72	5.69	5.66	5.63
4.74	4.68	4.62	4.56	4.53	4.50	4.46	4.43	4.40	4.36
4.06	4.00	3.94	3.87	3.84	3.81	3.77	3.74	3.70	3.67
3.64	3.57	3.51	3.44	3.41	3.38	3.34	3.30	3.27	3.23
3.35	3.28	3.22	3.15	3.12	3.08	3.04	3.01	2.97	2.93
3.14	3.07	3.01	2.94	2.90	2.86	2.83	2.79	2.75	2.71
2.98	2.91	2.85	2.77	2.74	2.70	2.66	2.62	2.58	2.54
2.85	2.79	2.72	2.65	2.61	2.57	2.53	2.49	2.45	2.40
2.75	2.69	2.62	2.54	2.51	2.47	2.43	2.38	2.34	2.30
2.67	2.60	2.53	2.46	2.42	2.38	2.34	2.30	2.25	2.21
2.60	2.53	2.46	2.39	2.35	2.31	2.27	2.22	2.18	2.13
2.54	2.48	2.40	2.33	2.29	2.25	2.20	2.16	2.11	2.07
2.49	2.42	2.35	2.28	2.24	2.19	2.15	2.11	2.06	2.01
2.45	2.38	2.31	2.23	2.19	2.15	2.10	2.06	2.01	1.96
2.41	2.34	2.27	2.19	2.15	2.11	2.06	2.02	1.97	1.92
2.38	2.31	2.23	2.16	2.11	2.07	2.03	1.98	1.93	1.88
2.35	2.28	2.20	2.12	2.08	2.04	1.99	1.95	1.90	1.84
2.32	2.25	2.18	2.10	2.05	2.01	1.96	1.92	1.87	1.81
2.30	2.23	2.15	2.07	2.03	1.98	1.94	1.89	1.84	1.78
2.27	2.20	2.13	2.05	2.01	1.96	1.91	1.86	1.81	1.76
2.25	2.18	2.11	2.03	1.98	1.94	1.89	1.84	1.79	1.73
2.24	2.16	2.09	2.01	1.96	1.92	1.87	1.82	1.77	1.71
2.22	2.15	2.07	1.99	1.95	1.90	1.85	1.80	1.75	1.69
2.20	2.13	2.06	1.97	1.93	1.88	1.84	1.79	1.73	1.67
2.19	2.12	2.04	1.96	1.91	1.87	1.82	1.77	1.71	1.65
2.18	2.10	2.03	1.94	1.90	1.85	1.81	1.75	1.70	1.64
2.16	2.09	2.01	1.93	1.89	1.84	1.79	1.74	1.68	1.62
2.08	2.00	1.92	1.84	1.79	1.74	1.69	1.64	1.58	1.51
1.99	1.92	1.84	1.75	1.70	1.65	1.59	1.53	1.47	1.39
1.91	1.83	1.75	1.66	1.61	1.55	1.50	1.43	1.35	1.25
1.83	1.75	1.67	1.57	1.52	1.46	1.39	1.32	1.22	1.00

表Ⅱ-B $F_{0.01}$

v_2 \ v_1 分子的	1	2	3	4	5	6	7	8	9
1	4 052	5 000	5 403	5 625	5 764	5 859	5 928	5 982	6 022
2	98.50	99.00	99.17	99.25	99.30	99.33	99.36	99.37	99.39
3	34.12	30.82	29.46	28.71	28.24	27.91	27.67	27.49	27.35
4	21.20	18.00	16.69	15.98	15.52	15.21	14.98	14.80	14.66
5	16.26	13.27	12.06	11.39	10.97	10.67	10.46	10.29	10.16
6	13.75	10.92	9.78	9.15	8.75	8.47	8.26	8.10	7.98
7	12.25	9.55	8.45	7.85	7.46	7.19	6.99	6.84	6.72
8	11.26	8.65	7.59	7.01	6.63	6.37	6.18	6.03	5.91
9	10.56	8.02	6.99	6.42	6.06	5.80	5.61	5.47	5.35
10	10.04	7.56	6.55	5.99	5.64	5.39	5.20	5.06	4.94
11	9.65	7.21	6.22	5.67	5.32	5.07	4.89	4.74	4.63
12	9.33	6.93	5.95	5.41	5.06	4.82	4.64	4.50	4.39
13	9.07	6.70	5.74	5.21	4.86	4.62	4.44	4.30	4.19
14	8.86	6.51	5.56	5.04	4.69	4.46	4.28	4.14	4.03
15	8.68	6.36	5.42	4.89	4.56	4.32	4.14	4.00	3.89
16	8.53	6.23	5.29	4.77	4.44	4.20	4.03	3.89	3.78
17	8.40	6.11	5.18	4.67	4.34	4.10	3.93	3.79	3.68
18	8.29	6.01	5.09	4.58	4.25	4.01	3.84	3.71	3.60
19	8.18	5.93	5.01	4.50	4.17	3.94	3.77	3.63	3.52
20	8.10	5.85	4.94	4.43	4.10	3.87	3.70	3.56	3.46
21	8.02	5.78	4.87	4.37	4.04	3.81	3.64	3.51	3.40
22	7.95	5.72	4.82	4.31	3.99	3.76	3.59	3.45	3.35
23	7.88	5.66	4.76	4.26	3.94	3.71	3.54	3.41	3.30
24	7.82	5.61	4.72	4.22	3.90	3.67	3.50	3.36	3.26
25	7.77	5.57	4.68	4.18	3.85	3.63	3.46	3.32	3.22
26	7.72	5.53	4.64	4.14	3.82	3.59	3.42	3.29	3.18
27	7.68	5.49	4.60	4.11	3.78	3.56	3.39	3.26	3.15
28	7.64	5.45	4.57	4.07	3.75	3.53	3.36	3.23	3.12
29	7.60	5.42	4.54	4.04	3.73	3.50	3.33	3.20	3.09
30	7.56	5.39	4.51	4.02	3.70	3.47	3.30	3.17	3.07
40	7.31	5.18	4.31	3.83	3.51	3.29	3.12	2.99	2.89
60	7.08	4.98	4.13	3.65	3.34	3.12	2.95	2.82	2.72
120	6.85	4.79	3.95	3.48	3.17	2.96	2.79	2.66	2.56
∞	6.63	4.61	3.78	3.32	3.02	2.80	2.64	2.51	2.41

（行：分母的自由度）

资料来源：同表Ⅰ。

值　　表

自　　由　　度									
10	12	15	20	24	30	40	60	120	∞
6 056	6 106	6 157	6 209	6 235	6 261	6 287	6 313	6 339	6 366
99.40	99.42	99.43	99.45	99.46	99.47	99.47	99.48	99.49	99.50
27.23	27.05	26.87	26.69	26.60	26.50	26.41	26.32	26.22	26.13
14.55	14.37	14.20	14.02	13.93	13.84	13.75	13.65	13.56	13.46
10.05	9.89	9.72	9.55	9.47	9.38	9.29	9.20	9.11	9.02
7.87	7.72	7.56	7.40	7.31	7.23	7.14	7.06	6.97	6.88
6.62	6.47	6.31	6.16	6.07	5.99	5.91	5.82	5.74	5.65
5.81	5.67	5.52	5.36	5.28	5.20	5.12	5.03	4.95	4.86
5.26	5.11	4.96	4.81	4.73	4.65	4.57	4.48	4.40	4.31
4.85	4.71	4.56	4.41	4.33	4.25	4.17	4.08	4.00	3.91
4.54	4.40	4.25	4.10	4.02	3.94	3.86	3.78	3.69	3.60
4.30	4.16	4.01	3.86	3.78	3.70	3.62	3.54	3.45	3.36
4.10	3.96	3.82	3.66	3.59	3.51	3.43	3.34	3.25	3.17
3.94	3.80	3.66	3.51	3.43	3.35	3.27	3.18	3.09	3.00
3.80	3.67	3.52	3.37	3.29	3.21	3.13	3.05	2.96	2.87
3.69	3.55	3.41	3.26	3.18	3.10	3.02	2.93	2.84	2.75
3.59	3.46	3.31	3.16	3.08	3.00	2.92	2.83	2.75	2.65
3.51	3.37	3.23	3.08	3.00	2.92	2.84	2.75	2.66	2.57
3.43	3.30	3.15	3.00	2.92	2.84	2.76	2.67	2.58	2.49
3.37	3.23	3.09	2.94	2.86	2.78	2.69	2.61	2.52	2.42
3.31	3.17	3.03	2.88	2.80	2.72	2.64	2.55	2.46	2.36
3.26	3.12	2.98	2.83	2.75	2.67	2.58	2.50	2.40	2.31
3.21	3.07	2.93	2.78	2.70	2.62	2.54	2.45	2.35	2.26
3.17	3.03	2.89	2.74	2.66	2.58	2.49	2.40	2.31	2.21
3.13	2.99	2.85	2.70	2.62	2.54	2.45	2.36	2.27	2.17
3.09	2.96	2.81	2.66	2.58	2.50	2.42	2.33	2.23	2.13
3.06	2.93	2.78	2.63	2.55	2.47	2.38	2.29	2.20	2.10
3.03	2.90	2.75	2.60	2.52	2.44	2.35	2.26	2.17	2.06
3.00	2.87	2.73	2.57	2.49	2.41	2.33	2.23	2.14	2.03
2.98	2.84	2.70	2.55	2.47	2.39	2.30	2.21	2.11	2.01
2.80	2.66	2.52	2.37	2.29	2.20	2.11	2.02	1.92	1.80
2.63	2.50	2.35	2.20	2.12	2.03	1.94	1.84	1.73	1.60
2.47	2.34	2.19	2.03	1.95	1.86	1.76	1.66	1.53	1.38
2.32	2.18	2.04	1.88	1.79	1.70	1.59	1.47	1.32	1.00

表Ⅲ **t 值表**

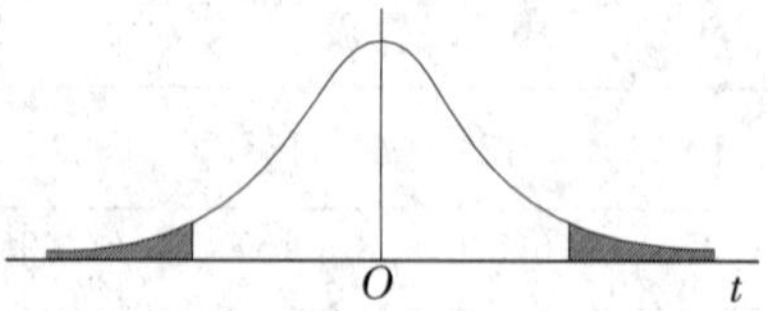

v	显著性水平（α）											
	0.9	0.8	0.7	0.6	0.5	0.4	0.3	0.2	0.1	0.05	0.02	0.01
1	0.158	0.325	0.510	0.727	1.000	1.376	1.963	3.078	6.314	12.706	31.821	63.657
2	0.142	0.289	0.445	0.617	0.816	1.061	1.386	1.886	2.920	4.303	6.965	9.925
3	0.137	0.277	0.424	0.584	0.765	0.978	1.250	1.638	2.353	3.182	4.541	5.841
4	0.134	0.271	0.414	0.569	0.741	0.941	1.190	1.533	2.132	2.776	3.747	4.604
5	0.132	0.267	0.408	0.559	0.727	0.920	1.156	1.476	2.015	2.571	3.365	4.032
6	0.131	0.265	0.404	0.553	0.718	0.906	1.134	1.440	1.943	2.447	3.143	3.707
7	0.130	0.263	0.402	0.549	0.711	0.896	1.119	1.415	1.895	2.365	2.998	3.499
8	0.130	0.262	0.399	0.546	0.706	0.889	1.108	1.397	1.860	2.306	2.896	3.355
9	0.129	0.261	0.398	0.543	0.703	0.883	1.100	1.383	1.833	2.262	2.821	3.250
10	0.129	0.260	0.397	0.542	0.700	0.879	1.093	1.372	1.812	2.228	2.764	3.169
11	0.129	0.260	0.396	0.540	0.697	0.876	1.088	1.363	1.796	2.201	2.718	3.106
12	0.128	0.259	0.395	0.539	0.695	0.873	1.083	1.356	1.782	2.179	2.681	3.055
13	0.128	0.259	0.394	0.538	0.694	0.870	1.079	1.350	1.771	2.160	2.650	3.012
14	0.128	0.258	0.393	0.537	0.692	0.868	1.076	1.345	1.761	2.145	2.624	2.977
15	0.128	0.258	0.393	0.536	0.691	0.866	1.074	1.341	1.753	2.131	2.602	2.947
16	0.128	0.258	0.392	0.535	0.690	0.865	1.071	1.337	1.746	2.120	2.583	2.921
17	0.128	0.257	0.392	0.534	0.689	0.863	1.069	1.333	1.740	2.110	2.567	2.898
18	0.127	0.257	0.392	0.534	0.688	0.862	1.067	1.330	1.734	2.101	2.552	2.878
19	0.127	0.257	0.391	0.533	0.688	0.861	1.066	1.328	1.729	2.093	2.539	2.861
20	0.127	0.257	0.391	0.533	0.687	0.860	1.064	1.325	1.725	2.086	2.528	2.845
21	0.127	0.257	0.391	0.532	0.686	0.859	1.063	1.323	1.721	2.080	2.518	2.831
22	0.127	0.256	0.390	0.532	0.686	0.858	1.061	1.321	1.717	2.074	2.508	2.819
23	0.127	0.256	0.390	0.532	0.685	0.858	1.060	1.319	1.714	2.069	2.500	2.807
24	0.127	0.256	0.390	0.531	0.685	0.857	1.059	1.318	1.711	2.064	2.492	2.797
25	0.127	0.256	0.390	0.531	0.684	0.856	1.058	1.316	1.708	2.060	2.485	2.787
26	0.127	0.256	0.390	0.531	0.684	0.856	1.058	1.315	1.706	2.056	2.479	2.779
27	0.127	0.256	0.389	0.531	0.684	0.855	1.057	1.314	1.703	2.052	2.473	2.771
28	0.127	0.256	0.389	0.530	0.683	0.855	1.056	1.313	1.701	2.048	2.467	2.763
29	0.127	0.256	0.389	0.530	0.683	0.854	1.055	1.311	1.699	2.045	2.462	2.756
30	0.127	0.256	0.389	0.530	0.683	0.854	1.055	1.310	1.697	2.042	2.457	2.750
∞	0.126	0.253	0.385	0.524	0.674	0.842	1.036	1.282	1.645	1.960	2.326	2.576

注：表体给出了特定的自由度（v）下的 t 值，该 t 值截断的两尾部合计覆盖的面积比例等于所要求的显著性水平（α）。表中最后一行 $v=\infty$，给出了对应于正态分布的 t 值。对于大的 v 值，t 分布近似于正态分布。

资料来源：同表Ⅰ。

表Ⅳ　　χ^2 值表

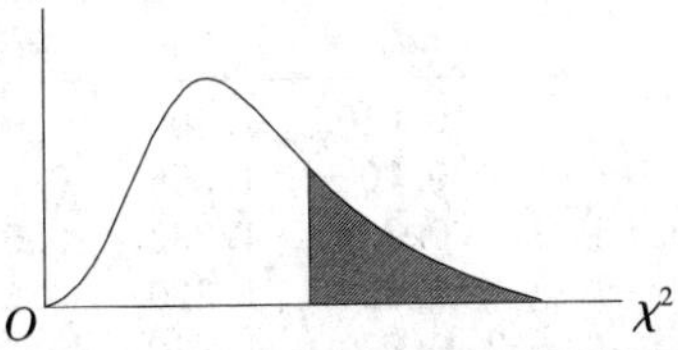

v	显著性水平（α）												
	0.99	0.98	0.95	0.90	0.80	0.70	0.50	0.30	0.20	0.10	0.05	0.02	0.01
1	0.000 2	0.000 6	0.003 9	0.015 8	0.064 2	0.148	0.455	1.074	1.642	2.706	3.841	5.412	6.635
2	0.020 1	0.040 4	0.103	0.211	0.446	0.713	1.386	2.403	3.219	4.605	5.991	7.824	9.210
3	0.115	0.185	0.352	0.584	1.005	1.424	2.366	3.665	4.642	6.251	7.815	9.837	11.345
4	0.297	0.429	0.711	1.064	1.649	2.195	3.357	4.878	5.989	7.779	9.488	11.668	13.277
5	0.554	0.752	1.145	1.610	2.343	3.000	4.351	6.064	7.289	9.236	11.070	13.388	15.086
6	0.872	1.134	1.635	2.204	3.070	3.828	5.348	7.231	8.558	10.645	12.592	15.033	16.812
7	1.239	1.564	2.167	2.833	3.822	4.671	6.346	8.383	9.803	12.017	14.067	16.622	18.475
8	1.646	2.032	2.733	3.490	4.594	5.527	7.344	9.524	11.030	13.362	15.507	18.168	20.090
9	2.088	2.532	3.325	4.168	5.380	6.393	8.343	10.656	12.242	14.684	16.919	19.679	21.666
10	2.558	3.059	3.940	4.865	6.179	7.267	9.342	11.781	13.442	15.987	18.307	21.161	23.209
11	3.053	3.609	4.575	5.578	6.989	8.148	10.341	12.899	14.631	17.275	19.675	22.618	24.725
12	3.571	4.178	5.226	6.304	7.807	9.034	11.340	14.011	15.812	18.549	21.026	24.054	26.217
13	4.107	4.765	5.892	7.042	8.634	9.926	12.340	15.119	16.985	19.812	22.362	25.472	27.688
14	4.660	5.368	6.571	7.790	9.467	10.821	13.339	16.222	18.151	21.064	23.685	26.873	29.141
15	5.229	5.985	7.261	8.547	10.307	11.721	14.339	17.322	19.311	22.307	24.996	28.259	30.578
16	5.812	6.614	7.962	9.312	11.152	12.624	15.338	18.418	20.465	23.542	26.296	29.633	32.000
17	6.408	7.255	8.672	10.085	12.002	13.531	16.338	19.511	21.615	24.769	27.587	30.995	33.409
18	7.015	7.906	9.390	10.865	12.857	14.440	17.338	20.601	22.760	25.989	28.869	32.346	34.805
19	7.633	8.567	10.117	11.651	13.716	15.352	18.338	21.689	23.900	27.204	30.144	33.687	36.191
20	8.260	9.237	10.851	12.443	14.578	16.266	19.337	22.775	25.038	28.412	31.410	35.020	37.566
21	8.897	9.915	11.591	13.240	15.445	17.182	20.337	23.858	26.171	29.615	32.671	36.343	38.932
22	9.542	10.600	12.338	14.041	16.314	13.101	21.337	24.939	27.301	30.813	33.924	37.659	40.289
23	10.196	11.293	13.091	14.848	17.187	19.021	22.337	26.018	28.429	32.007	35.172	38.968	41.638
24	10.856	11.992	13.848	15.659	18.062	19.943	23.337	27.096	29.553	33.196	36.415	40.270	42.980
25	11.524	12.697	14.611	16.473	18.940	20.867	24.337	28.172	30.675	34.382	37.652	41.566	44.314
26	12.198	13.409	15.379	17.292	19.820	21.792	25.336	29.246	31.795	35.563	38.885	42.856	45.642
27	12.879	14.125	16.151	18.114	20.703	22.719	26.336	30.319	32.912	36.741	40.113	44.140	46.963
28	13.565	14.847	16.928	18.930	21.588	23.647	27.336	31.391	34.027	37.916	41.337	45.419	48.278
29	14.256	15.574	17.708	19.763	22.475	24.577	28.336	32.461	35.139	39.087	42.557	46.693	49.588
30	14.953	16.306	18.493	20.599	23.364	25.508	29.336	33.530	36.250	40.256	43.773	47.962	50.892

注：表体给出了特定的自由度（v）下的 χ^2 值，该值截断的尾部覆盖的面积等于所要求的显著性水平（α）。对于大的 v 值，统计量 $\sqrt{2\chi^2}$ 近似地服从均值为 $\sqrt{2v-1}$、标准差为 1 的正态分布。

资料来源：同表Ⅰ。

表Ⅴ-A　　**DW 统计量：5%的上下界**

n	$k'=1$		$k'=2$		$k'=3$		$k'=4$		$k'=5$	
	d_L	d_U	d_L	d_U	d_L	d_U	d_L	d_U	d_L	d_U
6	0.610	1.400	—	—	—	—	—	—	—	—
7	0.700	1.356	0.467	1.896	—	—	—	—	—	—
8	0.763	1.332	0.559	1.777	0.368	2.287	—	—	—	—
9	0.824	1.320	0.629	1.699	0.455	2.128	0.296	2.588	—	—
10	0.879	1.320	0.697	1.641	0.525	2.016	0.376	2.414	0.243	2.822
11	0.927	1.324	0.758	1.604	0.595	1.928	0.444	2.283	0.316	2.645
12	0.971	1.331	0.812	1.579	0.658	1.864	0.512	2.177	0.379	2.506
13	1.010	1.340	0.861	1.562	0.715	1.816	0.574	2.094	0.445	2.390
14	1.045	1.350	0.905	1.551	0.767	1.779	0.632	2.030	0.505	2.296
15	1.077	1.361	0.946	1.543	0.814	1.750	0.685	1.977	0.562	2.220
16	1.106	1.371	0.982	1.539	0.857	1.728	0.734	1.935	0.615	2.157
17	1.133	1.381	1.015	1.536	0.897	1.710	0.779	1.900	0.664	2.104
18	1.158	1.391	1.046	1.535	0.933	1.696	0.820	1.872	0.710	2.060
19	1.180	1.401	1.074	1.536	0.967	1.685	0.859	1.848	0.752	2.023
20	1.201	1.411	1.100	1.537	0.998	1.676	0.894	1.828	0.792	1.991
21	1.221	1.420	1.125	1.538	1.026	1.669	0.927	1.812	0.829	1.964
22	1.239	1.429	1.147	1.541	1.053	1.664	0.958	1.797	0.863	1.940
23	1.257	1.437	1.168	1.543	1.078	1.660	0.986	1.785	0.895	1.920
24	1.273	1.446	1.188	1.546	1.101	1.656	1.013	1.775	0.925	1.902
25	1.288	1.454	1.206	1.550	1.123	1.654	1.038	1.767	0.953	1.886
26	1.302	1.461	1.224	1.553	1.143	1.652	1.062	1.759	0.979	1.873
27	1.316	1.469	1.240	1.556	1.162	1.651	1.084	1.753	1.004	1.861
28	1.328	1.476	1.255	1.560	1.181	1.650	1.104	1.747	1.028	1.850
29	1.341	1.483	1.270	1.563	1.198	1.650	1.124	1.743	1.050	1.841
30	1.352	1.489	1.284	1.567	1.214	1.650	1.143	1.739	1.071	1.833
31	1.363	1.496	1.297	1.570	1.229	1.650	1.160	1.735	1.090	1.825
32	1.373	1.502	1.309	1.574	1.244	1.650	1.177	1.732	1.109	1.819
33	1.383	1.508	1.321	1.577	1.258	1.651	1.193	1.730	1.127	1.813
34	1.393	1.514	1.333	1.580	1.271	1.652	1.208	1.728	1.144	1.808
35	1.402	1.519	1.343	1.584	1.283	1.653	1.222	1.726	1.160	1.803
36	1.411	1.525	1.354	1.587	1.295	1.654	1.236	1.724	1.175	1.799
37	1.419	1.530	1.364	1.590	1.307	1.655	1.249	1.723	1.190	1.795
38	1.427	1.535	1.373	1.594	1.318	1.656	1.261	1.722	1.204	1.792
39	1.435	1.540	1.382	1.597	1.328	1.658	1.273	1.722	1.218	1.789
40	1.442	1.544	1.391	1.600	1.338	1.659	1.285	1.721	1.230	1.786
45	1.475	1.566	1.430	1.615	1.383	1.666	1.336	1.720	1.287	1.776
50	1.503	1.585	1.462	1.628	1.421	1.674	1.378	1.721	1.335	1.771
55	1.528	1.601	1.490	1.641	1.452	1.681	1.414	1.724	1.374	1.768
60	1.549	1.616	1.514	1.652	1.480	1.689	1.444	1.727	1.408	1.767
65	1.567	1.629	1.536	1.662	1.503	1.696	1.471	1.731	1.438	1.767
70	1.583	1.641	1.554	1.672	1.525	1.703	1.494	1.735	1.464	1.768
75	1.598	1.652	1.571	1.680	1.543	1.709	1.515	1.739	1.487	1.770
80	1.611	1.662	1.586	1.688	1.560	1.715	1.534	1.743	1.507	1.772
85	1.624	1.671	1.600	1.696	1.575	1.721	1.550	1.747	1.525	1.774
90	1.635	1.679	1.612	1.703	1.589	1.726	1.566	1.751	1.542	1.776
95	1.645	1.687	1.623	1.709	1.602	1.732	1.579	1.755	1.557	1.778
100	1.654	1.694	1.634	1.715	1.613	1.736	1.592	1.758	1.571	1.780
150	1.720	1.746	1.706	1.760	1.693	1.774	1.679	1.788	1.665	1.802
200	1.758	1.778	1.748	1.789	1.738	1.799	1.728	1.810	1.718	1.820

注：k'为解释变量的个数（不包括截距）。

资料来源：本表复制自 *Econometrica*，Vol. 45，1977；Vol. 48，1980。

续表

n	k′=6		k′=7		k′=8		k′=9		k′=10	
	d_L	d_U	d_L	d_U	d_L	d_U	d_L	d_U	d_L	d_U
6	—	—	—	—	—	—	—	—	—	—
7	—	—	—	—	—	—	—	—	—	—
8	—	—	—	—	—	—	—	—	—	—
9	—	—	—	—	—	—	—	—	—	—
10	—	—	—	—	—	—	—	—	—	—
11	0.203	3.005	—	—	—	—	—	—	—	—
12	0.268	2.832	0.171	3.149	—	—	—	—	—	—
13	0.328	2.692	0.230	2.985	0.147	3.266	—	—	—	—
14	0.389	2.572	0.286	2.848	0.200	3.111	0.127	3.360	—	—
15	0.447	2.472	0.343	2.727	0.251	2.979	0.175	3.216	0.111	3.438
16	0.502	2.388	0.398	2.624	0.304	2.860	0.222	3.090	0.155	3.304
17	0.554	2.318	0.451	2.537	0.356	2.757	0.272	2.975	0.198	3.184
18	0.603	2.257	0.502	2.461	0.407	2.667	0.321	2.873	0.244	3.073
19	0.649	2.206	0.459	2.396	0.456	2.589	0.369	2.783	0.290	2.974
20	0.692	2.162	0.595	2.339	0.502	2.521	0.416	2.704	0.336	2.885
21	0.732	2.124	0.637	2.290	0.547	2.460	0.461	2.633	0.380	2.806
22	0.769	2.090	0.677	2.246	0.588	2.407	0.504	2.571	0.424	2.734
23	0.804	2.061	0.715	2.208	0.628	2.360	0.545	2.514	0.465	2.670
24	0.837	2.035	0.751	2.174	0.666	2.318	0.584	2.464	0.506	2.613
25	0.868	2.012	0.784	2.144	0.702	2.280	0.621	2.419	0.544	2.560
26	0.897	1.992	0.816	2.117	0.735	2.246	0.657	2.379	0.581	2.513
27	0.925	1.974	0.845	2.093	0.767	2.216	0.691	2.342	0.616	2.470
28	0.951	1.958	0.874	2.071	0.798	2.188	0.723	2.309	0.650	2.431
29	0.975	1.944	0.900	2.052	0.826	2.164	0.753	2.278	0.682	2.396
30	0.998	1.931	0.926	2.034	0.854	2.141	0.782	2.251	0.712	2.363
31	1.020	1.920	0.950	2.018	0.879	2.120	0.810	2.226	0.741	2.333
32	1.041	1.909	0.972	2.004	0.904	2.102	0.836	2.203	0.769	2.306
33	1.061	1.900	0.994	1.991	0.927	2.085	0.861	2.181	0.795	2.281
34	1.080	1.891	1.015	1.979	0.950	2.069	0.885	2.162	0.821	2.257
35	1.097	1.884	1.034	1.967	0.971	2.054	0.908	2.144	0.845	2.236
36	1.114	1.877	1.053	1.957	0.991	2.041	0.930	2.127	0.868	2.216
37	1.131	1.870	1.071	1.948	1.011	2.029	0.951	2.112	0.891	2.198
38	1.146	1.864	1.088	1.939	1.029	2.017	0.970	2.098	0.912	2.180
39	1.161	1.859	1.104	1.932	1.047	2.007	0.990	2.085	0.932	2.164
40	1.175	1.854	1.120	1.924	1.064	1.997	1.008	2.072	0.945	2.149
45	1.238	1.835	1.189	1.895	1.139	1.958	1.089	2.002	1.038	2.088
50	1.291	1.822	1.246	1.875	1.201	1.930	1.156	1.986	1.110	2.044
55	1.334	1.814	1.294	1.861	1.253	1.909	1.212	1.959	1.170	2.010
60	1.372	1.808	1.335	1.850	1.298	1.894	1.260	1.939	1.222	1.984
65	1.404	1.805	1.370	1.843	1.336	1.882	1.301	1.923	1.266	1.964
70	1.433	1.802	1.401	1.837	1.369	1.873	1.337	1.910	1.305	1.948
75	1.458	1.801	1.428	1.834	1.399	1.867	1.369	1.901	1.339	1.935
80	1.480	1.801	1.453	1.831	1.425	1.861	1.397	1.893	1.369	1.925
85	1.500	1.801	1.474	1.829	1.448	1.857	1.422	1.886	1.396	1.916
90	1.518	1.801	1.494	1.827	1.469	1.854	1.445	1.881	1.420	1.909
95	1.535	1.802	1.512	1.827	1.489	1.852	1.465	1.877	1.442	1.903
100	1.550	1.803	1.528	1.826	1.506	1.850	1.484	1.874	1.462	1.898
150	1.651	1.817	1.637	1.832	1.622	1.847	1.608	1.862	1.594	1.877
200	1.707	1.831	1.697	1.841	1.686	1.852	1.675	1.863	1.665	1.874

表Ⅴ-B　　DW 统计量：1%上下界

n	$k'=1$		$k'=2$		$k'=3$		$k'=4$		$k'=5$	
	d_L	d_U	d_L	d_U	d_L	d_U	d_L	d_U	d_L	d_U
6	0.390	1.142	—	—	—	—	—	—	—	—
7	0.435	1.036	0.294	1.676	—	—	—	—	—	—
8	0.497	1.003	0.345	1.489	0.229	2.102	—	—	—	—
9	0.554	0.998	0.408	1.389	0.279	1.875	0.183	2.433	—	—
10	0.604	1.001	0.466	1.333	0.340	1.733	0.230	2.193	0.150	2.690
11	0.653	1.010	0.519	1.297	0.396	1.640	0.286	2.030	0.193	2.453
12	0.697	1.023	0.569	1.274	0.449	1.575	0.339	1.913	0.244	2.280
13	0.738	1.038	0.616	1.261	0.499	1.526	0.391	1.826	0.294	2.150
14	0.776	1.054	0.660	1.254	0.547	1.490	0.441	1.757	0.343	2.049
15	0.811	1.070	0.700	1.252	0.591	1.464	0.488	1.704	0.391	1.967
16	0.844	1.086	0.737	1.252	0.633	1.446	0.532	1.663	0.437	1.900
17	0.874	1.102	0.772	1.255	0.672	1.432	0.574	1.630	0.480	1.847
18	0.902	1.118	0.805	1.259	0.708	1.422	0.613	1.604	0.522	1.803
19	0.928	1.132	0.835	1.265	0.742	1.415	0.650	1.584	0.561	1.767
20	0.952	1.147	0.863	1.271	0.773	1.411	0.685	1.567	0.598	1.737
21	0.975	1.161	0.890	1.277	0.803	1.408	0.718	1.554	0.633	1.712
22	0.997	1.174	0.914	1.284	0.831	1.407	0.748	1.543	0.667	1.691
23	1.018	1.187	0.938	1.291	0.858	1.407	0.777	1.534	0.698	1.673
24	1.037	1.199	0.960	1.298	0.882	1.407	0.805	1.528	0.728	1.658
25	1.055	1.211	0.981	1.305	0.906	1.409	0.831	1.523	0.756	1.645
26	1.072	1.222	1.001	1.312	0.928	1.411	0.855	1.518	0.783	1.635
27	1.089	1.233	1.019	1.319	0.949	1.413	0.878	1.515	0.808	1.626
28	1.104	1.244	1.037	1.325	0.969	1.415	0.900	1.513	0.832	1.618
29	1.119	1.254	1.054	1.332	0.988	1.418	0.921	1.512	0.855	1.611
30	1.133	1.263	1.070	1.339	1.006	1.421	0.941	1.511	0.877	1.606
31	1.147	1.273	1.085	1.345	1.023	1.425	0.960	1.510	0.897	1.601
32	1.160	1.282	1.100	1.352	1.040	1.428	0.979	1.510	0.917	1.597
33	1.172	1.291	1.114	1.358	1.055	1.432	0.996	1.510	0.936	1.594
34	1.184	1.299	1.128	1.364	1.070	1.435	1.012	1.511	0.954	1.591
35	1.195	1.307	1.140	1.370	1.085	1.439	1.028	1.512	0.971	1.589
36	1.206	1.315	1.153	1.376	1.098	1.442	1.043	1.513	0.988	1.588
37	1.217	1.323	1.165	1.382	1.112	1.446	1.058	1.514	1.004	1.586
38	1.227	1.330	1.176	1.388	1.124	1.449	1.072	1.515	1.019	1.585
39	1.237	1.337	1.187	1.393	1.137	1.453	1.085	1.517	1.034	1.584
40	1.246	1.344	1.198	1.398	1.148	1.457	1.098	1.518	1.048	1.584
45	1.288	1.376	1.245	1.423	1.201	1.474	1.156	1.528	1.111	1.584
50	1.324	1.403	1.285	1.446	1.245	1.491	1.205	1.538	1.164	1.587
55	1.356	1.427	1.320	1.466	1.284	1.506	1.247	1.548	1.209	1.592
60	1.383	1.449	1.350	1.484	1.317	1.520	1.283	1.558	1.249	1.598
65	1.407	1.468	1.377	1.500	1.346	1.534	1.315	1.568	1.283	1.604
70	1.429	1.485	1.400	1.515	1.372	1.546	1.343	1.578	1.313	1.611
75	1.448	1.501	1.422	1.529	1.395	1.557	1.368	1.587	1.340	1.617
80	1.466	1.515	1.441	1.541	1.416	1.568	1.390	1.595	1.364	1.624
85	1.482	1.528	1.458	1.553	1.435	1.578	1.411	1.603	1.386	1.630
90	1.496	1.540	1.474	1.563	1.452	1.587	1.429	1.611	1.406	1.636
95	1.510	1.552	1.489	1.573	1.468	1.596	1.446	1.618	1.425	1.642
100	1.522	1.562	1.503	1.583	1.482	1.604	1.462	1.625	1.441	1.647
150	1.611	1.637	1.598	1.651	1.584	1.665	1.571	1.679	1.557	1.693
200	1.664	1.684	1.653	1.693	1.643	1.704	1.633	1.715	1.623	1.725

资料来源：同表Ⅴ-A。

续表

n	$k'=6$		$k'=7$		$k'=8$		$k'=9$		$k'=10$	
	d_L	d_U	d_L	d_U	d_L	d_U	d_L	d_U	d_L	d_U
6	—	—	—	—	—	—	—	—	—	—
7	—	—	—	—	—	—	—	—	—	—
8	—	—	—	—	—	—	—	—	—	—
9	—	—	—	—	—	—	—	—	—	—
10	—	—	—	—	—	—	—	—	—	—
11	0.124	2.892	—	—	—	—	—	—	—	—
12	0.164	2.665	0.105	3.053	—	—	—	—	—	—
13	0.211	2.490	0.140	2.838	0.090	3.182	—	—	—	—
14	0.257	2.354	0.183	2.667	0.122	2.981	0.078	3.287	—	—
15	0.303	2.244	0.226	2.530	0.161	2.817	0.107	3.101	0.068	3.374
16	0.349	2.153	0.269	2.416	0.200	2.681	0.142	2.944	0.094	3.201
17	0.393	2.078	0.313	2.319	0.241	2.566	0.179	2.811	0.127	3.053
18	0.435	2.015	0.355	2.238	0.282	2.467	0.216	2.697	0.160	2.925
19	0.476	1.963	0.396	2.169	0.322	2.381	0.255	2.597	0.196	2.813
20	0.515	1.918	0.436	2.110	0.362	2.308	0.294	2.510	0.232	2.714
21	0.552	1.881	0.474	2.059	0.400	2.244	0.331	2.434	0.268	2.625
22	0.587	1.849	0.510	2.015	0.437	2.188	0.368	2.367	0.304	2.548
23	0.620	1.821	0.545	1.977	0.473	2.140	0.404	2.308	0.340	2.479
24	0.652	1.797	0.578	1.944	0.507	2.097	0.439	2.255	0.375	2.417
25	0.682	1.766	0.610	1.915	0.540	2.059	0.473	2.209	0.409	2.362
26	0.711	1.759	0.640	1.889	0.572	2.026	0.505	2.168	0.441	2.313
27	0.738	1.743	0.669	1.867	0.602	1.997	0.536	2.131	0.473	2.269
28	0.764	1.729	0.696	1.847	0.630	1.970	0.566	2.098	0.504	2.229
29	0.788	1.718	0.723	1.830	0.658	1.947	0.595	2.068	0.533	2.193
30	0.812	1.707	0.748	1.814	0.684	1.925	0.622	2.041	0.562	2.160
31	0.834	1.698	0.772	1.800	0.710	1.906	0.649	2.017	0.589	2.131
32	0.856	1.690	0.794	1.788	0.734	1.889	0.674	1.995	0.615	2.104
33	0.876	1.683	0.816	1.776	0.757	1.874	0.698	1.975	0.641	2.080
34	0.896	1.677	0.837	1.766	0.779	1.860	0.722	1.957	0.665	2.057
35	0.914	1.671	0.857	1.757	0.800	1.847	0.744	1.940	0.689	2.037
36	0.932	1.666	0.877	1.749	0.821	1.836	0.766	1.925	0.711	2.018
37	0.950	1.662	0.895	1.742	0.841	1.825	0.787	1.911	0.733	2.001
38	0.966	1.658	0.913	1.735	0.860	1.816	0.807	1.889	0.754	1.985
39	0.982	1.655	0.930	1.729	0.878	1.807	0.826	1.887	0.774	1.970
40	0.997	1.652	0.946	1.724	0.895	1.799	0.844	1.876	0.789	1.956
45	1.065	1.643	1.019	1.704	0.974	1.768	0.927	1.834	0.881	1.902
50	1.123	1.639	1.081	1.692	1.039	1.748	0.997	1.805	0.955	1.864
55	1.172	1.638	1.134	1.685	1.095	1.734	1.057	1.785	1.018	1.837
60	1.214	1.639	1.179	1.682	1.144	1.726	1.108	1.771	1.072	1.817
65	1.251	1.642	1.218	1.680	1.186	1.720	1.153	1.761	1.120	1.802
70	1.283	1.645	1.253	1.680	1.223	1.716	1.192	1.754	1.162	1.792
75	1.313	1.646	1.284	1.682	1.256	1.716	1.227	1.746	1.199	1.785
80	1.338	1.653	1.312	1.683	1.285	1.714	1.259	1.745	1.232	1.777
85	1.362	1.657	1.337	1.685	1.312	1.714	1.287	1.743	1.262	1.773
90	1.383	1.661	1.360	1.687	1.336	1.714	1.312	1.741	1.288	1.769
95	1.403	1.666	1.381	1.690	1.358	1.715	1.336	1.741	1.313	1.767
100	1.421	1.670	1.400	1.693	1.378	1.717	1.357	1.741	1.335	1.765
150	1.543	1.708	1.530	1.722	1.515	1.737	1.501	1.752	1.486	1.767
200	1.613	1.735	1.603	1.746	1.592	1.757	1.582	1.768	1.571	1.779

参考文献

1. Baltagi, B. H. (2011), *Econometrics*, 5th ed., Springer.
2. Berndt, E. R. (1991), *The Practice of Econometrics: Classic and Contemporary*, Addison-Wesley.
3. Dougherty, C. (2002), *Introduction to Econometrics*, 2nd ed., Oxford University Press.
4. Ghosh, S. K. (1991), *Econometrics: Theory and Applications*, Prentice-Hall.
5. Greene, W. H. (2008, 2012), *Economic Analysis*, 6th and 7th eds., Pearson Education, Inc.
6. Gujarati, D. N. (1995, 2003, 2009), *Basic Econometrics*, 3rd, 4th and 5th eds., McGraw-Hill.
7. Gujarati, D. N. (1999, 2006), *Essentials of Econometrics*, 2nd and 3rd eds., McGraw-Hill.
8. Halcoussis, D. (2005), *Understanding Econometrics with Economic Applications*, Thomson.
9. Johnson, J. (1984), *Econometric Methods*, 3rd ed., McGraw-Hill.
10. Johnson, J. and J. Dinardo (1997), *Econometric Methods*, 4th ed., McGraw-Hill.
11. Judge, G. G., C. R. Hill, W. E. Griffiths, H. Liltkepohl, and T. C. Lee (1982), *Introduction to the Theory and Practice of Econometrics*, John Wiley & Sons, Inc.
12. Kennedy, P. (2008), *A Guide to Econometrics*, 6th ed., Blackwell Publishing.

13. Maddala, G.S. (2001), *Introduction to Econometrics*, 3rd ed., John Wiley & Sons, Inc.
14. Maddala, G.S. and I.M. Kim (1998), *Unit Roots, Cointegration and Structure Change*, Cambridge University Press.
15. Pindyck, R. S. and D. L. Rubinfeld (1998), *Econometric Modelling and Economic Forecast*, 4th ed., McGraw-Hill.
16. Seddighi, H. R., K. A. Lawler, and A. V. Katos (2000), *Econometrics: A Practical Approach*, Routledge.
17. Stewart, S. and L. Gill (1998), *Econometrics*, 2nd ed., Prentice Hall.
18. Stuetenmund, A.H. (1997, 2011), *Using Econometrics: A Practical Guide*, 3rd and 6th eds., Addison-Wesley.
19. Verbeck, M. (2004), *A Guide to Modern Econometrics*, 2nd ed., John Wiley & Sons, Inc.
20. Wooldridge, J. M. (2000), *Introductory Econometrics: A Modern Approach*, South-Western College Publishing.
21. 吴可杰. 经济计量学——理论与方法. 南京：南京大学出版社，1986.
22. [英] J. 斯图亚特. 计量经济学入门. 北京：中国统计出版社，1989.
23. [澳] P.H. 卡梅尔，M. 波拉塞克. 应用经济统计学. 北京：中国统计出版社，1988.
24. [美] 杰弗里·扎克斯. 计量经济学：直觉、证明与实践. 北京：化学工业出版社，2017.

图书在版编目（CIP）数据

计量经济学/潘省初，周凌瑶编著. --7版. --北京：中国人民大学出版社，2022.4
高等学校经济管理类主干课程教材
ISBN 978-7-300-30509-7

Ⅰ.①计… Ⅱ.①潘… ②周… Ⅲ.①计量经济学-高等学校-教材 Ⅳ.①F224.0

中国版本图书馆 CIP 数据核字（2022）第 054066 号

高等学校经济管理类主干课程教材
计量经济学（第七版）
潘省初　周凌瑶　编著
Jiliang Jingjixue

出版发行　中国人民大学出版社
社　　址　北京中关村大街 31 号　　**邮政编码**　100080
电　　话　010－62511242（总编室）　010－62511770（质管部）
010－82501766（邮购部）　010－62514148（门市部）
010－62515195（发行公司）　010－62515275（盗版举报）
网　　址　http://www.crup.com.cn
经　　销　新华书店
印　　刷　北京密兴印刷有限公司　　**版　　次**　2002 年 12 月第 1 版
2022 年 4 月第 7 版
开　　本　787 mm×1092 mm　1/16
印　　张　15.25 插页 1　　**印　　次**　2025 年 3 月第 4 次印刷
字　　数　357 000　　**定　　价**　39.00 元

·高等学校经济管理类主干课程教材·

Jiliang Jingjixue

计量经济学

（第七版）

潘省初　周凌瑶　编著

中国人民大学出版社
·北京·